Horst und Stefan Weissenfeld

Börsen-Gurus und ihre Strategien

Horst Weissenfeld · Stefan Weissenfeld

Börsen-Gurus und ihre Strategien

Mit den erfolgreichsten Investoren zum Erfolg

THOMAS MÜLLER BÖRSENVERLAG seit 1987
BÖRSENVERLAG

Die Deutsche Bibliothek – CIP-Einheitsaufnahme

Weissenfeld, Horst:
Börsen-Gurus und ihre Strategien :
mit den erfolgreichsten Investoren zum Erfolg /
Horst und Stefan Weissenfeld. - 2. Aufl. - Rosenheim :
Börsenverl., 2000
ISBN 3-930851-38-5

TM BÖRSENVERLAG AG
Salinstraße 1, 83022 Rosenheim
Telefon: 0 80 31/20 33 -0
Telefax: 0 80 31/20 33 30
Internet: www.boersenverlag.de

Titelbilder (von links oben nach rechts unten):
Heiko Thieme, André Kostolany, Roland Leuschel, Sir John Templeton,
George Soros, Bernard Baruch, Elisabeth Weisenhorn, Warren Buffett.

Titelbilder (6) von Photo AP
Satz: Impressum GmbH, München

1. Auflage März 2000
2. Auflage Oktober 2000

Printed in Austria
ISBN 3-930851-38-5

Inhaltsverzeichnis

Vorwort

Vor kurzem noch war die Bundesrepublik Deutschland bei der Aktienanlage ein Entwicklungsland. Es wurde zwar gespart, aber risikolos auf dem Sparkonto. Kaum jemand überlegte sich, wieso Banken und Sparkassen dafür Zinsen zahlten. In den USA liegt der Anteil privater Haushalte am Aktienbesitz bei rund 50 Prozent. Es ist Allgemeingut der Bevölkerung, für die langfristige Vermögensbildung auf rentable Aktien zu setzen. Der Informationsstand der Durchschnittsverdiener und Durchschnittsanleger in den USA ist besser als in Deutschland.

Die Bevölkerung in Deutschland ist in den letzten Jahren risikobereiter geworden, und seit die Deutsche Telekom mit Manfred Krug („Telekom, die machen das") unter großem Aufwand ihre Aktien aus Staatsbesitz an das breite Publikum verkaufte, steigt das Interesse an der Aktie.

Nach der „Efficient Market Theory" sind alle Informationen bereits zum Zeitpunkt der Kursbildung in den Kursen enthalten. Nach der „Random Walk Theory" dagegen sind die Kurse ein reines Produkt des Zufalls. Nach der „Not-so-efficient Market Theory" kann sich der Markt auch mal irren; damit haben diejenigen, die es besser wissen, eine Chance zusätzlich. Der neue Zweig der wissenschaftlichen Kapitalmarktforschung, Behavioral Finance, untersucht das menschliche Verhalten in Geldfragen und die psychologischen Auswirkungen auf die Finanzmärkte der Welt.

Es gibt kein Patentrezept, aber auch keine der vorgestellten Strategien ist beim Geldverdienen sonderlich hinderlich. Es lässt sich feststellen:

- Kein System und kein Indikator ist perfekt.
- Psychologische und emotionale Einflüsse können jede Berechnung über den Haufen werfen.

Entscheidend für den Anlageerfolg ist das Fingerspitzengefühl, die Intuition. Ein eisernes Gesetz der Geldanlage sagt, Chance und Risiko gehen bei allen Investments Hand in Hand. Wer blauäugig in das Börsengeschäft einsteigt, kann sein blaues Wunder erleben, Fehlentscheidungen bleiben nicht aus. In der „harten Schule“ der Praxis lernt man aus den eigenen Erfahrungen. Das kann teuer und bitter werden.

Eine andere Möglichkeit ist, aus den Erfahrungen anderer zu lernen. Welche Erfahrungsschätze können uns gestandene Altmeister der Börse weitergeben? Viele erfolgreiche Männer und Frauen haben an der Börse Vermögen gewonnen und sich den Ruf eines „Börsen-Gurus“ erworben. Ein Guru ist ein „weiser Mann“, der alles weiß und zwar schon vorher (in Indien ein Verkünder der reinen Lehre). Die Lebenserfahrungen und Ratschläge der erfolgreichen Börsenanleger können wichtige Orientierungshilfen geben und jedem Anleger bei seiner persönlichen Strategie helfen. *Trend-Gurus* wie Faith Popcorn *(Popcorn-Report)* schauen ins nächste Jahrtausend und machen auf Megatrends aufmerksam, *Börsen-Gurus* wie Heiko Thieme oder André Kostolany wissen (vielleicht), wohin der Börsenzug fährt, *Nobel-Gurus* erforschen wissenschaftlich Anlagemöglichkeiten und berechnen ideale Kombinationen, *Zins-Gurus* wie Alan Greenspan oder Duisenberg können mit einem Satz die Börse erfreuen oder schockieren, *Astro-Gurus* wie Arch Crawford sehen die Kurse in den Sternen, *Crash-Gurus* wie Roland Leuschel sehen immer nur schwarz, und *Cyber-Gurus* versprechen uns eine neue digitale Welt. „Dahinter steckt immer ein kluger Kopf“, wirbt die *Frankfurter Allgemeine Zeitung.*

Profitieren Sie von den Erfahrungen der Börsen-Legenden, die ihr Leben, ihre Strategien und ihre Geschäfte aufgeschrieben und in Interviews darüber berichtet haben. Das ist leicht erworbene Börsenerfahrung. Von den Erfahrungen anderer zu lernen kann teures Geld und bittere Tränen sparen. Von einem Börsen-Guru stammt die Erkenntnis: „Die Leute erwarten nicht den Fachwissenschaftler, sondern den Magier, der etwas Geheimnisvolles im Hut hat. Man weiß, was im Hut ist, nämlich ein Kaninchen, aber man will den Trick sehen.“

Wir wünschen Ihnen viel Erfolg an der Börse.

Horst und Stefan Weissenfeld

> Bankier Rudolph Kaderli rät: „Es nützt nichts, alles über eine Aktie zu wissen, wenn man es nicht versteht, dieses Wissen börsenmäßig auszuwerten.“

Einleitung: Börsen-Gurus und Altmeister der Börse

„Glücklicherweise gibt es mehr als einen Weg in den Finanzhimmel."
Warren Edward Buffett

Könnte man Tränen in Geld verwandeln, wären die meisten Spekulanten steinreich. An der Börse gilt die Binsenweisheit, dass eine Aktie immer nur den Wert hat, zu dem man sie verkaufen kann. Der Aktienkurs ergibt sich nicht aus der Bilanz; er ist Ausdruck der Mehrheitsmeinung über die zukünftige Entwicklung des Unternehmens. Die Psychologie der Börse beschäftigt sich mit den Reaktionen der jeweils anderen Marktpartner – was sie tun werden, wie sie auf eine Nachricht wahrscheinlich reagieren werden.

In den Lehrbüchern der Ökonomie lesen wir über die Kunstgestalt des **„Homo oeconomicus"**, eines Individuums ohne Alter und Geschlecht, ohne kulturelle Identität, das alle Marktinformationen besitzt und immer vollkommen vernünftig handelt. Aber in Wirklichkeit gibt es ihn nicht. Die Märkte bewegen sich zwischen Angst (Hasenfußmentalität) und Gier. Börse und Kurse werden immer von Menschen gemacht. „An den Märkten werden nicht Fakten, sondern Erwartungen gehandelt." Altmeister **André Kostolany** bringt es auf die prägnante Formel: „Börse ist Psychologie." Bankier **Rudolph Kaderli** warnt vor dem absoluten Glauben an Zahlen: „Eine Aktie steigt nicht wegen des Aussehens der Bilanz einer Gesellschaft, sondern weil Käufer im Markte sind." Die entscheidende Frage bleibt immer, ob die Bullen oder die Bären gewinnen.

Der Mensch neigt zum Optimismus. Tritt der massenweise auf, entstehen Börsenhaussen. Beim „Halo-Effekt" führt ein positives Ergebnis vom ersten Kontakt mit einer Person oder einer Aktie auch in Zukunft zu einer wohlwollenden Einstellung. Wolfgang Pinner schreibt in *Die verrückte Börse:* „Der optimistische Anleger, der viel Geld mit einer Aktieninvestition verloren hat, wird dies eher einer unglücklichen Konstellation zuschreiben, der pessimistische seinen mangelhaften Fähigkeiten in der Auswahl."

Friedrich von Schiller schrieb zu diesem Phänomen: „Jeder, sieht man ihn einzeln, ist leidlich klug und verständig; sind sie in corpore, gleich wird auch ein Dummkopf daraus."

Sir Isaac Newton (1643–1727), der bekannte Physiker, Mathematiker und Astronom, war auch ein leidenschaftlicher Börsenspekulant.

Er beteiligte sich an der Spekulation um die Südsee-Aktien des Schotten John Law und gewann zunächst, verlor dann aber alles. Von Newton stammt der Ausspruch: „Ich kann zwar die Bahn der Gestirne auf Zentimeter und Sekunde berechnen, aber nicht, wohin eine verrückte Menschenmenge einen Börsenkurs treiben kann."

Der Spekulant Jesse Livermore erkannte: „Spekulation ist kein einfaches Geschäft. Es ist kein Spiel für Dumme und mental faule Menschen mit geringem emotionalem Gleichgewicht." Und Peter Lynch warnt: „Wer schnell Geld vermehren will, geht ins Casino und nicht an die Börse." André Kostolany bekennt: „Ich mache das Gegenteil von dem, was der Guru rät." Nicht das Ereignis selbst ist für Kostolany das Wichtigste an der Börse, sondern wie die Börsenteilnehmer darauf reagieren: „Meist verändern sich erst die Kurse und die rasch erfundenen Begründungen werden nachgeliefert."[1)]

Zum Herdenverhalten stellt der Professor für Anlagetheorie, Werner de Bondt, fest: „Bei der Wahl zwischen zwei Restaurants entscheiden sie sich für dasjenige, in dem mehr Leute sitzen, und beim Aktienerwerb für den Titel, den viele andere gerade gekauft haben. Beide Male wird intuitiv unterstellt, dass die Vorreiter gut gewählt haben."

Der erfolgreichste Investmentfonds-Manager **Peter Lynch** und Altmeister **André Kostolany** haben einfache und leicht verständliche Prinzipien, und die vermarkten sie erstklassig. Es gibt keine Geheimtipps. Warren Buffett rät: „Das Aktiengeschäft ist einfach. Alles, was man tun muss, ist, Anteile an einem fantastischen Unternehmen mit äußerst fähigen und integeren Managern zu kaufen, und zwar für weniger Geld, als das Unternehmen eigentlich wert ist. Dann bleibt man für immer Besitzer dieser Anteile."

---

1) Beachten Sie die unterschiedliche Bedeutung: „Mille" = üblich für Tausend; eine Milliarde = one billion (US) bzw. 1.000 millions (UK). Millionär = engl. millionaire; Milliardär = multimillionair; eine Billion = tausend Milliarden; das entspricht in den USA einer Milliarde. Eine deutsche Billion entspricht einer US-Trillion. Billiarde = engl. 1.000 billions, amerik. quadrillion; to run into millions = in die Millionen gehen.

deutsch	**englisch**	**amerikanisch**	**französisch**	**italienisch**	**spanisch**
Million	million	million	million	milione	millón
Milliarde	1.000 millions	billion	milliard	miliardo	miliones

Peter Lynch rät: „Wichtig ist, dass ein Anleger weiß, was er kauft. Er muss sich also genau informieren, bevor er Geld investiert. Am besten sieht er sich in der Branche um, in der er arbeitet." Wenn der Anleger nicht selbst an die richtigen Informationen herankommt oder sie nicht richtig einschätzen kann, dann sollte er, so der Rat von Peter Lynch, nicht selbst Aktien kaufen, sondern einen Fonds damit beauftragen. Lynch sagt: „Ich kaufe nur, was ich mit einem Stift malen kann." Warren Buffett kauft nur solche Unternehmen, deren Geschäft er versteht.

Zum Erfolg gehört Geduld, man muss abwarten können und einen langen Atem haben. Der Börsen-Altmeister **André Kostolany** sagt: „Wer an der Börse experimentiert, muss starke Nerven haben. Man kann dort nur auf lange Sicht Geld machen. Meine größten Profite habe ich als Marathonläufer realisiert." Peter Lynch rät zur Langfriststrategie und einer ruhigen Hand. Börsenspekulant Jesse Livermore meinte: „Geld macht man im Sitzen und nicht beim Traden." Und André Kostolany fügt an: „Vermögen verdient man an den Wertpapiermärkten mit dem Sitzfleisch." Anlegern gibt Kostolany den allgemeinen Rat: „Kaufen Sie eine gute Aktie, gehen Sie in eine Apotheke, kaufen Sie sich ein Schlafmittel und schlafen, schlafen, schlafen Sie."

Die Börsen-Gurus haben mehr als einen Beweis dafür geliefert, dass ihre Strategien erfolgreich sind. Die Altmeister der Börse geben aber auch ehrlich zu, nicht immer richtig zu liegen. Börsenspekulant **André Kostolany** lag zu 51 Prozent auf der richtigen Seite, damit war er zufrieden. **Sir John Templeton** bekennt: „Ich mache eine Menge unsinniger Dinge. Zum Beispiel erweist sich ein Drittel der Anlageentscheidungen regelmäßig als falsch." **Bernard Baruch** wurde nach dem Rezept für seinen Reichtum gefragt. Seine Antwort: „48 Prozent meiner Investments gingen gut, 48 Prozent gingen daneben, und von den 4 Prozent habe ich meinen Reichtum begründet." Spekulant **George Soros** gibt freimütig zu, dass er so viele Fehler macht wie jeder Durchschnittsanleger. Sein Erfolgsrezept ist, diese Fehler schnell zu erkennen und umzuschalten.

Börsen-Guru **Heiko Thieme** übt sich in Bescheidenheit: „Mit 95 Prozent meiner Prognosen liege ich schief, weil ich zu konservativ bin." Heiko Thieme erwartet den nächsten großen Börsencrash erst für das Jahr 2045.

Börsen-Gurus bewegen die Märkte

„Quot homines, tot sententia." – „So viel Köpfe, so viel Meinungen." Horaz

Helmut Thoma vom Fernsehsender RTL ist kein ausgewiesener Börsenspezialist, wahrscheinlich ist seine Zustandsbeschreibung gerade deshalb so leicht verständlich: „Lange Zeit haben die Deutschen den Dow Jones für einen Westernhelden und den DAX für ein Pelztier gehalten." Nach **Ralph J. Acampora** ist die Aktienanlage in Amerika zu einem neuen Volkssport geworden. Wie bei der Sportberichterstattung gebe es auch bei den Finanz-Fernsehberichten einige Moderatoren, die vom Publikum geradezu verehrt würden und den Ruf eines Gurus erworben hätten.

Woher sollen die Newcomer auf dem Spielfeld „Börse" Informationen und Wissen nehmen? Also halten sich viele Greenhorns an **Börsenbriefe** und **Börsen-Gurus,** die erfolgreich Börsengeschäfte betreiben und auch medienwirksam davon berichten. Mit dem **Internet** und der globalen Vernetzung steigt die Schar der Börsen-Gurus und ihrer Börsenbriefe weiter an. Börsen-Gurus sind Börsenstars, wenn sie auf der richtigen Seite stehen.

In den USA gehören ein gutes Dutzend Wall-Street-Experten der großen Investmenthäuser zu den Stars der Geld-Szene. Die modernen Gurus der Aktienmärkte sind fast täglich auf allen Bildschirmen zu sehen und werden in allen Zeitungen und Magazinen zitiert. Ihr Einfluss auf die Börsenwelt wächst mit ihrem Bekanntheitsgrad. Börsen-Gurus vertreten zwei Lager: Die **Optimisten** stehen auf der Seite der Bullen; die berufsmäßigen **Pessimisten** dagegen im Lager der Bären. Wechselt ein Guru die Seite, löst dies einen Sturm aus. Zur Marktbeeinflussung durch Börsen-Gurus sagt Ralph J. Acampora, Managing Director Global Equity Research bei Prudential Securities: „Der Markteinfluss einzelner Personen wird oft massiv überschätzt. Weder die kluge **Abby Joseph Cohen,** die Strategin von Goldman Sachs, noch der mutige Techniker Ralph Acampora können die Märkte nachhaltig beeinflussen." Wenn Gurus reden, schweigt Wall Street und hört zu. Was sie tun, bewegt die Märkte. Aber was sie sagen und schreiben, hat noch viel größere Auswirkungen, weil ihnen eine Fangemeinde bedingungslos folgt und jeden praktisch verwertbaren Rat sofort nachvollzieht, wie einst beim Orakel von Delphi im alten Griechenland.

Professor Wolfgang Gerke (Lehrstuhl Bank- und Börsenwesen der Universität Erlangen-Nürnberg, Spezialist für experimentelle Kapitalmarktforschung und Börsenpsychologie, Forschungsprofessor am ZEW in Mannheim) untersuchte das Phänomen der Börsen-Gurus. Sein Ergebnis: „Laut Kapitalmarkttheorie haben Gurus an der Börse nichts zu suchen." Zur Faszination der Börsen-Gurus sagt Professor Gerke: „Geld kann man nicht anfassen. Börsen-Gurus kann man sehen, hören, fragen. Durch die starke Persönlichkeit fühlen sich Anleger bei Entscheidungen wohler." Für sich selbst sagt er aber: „Ich höre ihnen zu, aber ich folge ihnen nicht."

Wir raten mit **Abraham Lincoln** (1809 – 1865): „Umgib dich mit Leuten, die ihre Sache verstehen."

So wird man ein Börsen-Guru

„Geschäfte? Das ist sehr einfach, das bedeutet anderer Leute Geld."
Alexandre Dumas der Jüngere

Professor Gerke macht seit seinem 18. Lebensjahr Börsengeschäfte. Er ist überzeugt: „Die Entwicklung der Kurse ist Zufall. Der Rest ist reine Psychologie." Über seine eigenen Anlagen sagt er: „Der Wissenschaftler glaubt nicht an Chartinformationen und Kursprognosemodelle, denn die Kapitalmarkttheorie lehrt, dass die Entwicklung der Aktienkurse letzten Endes dem Zufall gehorcht. Das ist die so genannte Random-Walk-Hypothese. Wenn das stimmt, ist der Rest reine Börsenpsychologie."

Professor Gerke warnt humorvoll: „Wenn ich einen Börsenbrief schreiben würde, so würde ich den so einfach wie möglich in den Empfehlungen machen und so kompliziert wie möglich in den analytischen Begründungen. Ich würde die kompliziertesten Pseudokorrelationen rechnen."

Frage von *WirtschaftsWoche*-Redakteur Bolke Behrens an Professor Gerke: „Wenn das Wissen um Theorie und Praxis des Kapitalmarktes zunimmt, wenn immer mehr Anleger die Kurs/Gewinn-Verhältnisse kennen, über Elliot-Wellen Bescheid wissen und Kondratieff-Zyklen – dann müssten doch alle unheimlich erfolgreich an der Börse sein?" – Antwort: „Nein, nein. Das ist ja das Schöne am Börsengeschehen. Wenn Kursprognosen so einfach wären, wäre ja der ganze Spaß weg. Ich habe mal untersucht, wie die Helligkeit des Kometen Hale-Bopp mit dem Dow-Jones-Index korreliert, und eine sehr hohe Korrelation herausgefunden. In einem Vortrag habe ich meine Kometentheorie wissenschaftlich vorgetragen, um alle Zuhörer auf den Arm zu nehmen. Das Prognostizieren von Aktienkursen kommt mir immer noch so vor wie die Versuche der Alchemisten, Gold zu produzieren."

Professor Gerke warnt: „ Nicht jeder ist ein guter Ratgeber, nicht jeder handelt uneigennützig. Per Zufall gibt es immer Leute, die sehr oft richtig liegen. Wenn ihnen dann Medieninteresse entgegenschlägt, weil sie sich selber gut verkaufen können, sind sie ein Börsen-Guru." Er entwickelte den (humorvollen) Leitfaden:

1. **Schritt:** Eine Theorie entwickeln mit schwer nachvollziehbaren Kriterien und vielen unverständlichen griechischen Buchstaben. Als Beweis für seine Thesen (und um seine Zuhörer auf den Arm zu nehmen) breitete Gerke 1997 vor seinen Zuhörern wissenschaftlich-mathematisch-astronomisch einen Zusammenhang zwischen der Strahlkraft des Kometen Hale-Bopp und dem Dow-Jones- Index aus.

2. **Schritt:** „Wenn du selber ratlos bist, gib dich als Weiser aus und schreibe einen Börsenbrief." Dem notwendigen Glück einen Schubs geben: Dazu wählt er kleine Aktien aus, die nur wenig bekannt sind, und treibt deren Kurse in die Höhe.

3. **Schritt:** Funktioniert das mindestens zwei Mal, schalte ich große Anzeigen.

4. **Schritt:** Die allgemeine Aufmerksamkeit bringt eine wachsende Fangemeinde, über Nachrichtendienste komme ich in die Zeitungen und ins Fernsehen.

5. **Schritt:** Die (Schnaps-)Idee läuft von selbst und gewinnt immer mehr Anhänger – damit erfüllt sich die Prophezeiung von selbst.

6. **Schritt:** Fondsmanager und professionelle Anleger müssen den neuen Indikator in ihre Anlageentscheidungen einbeziehen.

Professor Gerke meint dazu: „So wird der Kometenguru genauso wichtig wie ein n-tv-Chartdoktor. In wenigen Wochen könnte ich ein Guru sein."

> Der international tätige Groß-Spekulant Sir James Goldsmith meinte, ohne Raubtiere gäbe es keine lebendige Industrie.
> „Meister, mich wundert, wie wohl die Fische im Meer leben." – „Na, eben wie auch die Menschen an Land – die großen fressen die kleinen auf."
> William Shakespeare.

KAPITEL 1

STEIGERN SIE IHREN FINANZ-IQ – IHR HANDWERKSZEUG

„Les'n Kurszettel, les de Handelsnachrichten, les de Politik, interessier dich fürs praktische Leben."
Carl Zuckmayer, „Der Hauptmann von Köpenick"

Es war wie jedes Jahr in Bonn. Der Bundesfinanzminister brauchte dringend Geld. Da kam er auf die Idee, den Bundesbürgern die gute alte Post zu verkaufen. Die einstige Behörde wurde aufgeteilt in die magentarote Telekom, die blaue Post-Bank und den gelben Postdienst, und Manfred Krug *(Liebling Kreuzberg)* wurde als Aktienverkäufer engagiert. Aus einem Staatsbetrieb wurde eine Volksaktie. Namen und Farben spielen im harten Wettbewerb eine wichtige Rolle. Manfred Krug ist ein Aktien-Fan: „Die Deutschen sollen ihre gute alte Post kaufen, wenn sie schon zu haben ist."

Jeden Tag erklärte Manfred Krug dem Fernsehvolk, dass er „mit der Telekom an die Börse gehe". Die Telekom-Aktie wurde zu einem Erfolg, und die Deutschen werden langsam zu einem Volk von Aktionären, zu „Greenhorns" der Börse. Die notwendige Börsenerfahrung kann „Anwalts Liebling" nicht verschaffen. Das können aber die Börsen-Gurus, die bewiesen haben, wie man an der Börse erfolgreich agiert.

Der Schriftsteller und Satiriker Kurt Tucholsky hinterließ uns die Erkenntnis: „Die Börse erfüllt eine wirtschaftliche Funktion: Ohne sie verbreiten sich neue Witze wesentlich langsamer."

Börsenregeln kennen und beachten

Der Anleger sollte die Regeln kennen, bevor er in das Spiel einsteigt. Das wichtigste Gesetz der Börse lautet: **„Buy low, sell high"**, kaufe billig und verkaufe teuer. Wenn das nur immer so einfach wäre. **„Greife nie in ein fallendes Messer"**, besonders nicht bei kräftig fallenden Börsen. Regel für den Aufwärtstrend: **„The trend is your friend"**, denn: **„Die Hausse nährt die Hausse"**, und **„Gewinne laufen lassen"**, denn **„Hin und Her macht Taschen leer"**. Wenn die **„Kanonen donnern"**, dann kaufen.

Die Gorbatschow-Krise 1991 zeigte ebenso wie der NATO-Einsatz im Kosovo 1999: **„Politische Börsen haben kurze Beine"**. Dann aber die Anlagen streuen: **„Lege nicht alle Eier in einen Korb"**. Da jeder

Trend einmal zu Ende geht, sagt die Börsenregel: **„Verkaufe, wenn die Glocken klingen“**, denn **„an Gewinnmitnahmen ist noch niemand arm geworden“.**

Immer daran denken: **„Die Börse ist keine Einbahnstraße“.** Die Hausse wird in der Panik geboren, wächst, von „Gier“ und „Angst“ begleitet, welkt schon wieder, während noch Optimismus herrscht, und stirbt bei Champagner. **„Haussen sterben in der Euphorie.“„An der Börse braucht man einen langen Atem“,** verkündet n-tv-Moderator Friedhelm Busch fast täglich.

Börsen-Profi André Kostolany drückt es drastisch aus: „Vermögen verdient man an den Wertpapiermärkten mit dem Sitzfleisch.“ Und zum guten Schluss: Gibt es mehr Leute, die eine bestimmte Aktie schon besitzen, als Leute, die diese Aktie haben wollen, dann sollte man verkaufen. Denn eine Aktie weist immer nur den Wert aus, zu dem man sie verkaufen kann.

Lernen Sie die Börsensprache

„Das (Börsen-)Glück ist wie ein Kristall,
der während des schönsten Glitzerns zerspringt.“
Arabische Weisheit.

Robert Farrell, Analyst von Merrill Lynch, schrieb in einem Börsenkommentar: „Es kann sein, dass die Börse im Begriff ist, einen zyklischen Gipfel zu bilden, um dann auf eine Talfahrt zu gehen. Es kann auch sein, dass sich die Aufwärtsbewegung fortsetzt und auf ein hohes Niveau führt.“

André Kostolany behauptet: „Die nützlichsten Wörter an der Börse sind: vielleicht, hoffentlich, möglich, es könnte, nichtsdestoweniger, obwohl, zwar, ich glaube, ich meine, aber, wahrscheinlich, das scheint mir.“

An den traditionellen Börsen werden Aktien erst nach einem strengen Prüfungsverfahren zugelassen und gehandelt. Seit dem 4. Januar 1999 gibt es für Börsianer die gute alte „D-Mark“ nicht mehr; alle Wertpapiere werden in **Euro** notiert.

Börsenplätze und Art der Notierung:

Bl = Börsenplatz Berlin, **Br** = Bremen, **Dü** = Düsseldorf (www.rwb.de), **Fr** = Frankfurt (www. exchange.de), **Hb** = Hamburg, **Hn** = Hannover, **Mü** = München (www.bayerischeboerse.de), **St** = Stuttgart, **Xe** = Xetra.
◆ Dow-Jones-Wert.

Börsenhandel in vier Marktbereichen:

Amtliche Notierung (die *„Bundesliga"* mit den großen Standardwerten, hier wird nach strengen Regeln, zu festgesetzten Zeiten und nur mit einheitlichen Bällen gespielt: Einheitskurse [Kassakurs KK] oder Variable Notierung [Fortlaufende Notierungen FN] mit mindestens vier Kursen: Eröffnungs-, Schluss-, Höchst- und Tiefstkurs); der **Geregelte Markt,** die *„zweite Liga"* für die Aufsteiger; **Neuer Markt** (die *„Goldgrube"* für junge innovative Unternehmen und Spekulanten; www.neuer-markt.de) und der **Freiverkehr,** kaum Regeln, kein Spielfeld, viele Bälle. Als der Freiverkehr noch „ungeregelter Markt" hieß, war er ein Räuberhandel. Nachdem die Deutsche Börse den Freihandel unter ihr schützendes Dach brachte, ist er nach der Anzahl der notierten Werte das größte Marktsegment. Kursrenner und Flops liegen dicht beieinander.

Daneben gibt es noch den **„Telefonhandel"** außerhalb der Börsenräume und Börsenzeiten: Vor der ersten Börsennotierung einer Aktie treffen sich Angebot und Nachfrage im vorbörslichen Telefonhandel. Nachdem die Spanne für den Emissionskurs eines Börsenneulings bekannt ist, beginnt der vorbörsliche Handel unter den Banken und Börsenmaklern. Die Papiere stammen entweder von Altaktionären oder von Banken, die bereits über eine feste Quote verfügen. Privatanleger können sich daran beteiligen, indem sie ihrer Bank einen Auftrag geben. Der sollte in jedem Falle limitiert sein.

Kurse beschreiben den Markt.

Ein Blick in den Kurszettel von Börsen-Zeitung oder Tageszeitung zeigt, was von den Kursen zu halten ist: Notiert der Kurs mit dem Zusatz **b** oder **bz** = bezahlt, dann fanden Umsätze statt, und alle an der Börse vorliegenden Aufträge wurden ausgeführt (bei fortlaufenden Notierungen ohne Zusatz); **bG** = bezahlt Geld: zu diesem Kurs bestand weitere Nachfrage, die zu diesem Kurs limitierten Aufträge müssen nicht alle ausgeführt worden sein; **bB** = bezahlt Brief: es lag noch weiteres Angebot vor, die zu diesem Kurs limitierten Verkaufsaufträge müssen nicht alle ausgeführt worden sein; **G** = Geld: zu diesem Kurs bestand nur Nachfrage; **B** = Brief: es lagen nur Verkaufsaufträge vor; **i. K.** = in Konkurs. Bei **C** wurden ausschließlich Aufträge ausgeführt, bei denen Käufer und Verkäufer identisch waren (Kompensationen). Bei **ex A** = ex Ausschüttung, **ex BA** = ex Berichtigungsaktien, **ex BR** = ex Bezugsrecht, **ex D** = ex Dividende wurde ein Abschlag vom Kurs vorgenommen. Finden Sie den Zusatz * = kleine Beträge ohne Umsatz, „–" = gestrichen, **r** = rationiert, beschränkte Ausführung limitierter Aufträge, **T** = Taxe, **-BT** oder **-GT,** dann ist Vorsicht geboten, denn da funktioniert die Marktpflege nicht – es kommt zu keinem Marktausgleich, es finden keine Umsätze statt. In diesem Fall wäre es geradezu sträflich, weil zu teuer, ohne Limit zu arbeiten. **XS** = Kurs nach Splitting. Bei dem Zeichen ■ wurde der Kurs berichtigt.

Blue Chips/Highflyer/Growth Stocks/ Wachstumsaktien

„Fantasie ist wichtiger als Wissen." Albert Einstein

In Börsen- und Kapitalanlegerkreisen spricht man von **Blue Chips,** Standardaktien höchster Qualität, die über die Grenzen eines Landes hinaus bekannt sind und sich durch erstklassige Bonität, gute Wachstumsperspektiven und die regelmäßige Zahlung von Dividenden auszeichnen. Wörtlich übersetzt, bedeutet „Blue Chip" so viel wie „blauer Span", „blauer Diamantsplitter" oder „blaues Schnitzel". Die blauen Chips sind die höchsten Spielmarken, dann folgen die roten und weißen Chips.

Zu den Blue Chips zählen die großen Unternehmen des Dow-Jones-Index und des DAX wie Deutsche Bank, Daimler Benz oder Allianz. Diese sind in den meisten Depots vertreten, bei Anlegern wie Spekulanten des In- und Auslands. Alle suchen nach Garp: Aktien mit Wachstum zu vernünftigen Preisen („Growth at a reasonable Price").

Nebenwerte sind Stiefkinder der Börse

Ist die Kursfantasie der großen Werte verflogen, stürzen sich die Anleger auf die Nebenwerte. Bisher haben die Werte der zweiten Garnitur den Vorsprung der Blue Chips immer wieder aufgeholt. Nebenwerte sind oft viel interessanter und für Spekulationen besser geeignet. Für die Börse gibt es eine einfache Erklärung: „Geht Butter, geht Käse." Branchentrends gab es schon immer, aber es war nicht immer klar, welche Aktien zyklisch waren. In der zweiten Hälfte der Achtziger wurden dann die „Small Caps" (Werte mit geringerer Börsenkapitalisierung) für Deutschland entdeckt und mit ihnen der „Small-Cap-Effekt", mit überdurchschnittlicher Wertsteigerung. In den Neunzigern lenkte die Globalisierung den allgemeinen Blick der Börse wieder auf die Blue Chips, und der **Euro** drängte die Länderauswahl bei der Depotzusammenstellung zurück. Die Nebenwerte wurden wieder zu Stiefkindern der Börse.

Stammaktien – Inhaberaktien – Vorzugsaktien

Stammaktien verbriefen die gesetzlichen und satzungsmäßigen Aktionärsrechte. Die **Inhaberaktie** ist in Deutschland am weitesten verbreitet. Der Besitzer ist auch der Inhaber. Das Kapital des Aktionärs wird nie fällig. Für Anleger und Spekulanten werden Aktien eingeteilt in Standardwerte und **Spezialtitel**. Die Gliederung nach Branchen weist auf die unterschiedlichen Reaktionen bei Konjunkturänderungen hin: Bankwerte verdienen in allen Konjunktursituationen, sind aber zinsempfindlich. Autowerte hängen am Autoabsatz, Bauwerte an der Baukonjunktur. Die Kursausschläge können ganz erheblich sein. Spezialwerte aus besonderen Branchen sind risikoreicher. Gerät ein Unternehmen in den Strudel technischer Änderungen, werden die gesamte Firma und ihre Aktien (Turnaround-Aktien) zum Spielball der Spekulation.

Die Aktiengesellschaft ist verpflichtet, für **Namensaktien** ein Aktienbuch zu führen mit Name, Beruf und Wohnort des Aktionärs. Jeder Eigentumswechsel wird erst dann wirksam, wenn er ins Aktienbuch der

Gesellschaft eingetragen ist. Wer als Aktionär anonym bleiben will, kann seine Eintragung ins Aktienbuch verhindern, hat dann aber auf den Hauptversammlungen auch kein Stimmrecht. Bis vor wenigen Jahren galt die Namensaktie in Deutschland als schwerfällig und aufwendig in der Verwaltung. Diese Nachteile konnte der Computer ausräumen. Nach Einschätzung der Deutschen Börse AG geht das Zeitalter der anonymen Inhaberaktie zu Ende. „Die Zukunft gehört der Namensaktie", meint Jürgen Blitz, Vorstandschef der Deutschen Börse Clearing AG. Nach seiner Rechnung werden 80 Prozent der Dax-Werte in den nächsten fünf Jahren umstellen.

International ist die Namensaktie (Registered Shares) üblich und auch für deutsche Unternehmen auf dem Weg nach New York wieder interessant. Und für eine bessere Betreuung der Aktionäre: „Wenn ein Unternehmen eine stärkere Beziehung zu seinen Aktionären aufbauen will (Investor Relations), kommt es an der Namensaktie nicht vorbei", meint Wolfram Schmitt, Leiter der Abteilung Investor Relations der Deutschen Bank AG. Neue elektronische Aktienbücher geben den Unternehmen neue Möglichkeiten zur direkten Kommunikation mit ihren Aktionären. Der Bundesbeauftragte für Datenschutz, Joachim Jacob, sieht die Gefahr eines gläsernen Aktionärs durch die Namensaktie, wenn das Aktiengesetz nicht an die aktuelle Entwicklung angepasst wird. Das Einsichtsrecht für jeden Anleger würde zum lebhaften Adressenhandel führen.

Zahlreiche Unternehmen stellen für ihren Gang nach New York auf die Namensaktie um: Celanese, DaimlerChrysler, Deutsche Bank, Deutsche Telekom, Dresdner Bank, Mannesmann, SAP, Siemens und Veba.

PERCS (Prefered Equity Redemption Cumulative Stock)

repräsentieren Vorzugsaktien eines Unternehmens, die zu einem bestimmten Zeitpunkt und in einem festgelegten Verhältnis zwangsweise in Stammaktien getauscht werden. PERCS sind ein synthetisches Gebilde einer Aktienanlage mit Dividendenvorteil gegenüber einer Stammaktie und einer verkauften Kaufoption auf die Restlaufzeit, sie werden an der New York Stock Exchange gehandelt (www.nyse.com). Sie eignen sich für Anleger, die an hohen Dividendeneinnahmen interessiert sind und auch an Kurssteigerungen teilhaben wollen. In jedem Falle müssen Anleger von der zugrunde liegenden Aktie überzeugt sein.

Tracking Stocks (auch Targeted Stocks genannt)

sind eine besondere Gattung von Stammaktien: Sie gewähren die üblichen Aktionärsrechte am gesamten Gesellschaftsvermögen; sie sind „Geschäftsbereichsaktien" auf einen Teilgeschäftsbereich oder eine Tochtergesellschaft des Emittenten. Die Aktien von Konglomeraten weisen oft einen Abschlag auf, sozusagen eine „Strafe" für das Halten unverbundener Geschäftsanteile (Conglomerate discount). In jüngster Zeit konzentrieren sich Konzerne auf das Kerngeschäft.

Vorzugsaktien

gewähren Vorrechte gegenüber den Rechten der Stammaktionäre hinsichtlich:

- Stimmrecht – Mehrstimmrechtsaktie
- Dividende – kumulative Vorzugsaktie
- Prioritätsaktie
- VA mit Überdividende
- Anteil am Liquidationserlös – VA mit Sonderrechten bei Auflösung.

Euro-Vorzugsaktien

Amerikanische Vorzugsaktien im Wall-Street-Stil bringen Vorteile für Investoren und Emittenten und haben auf den Kapitalmärkten in den USA einen festen Platz. In den USA liegt das Marktvolumen bei 100 Milliarden Dollar. Die Papiere weisen Ähnlichkeiten mit deutschen Vorzugsaktien und mit Genussscheinen auf. Die Papiere haben keine Endfälligkeit wie Aktien; sie sind mit einer festen Dividende ausgestattet wie eine Anleihe; sie haben kein Stimmrecht wie Vorzugsaktien. Die feste Dividende wird unabhängig von der Unternehmensentwicklung gezahlt – solange ein verteilbarer Gewinn erwirtschaftet wird. Macht das Unternehmen keinen Gewinn, gehen auch die Besitzer der **Euro-**

Vorzüge leer aus. Die Erträge der **Euro-**Vorzüge werden steuerlich wie Aktien behandelt, sie unterliegen nicht der Zinsabschlagsteuer.

Stückaktien/Quotenaktien

Nach dem Aktienrecht können die Unternehmen echte (kein Grundkapital oder nicht in Aktien zerlegt) und unechte (lautet nicht auf einen Nennbetrag) nennwertlose Aktien ausgeben. Daneben kommen auch

- Stückaktien (Beteiligungsquote nicht aus der Urkunde zu ersehen) und
- Quotenaktien (lauten auf einen Bruchteil des Grundkapitals) vor.

Auslandsaktien

Ein Sparer, der bei seinen Überlegungen den Kauf ausländischer Aktien plant, lässt sich unter anderem von der Überlegung leiten, dass ihm durch dieses internationale Angebot eine noch größere Anzahl und damit auch eine größere Auswahl zur Verfügung stehen. Dabei stehen die Länder an erster Stelle, deren Wirtschaftswachstum überdurchschnittlich ansteigt und deren Aktien daher interessante Gewinne erwarten lassen. Allerdings geht in der globalisierten Welt der Länderansatz bei der Aktienaufteilung zurück.

Belegschaftsaktien/Mitarbeiteraktien

Viele AGs bieten ihren Mitarbeitern Aktien des eigenen Unternehmens zu besonderen Preisen an. Belegschaftsaktien bieten dieselben Rechte wie alle anderen Aktien (meist Inhaberaktien).

Weltraumaktien

Die American Space Corporation will die Mondforschung zum dreißigsten Jahrestag der ersten Mondlandung wiederbeleben. Sie vertreibt ihre Mond-Aktien über das Internet. Wer will, bekommt die Aktien kostenlos, wenn er seine persönlichen Daten preisgibt, sein Kapital, Anlageschwerpunkte und seine Bonität. Diese Daten kann die Space Co. weiterverkaufen. Die Initiatoren der American Space Corporation haben keinerlei Erfahrung in der Mondforschung. Die US-Space Transportation Association (STA) plant bereits den künftigen Weltraumtourismus.

Zykliker

Aktien aus den Branchen, die bei einem wirtschaftlichen Aufschwung („Nichts ist spannender als Wirtschaft") am meisten profitieren; weil die Konsumausgaben steigen, weil mehr investiert wird oder weil das Exportvolumen zunimmt. Zyklische Werte sind konjunkturempfindlich. Einige Brokerhäuser unterteilen in: zyklische Konsumaktien (Branchen: Automobil, Freizeit, Textil und Bekleidung, Flugtransporte), zyklische Industriewerte (Bau, Chemie, Stahl, Maschinenbau, Elektronik), Rohstoffe, Energie, defensive Konsumgüterhersteller (Nahrung, Pharma, Telecom). Zinsempfindliche Werte (Banken, Versicherer, Versorger = Witwen- und Waisenaktien) reagieren auf Zinsänderungen („Greenspan-Effekt"), Exportwerte mit starker Abhängigkeit von der Auslandsnachfrage und den Devisenkursen oder Trendänderungen durch Technik oder Verbraucherverhalten können erheblich schwanken. Zyklische Werte sollte man im Konjunkturtal kaufen.

Sir John Templeton fasst zusammen: „Ein Investor, der alle Antworten kennt, hat nicht einmal die Fragen verstanden."

Konjunktur, Börse und Aktienkurse

„Was jedermann für ausgemacht hält, verdient am meisten, untersucht zu werden." Börsenweisheit

Gut funktionierende Kapitalmärkte sind eine wesentliche Grundlage für den Wohlstand der Nationen. Dies zeigen Studien der Weltbank: Die Entwicklung der Wirtschaftsleistung ist in 47 Industriestaaten und Entwicklungsländern eng mit dem Funktionieren der Aktienmärkte verknüpft. Die jährliche Wachstumsrate ist umso höher, je größer der Aktienmarkt (in Relation zum Bruttosozialprodukt) und je höher die Umschlagshäufigkeit der Wertpapiere sind. Aus drei Gründen sind sie ein Kompass für die Entwicklung moderner Volkswirtschaften: Erstens benötigt die Wohlstandsmehrung langfristiges Wachstum, zweitens fördern funktionierende Kapitalmärkte gerade dieses Wachstum und drittens lassen Kapitalmärkte durch den wirkungsvollen Einsatz der Ware „Kapital" die Produktivität ansteigen und unterstützen den Strukturwandel.

Der Wohlstand eines Volkes entsteht durch langfristiges Wachstum; zeitweilige Höchst- oder Tiefststände an den Börsen und kurzzeitige Auf- oder Abschwünge der Wirtschaft spielen nur eine geringe Rolle. Entscheidend ist der langfristige Trend, der Zuwachs an Wirtschaftswachstum und Produktivitätsfortschritt. Auch scheinbar kleine Unterschiede bei den jährlichen Wachstumsraten akkumulieren sich über Jahrzehnte zu großen Unterschieden im Wohlstandsniveau. Der Volkswirtschaftler **John Maynard Keynes** nannte dies „the miracle of compound interest" – das Wunder des Zinseszinseffektes.

Freiheit des Handels und Freiheit des Kapitalverkehrs gehören zusammen. In Russland, Indonesien, Thailand und in Südamerika leiden Millionen Menschen an den Folgen einer weltweiten Finanzkrise. Und die Wirtschaftsleistung in Europa muss kräftig nach unten korrigiert werden. Wer zurückhängt, erleidet einen Tod auf Raten. Wachstum entsteht entweder durch zusätzliche Arbeit, durch mehr Kapital oder durch besseren Einsatz der Produktionsfaktoren. Nach dem Motto „Don't work harder, work smarter" erreichen die Industrienationen, trotz kurzer Arbeitswochen und langer Urlaube, einen hohen Lebensstandard.

In den USA wuchs die Wirtschaft in den Jahren 1976 bis 1993 um jährlich 1,7 Prozentpunkte. Die Bundesrepublik Deutschland verringert bei einer durchschnittlichen wirtschaftlichen Steigerung von 1,9 Prozent den Wachstumsvorsprung der USA nur sehr langsam. Und die deutsche Wirtschaftsleistung könnte um 15 Prozent höher liegen, wenn die US-Erfolge bei Beschäftigung und Effizienz übertragbar wären.

Die Produktivität steigt vor allem dort steil an, wo die Steuerungsfunktion des Aktienmarktes genutzt wird. Nach Berechnungen der Weltbank steigt das jährliche Produktivitätswachstum um durchschnittlich

0,9 Prozentpunkte, wenn der Wert der gehandelten Aktien um 10 Prozent steigt.

In einem Land mit funktionstüchtigem Aktienmarkt sind nach zehn Jahren 11 Prozent mehr Firmen neu hinzugekommen als bei den Nachzüglern. Die Computerindustrie wächst in den Ländern der ersten Gruppe jährlich um 5,7 Prozent schneller; nach zehn Jahren ist die Computerindustrie dieser Länder um 74 Prozent größer.

> „Die ganze Börse hängt nur davon ab, ob es mehr Aktien gibt als Idioten oder mehr Idioten als Aktien.“ Professor Albert Hahn, Kostolany-Lehrer

Geld, Zins, Volkswirtschaft, Psychologie – „Ohne Moos nix los“

„Nationalökonomie ist, wenn die Leute sich wundern, warum sie kein Geld haben. Das hat mehrere Gründe, die feinsten sind die wissenschaftlichen Gründe.“ Kurt Tucholsky als Peter Panter

Der Zins ist die Entschädigung dafür, dass der Kapitalgeber für die Dauer der Geldhergabe auf die Kaufkraft verzichtet. Die Unterschiede in den Wirtschaftspolitiken einzelner Länder und die Wechselkurse machen die Zinsentwicklung unberechenbar.

Auch der Anleihehandel enthält Risiken, besonders wenn der Kauf auf Kredit erfolgte. Das bewies das Desaster von 1994 mit Kursverlusten von 20 Prozent. Wechselnde „Stimmungen“ führen zu einer Hebelwirkung. Optimisten hoffen bei der ersten (Zins-)Schwalbe auf einen schönen Sommer. In einer Anzeige des Bundesverbandes Deutscher Banken heißt es: „Ein wichtiges Zinssignal. Alles hängt mit allem zusammen, irgendwie jedenfalls. Das gilt besonders für die Zinsen. Spaßvögel glauben sogar, einen Zusammenhang zwischen Zinshöhe und Rocklänge erkennen zu können. Wir sind uns dabei nicht ganz sicher, aber eines können wir doch mit Gewissheit sagen: Viele Einflüsse bestimmen die Zinsen – einen großen Einfluss üben die Leitzinsen der

Bundesbank aus. Bleiben zwei zinspolitische Fragen: Was bringt die nächste Modesaison? Und: Was trägt die Bundesbank?"

Der Zins ist ein wesentlicher Anhaltspunkt für die künftige Börsenentwicklung; aber selbst die Notenbanken wissen nicht genau, wohin sich die Zinsen entwickeln werden. Niedrige Zinsen sind wie Superbenzin für den Motor Wirtschaft: Sinken die Zinsen, werden Investitionen nachgeholt, die man wegen der zu hohen Zinsen vorher zurückgestellt hatte.

Die Wirtschaft schläft nie. Wie wichtig der Zins für die Volkswirtschaft ist, beschreibt der Nationalökonom Kenneth Galbraith, Ratgeber der Präsidenten Kennedy und Johnson: „Im Prinzip funktioniert die Wirtschaft sehr einfach: In Boomzeiten erwirtschaftet der Staat mit hohen Zinsen und einer straffen Haushaltspolitik einen Überschuss. Droht eine Rezession, senkt der Staat die Zinsen und kurbelt mit öffentlichen Aufträgen die Nachfrage wieder an." Der frühere US-Präsident Reagan unterstrich: „Eine übermäßig aktive Regierung behindert den wirtschaftlichen Fortschritt."

André Kostolany fasst als Ergebnis eines langen Lebens mit und an der Börse zusammen: „Die wichtigsten Einflussfaktoren sind der **Zinsfuß** und die **Psychologie.** Fällt der Zinsfuß und steigt die Stimmung, steigen die Kurse." Wenn also nur einer der beiden Punkte in die richtige Richtung zeigt, entsteht eine Schaukelbörse, auch Zitterbörse, „wunderbar für kleine Spieler, die sich mit kleinen Braten begnügen", sagt Kostolany.

Federal Reserve System (FED) – Deutsche Bundesbank – EZB für Euroland

„Nicht alle Deutschen glauben an Gott, aber alle an die Bundesbank.“
Jacques Delors, Ex-EU-Präsident

Das US-amerikanische Notenbanksystem, Federal Reserve System, geht auf die Owen-Glass-Bill von 1913 zurück. Es besteht aus den Federal Reserve Banks (Zentralnotenbanken) in den zwölf Federal Reserve Districts. Die Federal Reserve Banks (Bundesreservebanken) besorgen die Bankgeschäfte der Regierung. Das Board of Governors of the Federal Reserve System (sieben Mitglieder, Governors) mit Sitz in Washington, D. C., ist das oberste Entscheidungsgremium. Die Mitglieder werden vom Präsidenten ernannt, müssen aber vom Senat bestätigt werden. Das Gremium bestimmt, unter der Leitung seines Präsidenten, die Geld-, Kredit- und Währungspolitik der USA. In den USA lernte man aus schmerzlichen Erfahrungen: Von 1913 bis 1933 war das FED dezentral organisiert, ab 1933 war dann das FED-Direktorium allein für die Geldpolitik und die Stabilisierung des Bankensystems zuständig und verantwortlich.

In den USA hat die Verfassung dem Kongress die Zuständigkeit für das Geldwesen übertragen. Mit Gründung der FED im Jahr 1933 gab der Kongress dann diese Aufgabe an die FED weiter; aber die FED ist gegenüber dem Kongress rechenschaftspflichtig – zweimal jährlich steht der FED-Chef dem Kongress Rede und Antwort. Die Unabhängigkeit der FED ist nicht mit derjenigen der Deutschen Bundesbank vergleichbar. Die FED ist verpflichtet, die Wirtschaftspolitik der Regierung zu unterstützen und dabei drei Ziele wahrzunehmen:

- größtmögliche Beschäftigung,
- stabile Preise und
- moderate langfristige Zinsen.

Gutes Geld verträgt keine Kompromisse. Es ist eine alte Erfahrung: Eine Währung ist nur so stark, wie die Regierung, die Wirtschaft, das Land, die dahinter stehen. Die Geldpolitiker haben die Preise der Güter und

Dienstleistungen unter Kontrolle und die Inflationsraten sind auf historischem Tief. Jetzt droht eine neue Gefahr: die wachsende Bedeutung der Aktienmärkte. Welchen Kurs soll die Geldpolitik einschlagen, wenn aufgeblähte Börsenkurse die Wirtschaft zu destabilisieren drohen? Der Internationale Währungsfonds (IWF) fordert, die Entwicklung von Vermögenswerten wie Aktien, Anleihen und Immobilien bei Zinsentscheidungen zu berücksichtigen.

FED-Chef Alan Greenspan hatte diese Diskussion mit dem Hinweis angestoßen: „Wie bei einem Damm unter steigendem Wasserdruck erscheint das Vertrauen normal, bis zu dem Moment, in dem er bricht." Aktienkurse beeinflussen das Verhalten von Unternehmen und Verbrauchern, daher könne sich die Geldpolitik „nicht mehr den Luxus erlauben, in erster Linie auf den Fluss von Gütern und Dienstleistungen zu schauen."

Dahinter steckt folgende Überlegung: Bei steigenden Aktienkursen fühlt sich der Aktionär reicher (Vermögenseffekt), obgleich es sich zunächst nur um Buchgewinne handelt. Experten schätzen, wenn das Depot im Wert um 100 Dollar steigt, gibt der Aktionär 3 Dollar mehr für den Konsum aus. Steigende Aktienkurse führen zu steigenden Konsumausgaben, ein Crash drosselt die Ausgaben für den Konsum. In den USA besitzt fast jeder zweite Haushalt Aktien und die Marktkapitalisierung beträgt 12 Billionen Dollar – der Vermögenseffekt darf nicht unterschätzt werden.

Die EZB lehnt eine solch aktive Geldpolitik ab, denn die Aktienmärkte in Europa haben für den Vermögensaufbau noch nicht die gleiche Bedeutung. EZB-Chef Wim Duisenberg kündigt an: „Wir werden diese Strategie eher zurückhaltend verfolgen."

Viel Euphorie begleitete die Einführung des **Euro** am 1. Januar 1999. Das **Euro-**System ist ein europäischer Verbund, er besteht aus der Europäischen Zentralbank (EZB) und elf nationalen Zentralbanken (NZB). Die Unabhängigkeit der EZB ist in dem völkerrechtlich bindenden Vertrag von Maastricht festgeschrieben. Nach Artikel 105 des EG-Vertrages hat die EZB die Hauptaufgabe, die Preisstabilität zu gewährleisten, daneben soll sie die Wirtschaftspolitik der Gemeinschaft (beständiges Wachstum und hohes Beschäftigungsniveau) unterstützen. Bundesbankpräsident Hans Tietmeyer meint zur Stabilität des **Euro:** „Mit dem

Maastricht-Vertrag haben alle Länder der Geldwertstabilität hohe Priorität eingeräumt. Über den Einsatz der Instrumente der Geldpolitik entscheidet die EZB allein. Die Verantwortung liegt beim EZB-Rat, der besteht aus den sechs Mitgliedern des EZB-Direktoriums und den Zentralbankpräsidenten der teilnehmenden Länder. Die nationalen Zentralbanken bestehen weiter und sind Teil des Europäischen Systems der Zentralbanken (ESZB). Das Europäische System der Zentralbanken ist ausdrücklich auf dieses Stabilitätsziel verpflichtet und bei seinen Entscheidungen zugleich unabhängig von politischer Einflussnahme. Auch die Bundesbank war immer wieder politischem Druck ausgesetzt."

Der US-Geldtheoretiker Barry Eichengreen wies anhand der Geschichte des US-Federal Reserve-Systems auf die Gefahren eines zu stark dezentralisierten Zentralbankensystems hin. Nach Eichengreen braucht ein wirkungsvolles System eine machtvolle Zentrale, eine eiserne Qualitätskontrolle der Teilbanken und die Sicherung der Stabilität der Währung nach innen (Preisstabilität) und nach außen (Wechselkursstabilität). Im Maastricht-Vertrag ist festgeschrieben, „das Preisniveau zu sichern", das Bundesbankgesetz dagegen fordert wesentlich mehr, nämlich „die Währung zu sichern".

Im Euro-System ernennen die nationalen Regierungen die Präsidenten ihrer NZB, alle haben im siebenköpfigen Europäischen Zentralbankrat volles Stimmrecht; sie dominieren das sechsköpfige EZB-Direktorium. Es gibt keine Zentralmacht, die der FED (nach 1933) vergleichbar wäre.

Der Bundesbankpräsident meint dazu: „Solange die Märkte davon überzeugt sind, dass die EZB unabhängig und stark genug ist, um politischem Druck zu widerstehen, ist auch der mögliche Schaden von gelegentlichen Konflikten zwischen der Geldpolitik und anderen Politikbereichen begrenzt." Die Euro-Teilnehmer stecken in ganz unterschiedlichen Konjunkturzyklen. Das ist eine Herausforderung für die Europäische Zentralbank, denn sie muss einen einheitlichen Zins finden, der allen Anforderungen gerecht wird.

Die **Deutsche Bundesbank** betont, sie sei zur konservativen Anlage der Währungsreserven verpflichtet, das schließe risikoreiche Anlageformen aus. Die Bundesbank besitzt noch 3 469 Tonnen Gold in eigenen Beständen, das in der Federal Reserve Bank von New York aufbewahrt wird. Als einzige Reservewährung hält die Deutsche Bundesbank den Dollar, die Portfoliomanager müssen daher auf Spekulationen in Pfund, Franken oder Yen verzichten. Die Deutsche Bundesbank überwies der EZB zum Jahresbeginn 12,24 Milliarden Euro Reserven, davon 1,8 Milliarden Euro Gold (232 Tonnen Gold zu 246 Dollar je Feinunze).

Das **Euro-**System sitzt noch auf Goldreserven von 105 Milliarden Euro; nach einer neuen Vorschrift müssen Aktiva und Passiva, die Marktpreisschwankungen unterliegen, zu Marktpreisen bewertet werden: Das führte zu einer Erhöhung der Goldposition um 5,7 Milliarden Euro. In den Büchern der EZB steht das Gold derzeit mit 260 Dollar pro Unze zu Buche.

Auch die Portfoliomanager in den **Zentralbanken** haben gemerkt, dass sich mit dem Währungsgold keine Erträge erzielen lassen. Gold passt nicht mehr in das Weltbild einer ertragsorientierten Verwaltung der Währungsreserven. Die Notenbanken der Europäischen Währungsunion investieren in renditeträchtige Vermögenswerte. Die nationalen Notenbanken im System der **EZB** haben zwar ihre Reserven formal der EZB übertragen, verwalten diese aber nach wie vor selbst. Um den Anreiz für ein ertragreiches Management zu erhöhen, hat die EZB ein Benchmarking eingeführt und vergleicht die Ergebnisse der nationalen Währungsmanager. Bundesbankpräsident Dr. Hans Tietmeyer sagte: „Die Reserven liegen nicht irgendwo ertraglos rum, sondern sind gewinnbringend angelegt. Unsere Devisenhändler sind durchaus so clever, das ordentlich anzulegen." Ein Anreiz besteht darin, dass Gewinne aus der Verwaltung der EZB-Reserven in den Topf der Europäischen Zentralbank fließen, Gewinne aber aus formal bei den Notenbanken verbliebenen Reserven können direkt an die nationale Regierung übertragen werden.

➔ Die Deutsche Bundesbank hat sich einen makellosen Ruf erworben, jetzt wird die „Hüterin der D-Mark" zum nationalen Arm der Europäischen Zentralbank, zur bloßen Filiale. Die geldpolitische Souveränität ist auf die EZB übergegangen, die sich für den **Euro** aber noch bewähren muss. Bundesbankpräsident Dr. Hans Tietmeyer sieht für den Euro „bei überzeugender Politik ein erhebliches Aufwertungspotenzial".

Zins-Guru Alan Greenspan – spielt mit Worten und Werten

„Die Rolle des Zentralbankrats ist es, den Wein dann vom Tisch zu nehmen, wenn die Party am schönsten ist.“ Hans Tietmeyer, Bundesbankpräsident

Wie ein Feldherr im Hintergrund spielt Alan Greenspan, Chef der amerikanischen Zentralbank, seit mehr als zehn Jahren, **die** führende Rolle auf den internationalen Finanzmärkten. Das Magazin *Time* kürte Greenspan mit dem ehemaligen Finanzminister Robert Rubin und seinem Nachfolger Larry Summers zum „Komitee zur Rettung der Welt“. Auch im neuen Jahrtausend wird der „Magier der Märkte“ den Börsen erhalten bleiben. US-Präsident Bill Clinton konnte den 73 Jahre alten Bankier am Milleniumsbeginn für eine weitere vierjährige Amtszeit gewinnen. Der republikanische Präsidentschaftsbewerber John McCain verriet, was er tun würde, wenn er Alan Greenspan tot in seinem Arbeitszimmer fände: „Ich würde ihn aufrichten, ihm eine dunkle Sonnenbrille aufsetzen und ihn lassen, wo er ist.“

Alan im Wunderland hat mit seinem Fingerspitzengefühl für den richtigen Moment dazu beigetragen, dass Amerika eine Insel der Prosperität ist. Neben dem Präsidenten ist er der mächtigste Mann Amerikas. Nicht immer war die Stellung der FED so unbestritten.

Viele Beobachter sehen Greenspan als den eigentlichen Vater des amerikanischen Wirtschaftswunders an. In der Ära von Alan Greenspan entwickelte sich das amerikanische Wirtschaftswunder mit 20 Millionen neuen Jobs, einem Haushaltsüberschuss und dem längsten Börsenboom des Jahrhunderts. In der Endphase des Wahlkampfes 1992 zwischen dem Präsidenten George Bush und dem Kandidaten Bill Clinton brachten die Zinsentscheidungen von Greenspan Bush um den Sieg (aber auch die Steuerlüge von George Bush: „Read my lips, no new taxes.“).

Greenspans gesamter Tagesablauf wird durchleuchtet wie bei Hollywoodstars. In der Badewanne liest er morgens die neuesten Statistiken. Er sagt, „in der Badewanne ist mein Intelligenzquotient um 20 Punkte höher als am Schreibtisch“. Ob er vor dem amerikanischen Kongress redet, vor einer Versammlung von Bankern oder übers Fernsehen, jedes Wort wird auf die Goldwaage gelegt und seine zerknitterte Mimik und

Gestik untersucht. „Ich weiß, Sie glauben verstanden zu haben, was ich Ihrer Meinung nach sagte, aber ich bin mir nicht so sicher, ob Sie merken, dass das, was Sie hörten, nicht das ist, was ich meinte", sagte er bei seinem Amtsantritt. An der Wall Street wird die eigentümliche Sprechweise aus Nuschelprosa, Nebensätzen, Relativierungen und Phrasen einfach „Greenspeak" genannt. „Seit ich Zentralbanker bin, habe ich gelernt, bedeutungsvoll zu murmeln", bekannte er einmal. Jede Investmentbank beschäftigt Experten für die Entschlüsselung. Er gibt keine Interviews und geht zu keinen Talkshows. Als ein Reporter Greenspan auf einer Party entdeckte und fragte, wie er sich fühle, bekam er zur Antwort: „Das darf ich Ihnen nicht sagen."

Der Aktentaschen-Indikator des Alan Greenspan: Fernsehkameras beobachten Notenbankchef Alan Greenspan auf dem Weg zu jeder wichtigen Sitzung. Trägt er eine prallgefüllte Aktentasche, erwarten die Wall-Street-Astrologen eine turbulente Sitzung und die Kurse geraten in Bewegung; trägt er die flache Aktentasche nur so „nebenbei", dann beruhigt sich die Stimmung, weil man nicht mit einer Zinsänderung rechnet.

Wenn das Geld (der Zins) spricht, hört die Börse zu: „The FED writes the market letter for Wall Street." Wenn die Fed-Watcher nervös sind, suchen sie sich aus den Worten von Greenspan das heraus, was zu ihren Befürchtungen passt. In seiner Rede vor dem American Enterprise Institute versteckte Greenspan seine Warnung vor der „irrationalen Überschwänglichkeit" der Börse in einem Nebensatz („Wie erkennen wir, dass irrationaler Überschwang die Kurse in ungerechtfertigte Höhen trieb, was eine unerwartete und lange Kontraktion wie in Japan nach sich ziehen kann?") – es kam zu einem Mini-Crash.

„Mr. Dollar" will die Märkte nicht in Unruhe versetzen, nur sanft schieben. Seine Kritik an der wachsenden Gier versteckte Greenspan in dem Satz: „Debatten über unseren Geldwert spiegeln Erwägungen über die Art und Weise wider, wie wir uns entschieden haben zu regieren, und vielleicht noch fundamentaler, Diskussionen über die Grundwerte, die unsere Gesellschaft bestimmen sollen."

Der Notenbankchef bezeichnete die amerikanische Wirtschaft als die beste der Welt, der Aktienindex schoss in die Höhe: „Die gegenwärtige wirtschaftliche Entwicklung ist eindrucksvoller als alles, was ich in meiner bald fünfzigjährigen Beobachtung der amerikanischen Wirtschaft erlebt habe." Am 5. Dezember 1996 war Alan Greenspan Gastredner des American Enterprise Institute. Gut verpackt in seiner Rede stellte er die philosophische Frage: „... but how do we know when irrational exuberance has unduly escalated asset values, which then become subject to unexpected and prolonged contractions as they have in Japan over the past decade?" (Übersetzung: „... aber wie können wir wissen, wann eine irrationale Ausgelassenheit zu einer übermäßigen Bewertung bei Wertpapiervermögen führt, die einen lang anhaltenden wirtschaftlichen Kontraktionsprozess mit sich bringt, so wie wir dies in Japan in den letzten zehn Jahren erfahren haben?")

Innerhalb von Sekunden verbreiteten die Nachrichten-Ticker, der Notenbankchef halte den Aktienmarkt für überbewertet. Die Märkte fielen. Wenn man den Text der Rede aufmerksam liest, ergeben sich deutliche Unterschiede zu den verkürzten Meldungen der Nachrichtenagenturen. Bei seiner traditionellen Humphrey-Hawkins-Erklärung vor beiden Häusern des Kongresses zog der Notenbank-Chef alle rhetorischen Register und versetzte die Märkt mit der Ankündigung in Unruhe, das FED werde untersuchen, in welchem Ausmaß die bisherigen Zinssenkungen angemessen waren. Als Finanzdiplomat musste Greenspan etwas Luft ablassen, ohne dass der Ballon sofort zu viel Fahrt verliert. Sein Vorgänger, Paul A. Volcker, führte den alten Trick ein, „when the news is bad, put it out Friday night – and hope it gets lost by Monday morning".

Alan Greenspan liebt die Welt der Zahlen. Als junger Mann lernte er Bassklarinette und Saxophon, er wollte Berufsmusiker werden und spielte in einer Band. Aber schon damals zeigten sich seine wahren Stärken: Er führte die Bücher der Band und half den Musikern bei ihren Steuererklärungen. Ein Freund beschreibt, welche Bedeutung Zahlen für Greenspan haben: „Er ist einer dieser Menschen, die genau wissen, wie viele Flachkopfbolzen in einem 1964er Chevrolet stecken und was es für die amerikanische Wirtschaft bedeuten würde, wenn man drei davon wegließe."

Greenspan kam Ende der Sechziger nach Washington, traf Richard Nixon und arbeitete in dessen Wahlkampfteam mit. Unter Präsident Gerald Ford leitete er in den Siebzigern dessen Wirtschaftsrat. Seit dieser Zeit diente er fünf Präsidenten. Ronald Reagan ernannte ihn am 11. August 1987 zum Nachfolger von Paul Volcker als Chairman des Federal Reserve Board. Nur wenige Wochen später kam es zum „Schwarzen Freitag" am 19. Oktober 1987: Der Dow Jones sackte um 508 Punkte. Das soll nicht noch einmal passieren. Als im Oktober 1998 mit der Beinahe-Pleite des milliardenschweren Hedge-Fonds **LTCM** eine Welt-Finanzkrise drohte, trommelte der Notenbank-Chef in einer Blitzaktion an einem Sonntag 16 internationale Großbanken zusammen und verdonnerte sie zu einer Hilfsaktion.

US-Notenbankchef **Alan Greenspan** besitzt persönlich keine einzige Aktie. Sein privates Vermögen ist nur in Anleihen mit kurzer Laufzeit angelegt (2,4 Millionen Dollar in Treasury Bills, 600.000 Dollar in Anleihen des Bundesstaates Massachusetts und 450.000 Dollar in Geldmarktpapieren).

Kapitel 2

Mit der Investment-Elite zu mehr Anlageerfolg

Der legendäre US-Präsident Abraham Lincoln gab den Rat: „Umgib dich mit Leuten, die ihre Sache beherrschen. Halte dir Jasager vom Leibe."

Wer Börsen-Gurus wie Peter Lynch, Sir John Templeton, Heiko Thieme oder Warren Buffett im Gespräch erlebt, erfährt keine sensationellen Tipps. Auch der Altmeister André Kostolany erzählte mit ungarischem Klang in der Stimme viele humorvolle Anekdoten, aber nichts, weswegen Sie nun losrennen und kaufen sollten. Einig sind sich alle Gurus darin, dass es auf die Unternehmen ankommt, nicht auf die Börsensituation. Zuerst werden die Kandidaten für einen Kauf genau analysiert, Bilanzen gelesen, Produkte geprüft und getestet, die Wachstumsraten und -aussichten, die Managementleistung und die Strategie des Unternehmens. Entscheidend ist dann, ob der tatsächliche Wert des Unternehmens über dem Börsenwert liegt. Ein unterbewertetes Unternehmen ist ein klarer Kauf. Diese Strategie empfehlen wir auch dem Kleinanleger: Kümmern Sie sich nicht um die Märkte, suchen Sie Topunternehmen und investieren Sie darin.

Der berühmte Physiker und Nobelpreisträger Albert Einstein kommt in den Himmel und hat drei Mitbewohner in seinem Zimmer. Zum Kennenlernen fragt er den Ersten nach seinem IQ. Antwort: „160". „Das ist hervorragend", sagt Einstein, „dann können wir gemeinsam einige Probleme anpacken, die ich auf der Erde nicht mehr zu Ende führen konnte." Der Zweite antwortet: „120". „Gut", meint Einstein, „das reicht für interessante Gespräche über mathematische Probleme." Der Dritte murmelt nur „80". Einstein stutzt einen Moment lang, dann aber hellt sich sein Gesicht auf und er fragt: „Wie wird die Börse?" – André Kostolany berichtet, dass seit vielen Jahren in jeder gutbürgerlichen Familie der dümmste Sohn zur Börse geschickt werde. Börsenmakler Fritz Nols meint dazu, aufgrund von 40 Jahren Parketterfahrung: „An der Börse ist es wie im Paternoster: Wer den Ausstieg versäumt, muss durch den Keller fahren."

Benjamin Graham begründete die Fundamental-Analyse

„Jeder Investor sollte die grundlegenden Ereignisse und Tatsachen der Börsengeschichte kennen." Benjamin Graham in „The Intelligent Investor"

Der Amerikaner Benjamin Graham entdeckte die Funktion der Finanzmärkte, setzte die von ihm entwickelten Techniken auch zu eigenen Börsengeschäften ein und hatte damit großen Erfolg. Er investierte hauptsächlich in solche Unternehmen, deren Umlaufvermögen minus der Schulden über dem Börsenwert lag. Graham ist der Begründer der modernen Fundamentalistenschule. Benjamin Graham und David L. Dodd legten 1934 in *Security Analysis* die Grundlagen des Value Investing. Sie wollten mit ihrer Arbeit den Ruf der Aktie als seriöse Anlageform wiederherstellen, denn der Dow Jones Industrial Average war zwischen 1929 und 1932 um rund 90 Prozent abgestürzt. Graham und Dodd stellten die Aktienanalysen auf ein solides Fundament aus Zahlen eines Unternehmens und bauten zusätzlich das Element der Sicherheit als Margin of Safety ein. *Benjamin Graham/Dave Dodd's Security Analysis/Geheimnisse der Wertpapieranalyse* (erschienen 1934, weitere Auflagen 1940, 1951, 1962 und 1988) ist der Klassiker der Fundamental-Analyse mit detaillierten Angaben zu Analyse, Bewertung und Interpretation aller Bilanzpositionen. Es beginnt mit einem Zitat von Horaz aus *Ars Poetica:* „Viele werden wieder aufstehen, die jetzt gefallen sind, und viele werden fallen, die in Ehren stehen." Graham sieht die Entwicklung der Technischen Analyse ähnlich wie die Entwicklung der Medizin. In den letzten Jahren wurde in der Medizin größerer Wert auf das psychosomatische Element der Krankheit gelegt. Graham starb 1976 im Alter von 82 Jahren, er hinterließ ein Vermögen von 3 Millionen Dollar. Sein Schüler Warren Buffett behauptet, dass für Graham die intellektuelle Herausforderung der Investitionen wichtiger war, als privat großen Reichtum anzuhäufen.

In seinem zweiten Buch *The Intelligent Investor* beschreibt Graham seine zeitlose Philosophic der Anlage in Wachstumswerten und seine langfristigen Erfolgsstrategien für konservative und spekulative Anleger. Das Buch enthält auch den Aufsatz von Warren Buffett „The Superinvestors of Graham-and-Doddsville" zum Value Investing.

Benjamin Graham kam am 9. Mai 1894 in London als Benjamin Grossbaum zur Welt. Die Familie zog nach Amerika. Im Ersten Weltkrieg wurde der Name in Graham geändert, weil deutsche Namen in dieser Zeit keinen guten Klang hatten. Bereits vor dem Ersten Weltkrieg arbeitete Graham an der Wall Street. Die steckte damals noch in den Anfängen: Anleihen beherrschten den Markt; auf dem Aktienmarkt wurden fast nur Eisenbahngesellschaften und Versorgungsunternehmen gehandelt. Aktien galten als zu spekulativ für die Vermögensanlage. Nach seinem Studium an der Columbia Universität begann Benjamin Graham seine berufliche Laufbahn als Bote bei Newsburger, Henderson & Loch, er schrieb die Kurse von Anleihen und Aktien mit Kreide auf die Kurstafel. Danach begann Graham mit der Analyse von Bilanzen.

Professor Benjamin Graham lehrte einige Jahre an der Columbia Universität. Er war der wahrscheinlich einflussreichste Investor und schrieb das Standardwerk der Wertpapieranalyse. Als Begründer der modernen Wertpapieranalyse war Graham Lehrer und Vorbild für Investment-Legenden wie **Warren Buffett** (nach Bill Gates der zweitreichste Mann der Welt). Warren Buffett besuchte diese Universität, nur um Grahams Vorlesungen zu hören. Für die beiden Graham-Bücher *Security Analysis* und *The Intelligent Investor* arbeitete Buffett als Koautor. 1954 wurde Warren Buffett Angestellter der Graham-Newman Corporation. Er hielt 1986 seine berühmte Rede „The Superinvestors of Graham and Doddsville“, die später in *The Intelligent Investor* veröffentlicht wurde; So wurde Buffett Mitautor einer der späteren Auflagen.

Weitere Graham-Schüler sind: Mario Gabelli (Fondsmanager 1997), John Neff (mit dem Vanguard Windsor Fund konnte er sechs Jahre hintereinander den S&P-500-Index schlagen), Michael Price und John Bogle (Gründer der zweitgrößten amerikanischen Investmentgesellschaft Vanguard).

Graham beschreibt, dass er zweimal in seinem Leben finanziell am Ende war. Daher setzte er auf eine sicherheitsbetonte Anlagestrategie: „Ein Investment liegt vor, wenn nach gründlicher Analyse in erster Linie Sicherheit und dann eine zufrieden stellende Rendite steht. Geschäfte, die diese Bedingungen nicht erfüllen, sind spekulativ.“ Graham lehnte die übertriebene Wachstumspychose strikt ab. Er selber aber machte sein Vermögen größtenteils mit der Autoversicherungsgesellschaft **GEICO.**

Die 1936 gegründete GEICO (Government Employees Insurance Company) – Versicherungsgesellschaft für den öffentlichen Dienst – konzentriert sich auf den Verkauf von Autoversicherungen an Personengruppen mit geringer Schadenshäufigkeit, insbesondere Personen im öffentlichen Dienst, Militärangehörige und ältere Menschen. Graham erwarb 1948 die Mehrheitsbeteiligung an GEICO und wurde Chairman.

Durch Konzentration auf überdurchschnittliche Fahrer mit geringem Risiko und den Direktvertrieb per Post hatte das Unternehmen erhebliche Wettbewerbsvorteile. Und durch die Weitergabe der Kostenvorteile an die Kunden stieg der Gewinn weiter. In den 70er Jahren nahm das neue Management auch Kunden mit höherem Risiko auf, vergaß aber, dafür ausreichende Rückstellungen zu bilden. Außerdem stiegen durch die damals hohe Inflationsrate die Kosten für Autoreparaturen. Der Aktienkurs fiel von 50 auf 40 Dollar. Ein Bericht der Versicherungsaufsicht verlangte dringend neues Kapital von mindestens 50 Millionen Dollar. Durch das Gerücht eines bevorstehenden Bankrotts sackte der Kurs auf 2 Dollar ab.

Es ist das Ziel der Fundamental-Analyse, unterbewertete Aktien (bargain stocks) unter ihrem Buchwert zu kaufen („to buy a dollar's worth of stock for 50 cents"). Graham erkannte aber auch, dass die Analyse einer Bilanz nicht ausreicht, um Börsenerfolge zu erzielen. Börsenprofi Dr. Kaderli schreibt: „Ein Bargain, der ein ‚bargain' bleibt, ist eben kein Bargain." Die Fundamental-Analyse hat nach Benjamin Graham umfassende Aufgaben: „Der Wertpapieranalytiker untersucht die Vergangenheit, den augenblicklichen Status und die Zukunftsaussichten eines bestimmten Unternehmens bzw. Wertpapiers. Er beschreibt Geschäftstätigkeit, er fasst die Erfolgsrechnung sowie die Bilanz in Kennziffern zusammen, er beleuchtet positive wie negative Faktoren." Die Bilanzposition „good will" war für ihn nur heiße Luft.

Grahams Leitlinien für die Aktienanlage:

- Investieren Sie nur dann, wenn Sie genügend Informationen für eine realistische Beurteilung des inneren Wertes haben.
- Investieren Sie nur mit einer Sicherheitsmarge. Die Sicherheitsmarge bedeutet, ein Wertpapier mit einem möglichst großen Nachlass auf

dessen inneren Wert kaufen. Damit schützt sich der Anleger: Wenn er billig einkauft, kann er in schlechten Marktphasen nicht viel verlieren.

- Investieren Sie nur dann, wenn Sie wirklich warten können, bis der Markt den inneren Wert erkennt. („Der Markt hilft wie der liebe Gott denen, die sich selbst helfen.")

Graham erarbeitete seine Anlagegrundsätze zu einer Zeit, da die Aktiengesellschaften nur wenig Gewinn abwarfen, kaum eine Dividende zahlten, nur spärliche Informationen weitergaben und daher weit unter ihrem Wert notierten. Der wahre Wert lag durch umfangreiche Wertpapier- und Bargeldbestände vielfach erheblich höher als der Börsenkurs.

Graham konnte mit seinen gründlichen Analysen den inneren Wert bestimmen und die Aktien bestimmen, bei denen die Differenz zwischen der Börsennotierung und dem inneren Wert besonders groß war. Graham kaufte grundsätzlich nur unterhalb des echten Wertes: „Zahle nur 50 Cent für einen Dollar." Dann wartete er, bis die Börse den Wert anhob. Dauerte ihm dies zu lange, drängte er das Management z.B. zum Verkauf der angesammelten Wertpapiere oder zur Steigerung der Dividende.

Die Columbia Business School richtete 1988 einen Lehrstuhl für Vermögensmanagement und Finanzen als „Eckpfeiler eines Graham und Dodd Forschungsinstituts" ein. Warum Grahams Theorien nur selten Eingang in die Lehrpläne der Universitäten finden, erklärt Warren Buffett so: „Es ist alles nicht kompliziert genug. Also bringt man den Leuten lieber etwas bei, das schwierig, aber unnütz ist. Wirtschaftsschulen belohnen komplexe Verhaltensformen mehr als einfache, aber die einfachen sind effektiver."

Grahams Anlagestrategie für den konservativen Anleger:

- „Streuen, aber nicht zu stark diversifizieren. Mindestens zehn verschiedene Papiere, aber keinesfalls mehr als 30." Der Anleger kann sein Depot einfach aus dem Dow Jones (Durchschnitt der Börse) zusammenstellen (für jede der 30 Gesellschaften den gleichen Betrag), oder er geht nach bestimmten Kriterien vor: 1. Ein Minimum an

Wachstum + gesunde Bilanzrelationen und 2. eine Mindestgröße an Gewinn und Substanz im Verhältnis zum Aktienkurs.

- Bei der Auswahl der Werte muss der Investor rationale und objektive Kriterien anlegen.
- Die Gesellschaften sollten bedeutend und konservativ finanziert sein, erstklassige Aktien oder prominente Publikumsgesellschaften. Graham weist in seinen Schriften auf das Paradoxon hin, dass, je erfolgreicher ein Unternehmen ist, Kursschwankungen umso wahrscheinlicher sind. Und je höher die Qualität des Unternehmens, umso spekulativer ist der Börsenkurs. Diese Kursunterschiede nutzt die intelligente Spekulation aus. Der Investor muss seine Anlagestrategie dabei jederzeit ändern können.
- Jede Aktiengesellschaft sollte lange ununterbrochen Dividenden gezahlt haben.
- Der Anleger sollte für eine Aktie nicht mehr als das 25fache der Durchschnittsgewinne der letzten sieben Jahre und nicht mehr als das 20fache der Gewinne der letzten zwölf Monate zahlen.
- Der **konservative** Anleger sollte niemals weniger als 25 und niemals mehr als 75 Prozent seiner Anlagemittel in Aktien gebunden haben. Graham empfiehlt eine Anlagestrategie von 50:50. Sind die Kurse so stark gestiegen, dass der Aktienanteil 55 Prozent beträgt, werden 5 Prozent der Aktien verkauft und der Anleiheanteil wird aufgestockt.

Grahams Anlagestrategie für den aggressiven Anleger:

Mit einem Depot aus den 30 Dow-Jones-Werten erhält man eine durchschnittliche Performance. Nun denken viele Anleger, dass man mit Anstrengung und Geschick auch überdurchschnittliche Ergebnisse erzielen könnte. In Wirklichkeit ist das aber sehr schwer. Da es an der Börse immer wieder zu einem Favoritenwechsel kommt und zeitweise ganze Marktsegmente vernachlässigt werden, ergeben sich für den aggressiven Anleger gute Chancen auf überdurchschnittliche Ergebnisse.

Der Anleger sollte sein Depot auf erstklassige Anleihen und Stammaktien aufteilen, die nicht überbewertet sind (25 : 75-Regel). Vorzugsaktien sollte er anderen überlassen. Der aggressive Anleger hat dabei folgende Anlagemöglichkeiten:

- Anleger mit ganz fest umrissenen Vorstellungen von möglichen Kursrisiken und -chancen können die 25 : 75-Prozent-Alternative variieren.
- Kaufen bei Baisse und verkaufen bei Hausse. „Ein Anleger, der sich über den zeitweisen Kursverfall seiner Aktien ärgert, obwohl er keinen Anlass zum Verkauf hat, sollte sich besser als Minderheitskommanditist an einem Unternehmen beteiligen."
- Sorgfältig ausgewählte „Wachstumswerte" und bekannte Publikumsgesellschaften erwerben.
- „Kaufe, wenn eine Aktie unterbewertet ist, und vertraue darauf, dass die Börse irgendwann den wahren Wert erkennt."
- Papiere zu „Ausverkaufspreisen" erwerben. Zwei Methoden für ein dauerhaft überdurchschnittliches Ergebnis: a) den Kauf von Aktien prominenter Unternehmen mit niedrigem KGV (auf Grundlage der letzten Gewinne) und b) die Auswahl von Gesellschaften, die unter ihrem Nettoumlaufvermögen notierten.
- „Spezialsituationen" ausnutzen (Aufkäufe, Übernahmen).

Seine zeitlose Philosophie der Anlage in Wachstumswerten geht davon aus, dass die Masse der Anleger nie erfolgreich sein kann, wohl aber der kluge Einzelanleger, wenn die kurzfristige Anlagestrategie eine **intelligente Spekulation** ist. Graham schreibt: „Wenn Sie spekulieren wollen, seien Sie sich jederzeit darüber im Klaren, was Sie tun. Und machen Sie sich klar, dass Sie bereit sind, notfalls eine Menge Geld zu verlieren. Begrenzen Sie bei jeder Spekulation Ihr Risiko exakt, und trennen Sie diese Spekulation völlig von Ihren sonstigen Engagements." Er warnt: „Man kann das spekulative Publikum niemals vor Übertreibungen bewahren. Es wird alles kaufen, was ‚irgendwie' interessant aussieht. Spekulanten lieben Papiere mit Wortendungen wie Electronics, Franchising, Science, Technology und anderen Begriffen, die gerade Mode sind."

Den Fundamentalisten sagt man nach, sie würden die richtigen Aktien zum falschen Zeitpunkt kaufen. Graham schreibt zum **Timing:** „Es gibt etwas in der ‚Timing-Philosophie', das bisher jedermann entgangen zu sein scheint. Für den Spekulanten ist Timing so wichtig, weil er einen ‚schnellen Gewinn' machen will. Ein Jahr auf eine Kurssteigerung warten zu müssen ist für den Spekulanten entnervend. Ein solcher Zeitraum ist für den Anleger nichts Besonderes.“

Grahams Forderung an die Unternehmen taucht als **„Shareholder Value“** heute wieder auf: „Erfolgreiche Unternehmen verbessern ständig ihre Produktionsanlagen, ihre Produkte, ihre Buchhaltung, ihre Programme zur Manager-Ausbildung und das Verhältnis zu den Mitarbeitern. Es ist höchste Zeit, dass sie einmal darüber nachdenken, wie sie ihre wichtigsten finanziellen Maßnahmen verbessern können, unter denen die Dividendenpolitik einen bedeutenden Platz einnimmt.“

Verkaufsregeln von Benjamin Graham:

- Verkaufe, wenn die Aktie um 50 Prozent gestiegen ist oder nach spätestens zwei Jahren.
- Verkaufe, wenn die Dividende ausfällt.
- Verkaufe, wenn die Gewinne des Unternehmens stark fallen und ein neuer Kaufkurs um 50 Prozent unter dem augenblicklichen Marktpreis liegt.
- Verkaufe, wenn besondere Ereignisse den inneren Wert absinken lassen.

In seinen persönlichen Memoiren *So wurde ich zum Lehrmeister der Wall Street* schildert Benjamin Graham sein ereignisreiches Leben vor dem aufregenden Hintergrund der Wall Street. Der hoch gebildete, kultivierte Mann formuliert wie ein Philosoph. **Bernard Baruch** sah sich Grahams Analysen an und ging auf seine Vorschläge für gemeinsame Geschäfte ein. Graham schildert Aktionärsversammlungen, bei denen über einen Jahresabschluss abgestimmt wurde, der erst in „einigen Wochen“ vorliegen sollte und andere Episoden am Rande der Legalität mit John D. Rockefeller und Bernard Baruch. Durch Bernard Baruch traf er die Berühmtheiten der 20er und 30er Jahre, wie Winston Churchill, Albert Einstein und General Dwight D. Eisenhower („Ein General trägt keinen Regenschirm“).

Die Dow-Dividendenstrategie von Benjamin Graham

„Geld ist wie Dünger, es ist nur etwas wert, wenn man es streut.“
Sir Francis Bacon, „Essays XV“, 1625

Es gibt einfache Anlagestrategien, die tatsächlich funktionieren und Dow Jones bzw. DAX schlagen, nur ein Minimum an aktivem Management erfordern und bei denen der Anleger ruhig schlafen kann.

Mit der Dow-Dividendenstrategie steht dem Anleger eine einfache und solide Methode zur Verfügung, von den Kurssteigerungen am amerikanischen Aktienmarkt zu profitieren. Die Strategie setzt auf die zehn dividendenstärksten Aktien unter den 30 Dow-Werten. Die Dividendenstrategie wurde von John Burr begründet. In seinem Werk *The Theory of Investment Value* (Cambride 1938) argumentierte er, der heutige Wert einer Aktie entspreche dem Gegenwartswert aller künftigen Dividenden. Benjamin Graham führte die Strategie in die Fundamental-Analyse ein.

Die Dividende entscheidet mit darüber, ob eine Aktie für eine Anlage in Betracht kommt. Die Dividende wird in Beziehung zum Aktienkurs gesetzt, also zum eingesetzten Kapital. Das ergibt die Dividendenrendite (mit und ohne Steuergutschrift). Der Vergleich von Dividendenrendite und Zins zeigt, wie sich Aktienanlage und Festverzinsliche rentieren. Dieser Wert sollte nie alleine über Kauf oder Verkauf entscheiden. Auch Kursgewinne entscheiden darüber, ob sich eine Aktienanlage lohnt.

Die Aktienanalyse verwendet auch die Kennzahl Dividendenrendite: die ausgeschüttete Dividende wird ins Verhältnis zum Aktienkurs gesetzt (mit und ohne Steuergutschrift).

$$\text{Dividendenrendite (Dividend Yield)} = \frac{\textit{Dividende pro Aktie}}{\textit{Aktienkurs}}$$

Die Aktien-Analysten des US-Brokers Prudential Bache gruben das Auslesesystem Mitte der 90er Jahre wieder aus und rechneten bis zum Jahr 1975 zurück. Ergebnis: In 21 Jahren konnte die Burr/Graham-Methode den Dow Jones 16-mal schlagen. Der Vorteil des Auslesedepots betrug im Durchschnitt 4 Prozent jährlich gegenüber dem Index. Mit der Dividendenstrategie kauft der Anleger gegen den Trend. Die großen Werte eines Marktes laufen in etwa alle gleich; aber je nach Konjunkturphase liegen mal die prozyklischen und mal die antizyklischen Werte vorn. Eine relativ hohe Dividendenrendite zeigt an, dass der Kurs einer Aktie im Vergleich dem Gesamtmarkt hinterherhinkt oder überdurchschnittlich gedrückt wurde. Steigt die Aktie überproportional an, wird sie bei der nächsten Umstellung des Depots aussortiert.

Die Dividendenrendite sollte nie allein als Grund für Kauf oder Verkauf genommen werden. Unternehmen, die große Teile des Gewinns sofort wieder investieren (thesaurieren) und damit das eigene Wachstum fördern, kommen nur auf eine geringe Dividendenrendite; ausschüttungsfreudige Gesellschaften weisen hohe Renditen auf. Merrill Lynch erweiterte die Strategie daher um die **Auszahlungsrendite,** um die zahlreichen Aktienrückkäufe zu erfassen (sie sind praktisch eine Ausschüttung an die Aktionäre). Dadurch sind im Merrill-Lynch-Depot auch Werte ohne Dividende. Das aktuelle **Merrill-Lynch-Depot:** American Express, Caterpillar, Delphi (Spin-off von General Motors), Exxon, General Motors, IBM, J.P. Morgan, Minnesota Mining, Sears Roebuck, Union Carbide, United Technologies.

Wertentwicklung der Dow-Dividendenstrategie

Jahr	10 dividendenstärkste Dow-Werte	Dow Jones Industrial-Index
1988	26,10 %	16,00 %
1989	26,50 %	31,70 %
1990	– 7,60 %	– 0,40 %
1991	34,30 %	23,90 %
1992	7,90 %	7,40 %
1993	27,30 %	16,80 %
1994	4,10 %	4,90 %
1995	36,50 %	36,40 %
1996	27,90 %	28,60 %
1997	21,90 %	24,90 %
1998	10,57 %	18,03 %
1988–1997	19,67 %	18,45 %
1988–1998	18,81 %	18,41 %

Quelle: Dow-Dividendenstrategie, Vorteilhafte Geldanlagen (v+G). Loseblattwerk. Haufe-Verlag, Heft 2/99, Gruppe 2 Seiten 26 ff., Freiburg i.Br. 1978 ff.

Je mehr Anleger diesen Strategien folgen, desto schneller setzen sie diese außer Kraft. Es kommt zum **„Dog-Effekt“:** Traditioneller Umstellungszeitpunkt ist der Jahreswechsel, dann legen die Aufsteiger überdurchschnittlich zu – die Absteiger verlieren stark – und ein erheblicher Teil des Vorsprungs geht verloren.

Top 12 Deutschland von Merrill Lynch

Den Erfolg von Prudential Bache mit der Dow-Dividendenstrategie übertrugen die Experten von Merrill Lynch mit Erfolg auch auf den DAX: „Anhand der historischen Daten haben wir bei deutschen Aktien viele Varianten ausgetestet. Ein Korb aus zwölf Aktien, der im halbjährlichen Turnus umgeschichtet wird, brachte eindeutig das beste Ergebnis“, berichtet Isolde K. Regensburger, Vize-Präsidentin Merrill Lynch International London. Die Ergebnisse der DAX-Dividendenstrategie über zehn Jahre sind noch überzeugender als bei der Dow-Strategie, sie waren doppelt so hoch wie der Anstieg des DAX.

Merrill Lynch entwickelte daraus den German-Top-Twelve-Total-Return-Index, der in der Zeit vom 1.1.1992 bis zum 31.12.1998 ein Plus von 276,3 Prozent brachte; der DAX kam in der gleichen Zeit nur auf 213,3 Prozent (ohne Transaktionskosten). Der Anleger kauft an irgendeinem Tag die zwölf Werte des DAX mit der höchsten Dividendenrendite (Bardividende : Kurs der Aktie). Dieses Depot hält der Anleger genau ein Jahr. Danach werden wieder die zwölf dividendenstärksten Titel ausgesucht, das Depot wird umgeschichtet, die Anteile entsprechend angepasst und die Erträge reinvestiert. In den letzten 25 Jahren kam der DAX im Durchschnitt auf ein Jahresergebnis von 10,7 Prozent, die Top-Twelve-Methode warf 17 Prozent ab. Beim DAX bleibt es bei der Dividendenrendite, eine Erweiterung auf die Auszahlungsrendite könnte sich in einigen Jahren ergeben, wenn Aktienrückkäufe zunehmen.

„Dogs of the Dow“ von Michael O’Higgins

Analyst Michael O’Higgins entwickelte die **„Dogs of the Dow“-Theorie** auf der Grundlage der Dow-Dividendenstrategie. Eine Analyse zeigte, dass die Erträge noch höher sind, wenn sich die Anlage nur auf die fünf Werte mit den niedrigsten Kursen unter diesen „Top Ten“ konzentriert. Bei Top Five wird die Anlage zu je 20 Prozent auf diese Werte verteilt. Das Investmenthaus Prudential Bache erweiterte die Dow-Dividendenstrategie um die Low-Five-Strategie. Aus den Top-Ten-Aktien werden diejenigen fünf Titel der Plätze 6 bis 10 mit den niedrigsten Kursen ausgewählt und genau ein Jahr gehalten. Die Schwankungsbreite dieses Depots steigt wegen der geringen Zahl der Aktien erheblich an. Bei „billigste Fünf“ sind im Vergleich zu den „Top Ten“ öfter solche Aktien zu finden, die schlechter als der Gesamtmarkt abschneiden. Die Konzentration auf nur wenige Werte erhöht das Risiko. Die Bereitschaft der Anleger, dieses höhere Risiko in Kauf zu nehmen, ist rückwirkend gesehen auch immer mit höherem Ertrag belohnt worden. In 20 der letzten 22 Jahre brachte die Strategie positive Ergebnisse.

Bei den Untersuchungen von Prudential Bache zeigten sich zwei Gründe für die überdurchschnittliche Performance. 1. Steigende Dividenden zeigen die steigende Ertragskraft. Die Dividenden der amerikanischen Blue Chips sind in der Vergangenheit in 60 von 68 Jahren gestiegen (bei Wiederanlage der Erträge kommen allein dadurch 40 Prozent der Performance). 2. Die Dow-Jones-Werte haben immer wieder die Fähigkeit der Regeneration bewiesen.

Für den Zeitraum 1968 bis 30. September 1998 hat Michael O'Higgins den Markt untersucht: Sowohl am Aktien- als auch am Anleihemarkt gab es „Bull“- und „Bear“-Phasen.

Dow-Dividendenstrategie im Langfristvergleich			
	Dogs with Bonds*	Dogs of the Dow**	Dow Jones-Industrial
Durchschnittliche Wertentwicklung von 1968 bis 30.09.1998	**23,77 %**	18,03 %	11,66 %
Anzahl der Kalenderjahre mit einer negativen Wertentwicklung	**1**	4	6
Wertentwicklung eines Portfolios mit 10.000 $ Startkapital	**5.718.296 $**	1.389.406 $	266.684

* Aktien/Rentenstrategie
** Portfolio der zehn dividendenstärksten Werte

Michael O'Higgins verbessert die Theorie noch, indem der Anleger entweder in Aktien oder in Anleihen investiert. Entsprechend dem Motto „Das Anlagekapital folgt immer den günstigsten Angeboten" vergleicht O'Higgins die Rendite (Gewinn pro Aktie in Prozent) mit derjenigen von erstklassigen Unternehmensanleihen. Das Ergebnis entscheidet darüber, ob der Anleger Aktien oder Anleihen ins Depot nehmen sollte. Wenn die Rendite der Unternehmensanleihen über der Gewinnrendite liegt, dann erwirbt der Anleger festverzinsliche Wertpapiere.

Von der Entwicklung des Goldpreise hängt ab, wie lange die Anleihen laufen (zahlreiche Gurus sehen den Goldpreis immer noch als ultimativen Maßstab für Inflationstendenzen). Ein im Jahresverlauf steigender Goldpreis weist auf die Gefahr steigender Konsumentenpreise hin – daher sollte der Anleger die risikoärmste Anlage wählen: einjährige Staatsanleihen. Zeigt der Goldpreis keine Gefahr an, dann kann der Anleger Nullkupon-Anleihen mit 20 bis 30 Jahren Laufzeit wählen; er profitiert damit voll von sinkenden Zinsen (da keine Inflation droht), und er entgeht dem Kursrisiko eines überbewerteten Aktienmarktes.

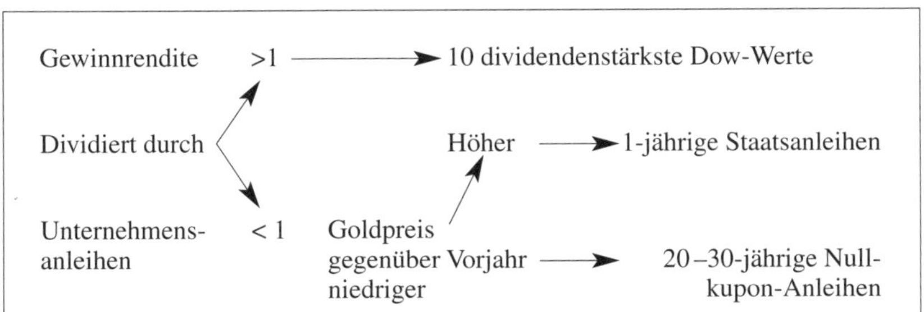

Die Übertragung der **„Low-5-Strategie"** auf DAX-Werte ergab z. B. für 1986 bis 1997 eine Überrendite von 22 Prozent gegenüber dem DAX von 10 Prozent.

Top 5 Deutschland/Low-Five-Strategie

Die Erweiterung der Dow-Dividendenstrategie um die Low-Five-Strategie kann auch auf Deutschland übertragen werden. Aus der Liste der Top 10 bzw. 12 werden diejenigen fünf Titel mit den niedrigsten Kursen ausgewählt und genau ein Jahr gehalten. Die Schwankungsbreite dieses Depots ist nichts für schwache Nerven.

Das Depot „Low Five German Dividend Strategy“ besteht zurzeit aus: Lufthansa, Thyssen Krupp, Commerzbank, MAN, Dresdner Bank.

Top 4 aus 5 / Foolish-Four-Methode

In den USA erfreut sich die Foolish-Four-Methode großer Beliebtheit: Ausgewählt wird nach der Low-Five-Methode, aber die Aktie mit dem niedrigsten Kurs wird weggelassen und dafür die Anlage in dem Titel mit dem zweitniedrigsten Kurs verdoppelt. Dadurch steigen Rendite – und Risiko – deutlich an.

Fundamental-Analyse – Wie viel ist ein Unternehmen wert ?

„Aktionäre in der pharmazeutischen Industrie rechnen Gallen- und Nierensteine zu den Halbedelsteinen.“ Robert Lembke

Wer aktiv investiert, will besser sein als der Markt. Aktive Geldmanager setzen entweder auf die Fundamental-Analyse oder auf die Technische Analyse. Fundamental-Analyse ist harte Arbeit und erfordert sehr viel Zeit. Verschiedene Analyseverfahren sollen bei der Beurteilung helfen, welche Aktien und Märkte günstig sind und wie viel ein Unternehmen wirklich wert ist. Zuerst wird eine **Gesamtmarktanalyse** (volkswirtschaftliche Einflüsse auf die Börse; der gesamtwirtschaftliche Verlauf ist meistens an dem nationalen Index abzulesen) erstellt, Konjunktur (Konjunkturzyklen), Zins und volkswirtschaftliche Einflüsse auf die Börse werden untersucht. Währungseinflüsse haben mit dem Euro an Bedeutung verloren. Anleger sollten sich immer zuerst ein Bild vom volkswirtschaftlichen Umfeld machen.

Dann folgt die Unternehmensanalyse (das einzelne Unternehmen). Die Fundamental-Analyse geht davon aus, dass die Kurse um den inneren Wert der Aktie schwanken. Ziel ist also die Suche nach dem inneren Wert, d. h. dem Wert, der einer Aktie objektiv zukommt. Mit der Fundamental-Analyse werden über- und unterbewertete Aktien ausgefiltert. Steigende Gewinne führen zu steigenden Aktienkursen.

Fundamentalisten wissen über alles Bescheid, was in einer Gesellschaft vorgeht, nicht aber über das, was sich an der Börse abspielt. Sie sind die „Wissenschaftler" unter den Börsianern, denn sie sind davon überzeugt, dass die Börsenkurse langfristig um die wahren Werte der Unternehmen schwanken. Ziel ist die Suche nach dem inneren Wert der Aktie. In der **Fundamental-Analyse** werden die Zahlen und Trends einer Volkswirtschaft, einer Branche oder eines Unternehmens herausgefiltert; Ziel ist die Suche nach über- oder unterbewerteten Ländern bzw. Aktien. Die **Bilanzanalyse** untersucht den Vermögensaufbau der Aktivseite und die Kapitalstruktur der Passivseite. Kennziffern geben die Eigenschaften einer Bilanz in geraffter Form wieder. Sie geben Auskunft über Finanzierungsverhältnisse, Vermögensstruktur, Liquidität und die Verschuldung einer Unternehmung. Besondere Hinweise liefert die Analyse im Querschnitt verschiedener Unternehmen der gleichen Branche. Mit der **Technischen Analyse** werden historische Kursverläufe auf Besonderheiten untersucht, um künftige Kurs-Chancen auszuloten.

Die Gesamtmarktstrategie geht nach dem **„Top-down-Ansatz"** vor, sie arbeitet sich „von oben nach unten" an die interessantesten Branchen und dann an die Unternehmen heran. Der Unternehmensanalyst geht nach der **„Bottom-up"-Regel** vor, er ermittelt „von unten her" den fairen Wert. Dabei geht es um zwei Verfahren: **Substanzwertverfahren** und Ertragswertverfahren. Das Substanzwertverfahren wird dann angewandt, wenn das Unternehmen aus mehreren Teilen besteht, die einzeln veräußert werden könnten und deren Verkehrswert relativ einfach festzustellen wäre.

Überwiegend wird das **Ertragswertverfahren** verwendet; wer sich an einem Unternehmen beteiligt, will aus den erwarteten Gewinnen der Zukunft eine angemessene Verzinsung für das eingesetzte Kapital erzielen. Die Dividende ist die Verzinsung des Aktionärs. Das **„Dividend-Discount-Model"** baut darauf auf, dass der Aktionär in Zukunft mit steigenden Dividendenzahlungen rechnen kann. Die künftig zu erwartenden Dividenden werden nach der **Barwertmethode** auf heute abgezinst. Topmanager bemühen sich, von Jahr zu Jahr steigende Dividenden auszuweisen. In anderen Sektoren zahlen Unternehmen mehrere Jahre lang keine Dividende, damit sie „Speck" ansetzen können. Viele Unternehmen des **Neuen Marktes** und der amerikanischen **NASDAQ** werden erst in einigen Jahren die Dividendenfähigkeit erreichen. Hier geben die Aktionäre der künftigen Ertragskraft den Vorzug vor der schnellen Dividende. Aus dem angelsächsischen Raum wird die Fundamental-Analyse um die **„Discounted-Cashflow-Methode"** erweitert: Dabei wird das „Dividend-Discount-Model" durch die **„Discount-Cashflow-Methode"** ersetzt: Die künftig zu erwartenden Cashflows eines Unternehmens werden auf den heutigen Tag abgezinst. Dieser Wert ist auch international leichter vergleichbar.

Analysten arbeiten nach der Primär- und der Sekundäranalyse. Bei der **Primäranalyse** besteht zwischen Unternehmen (Finanzvorstände und Public-Relations-Abteilungen) und Analysten ein enger, regelmäßiger Kontakt. Bei der **Sekundäranalyse** bestehen solche direkten Kontakte nicht, die Untersuchungen stützen sich auf Informationen des Unternehmens, von Brokern und aus dem Internet.

Die Fundamentalisten glauben an die Welt der Zahlen, sie schwören auf das Auswerten wirtschaftlicher und ökonomischer Daten. Bankier Lips zeigt die Grenzen dieser Zahlenwelt, wenn er schreibt: „Da der Erfolg der Finanzanalyse jedoch nicht nur auf fleißiger Arbeit beruht, sondern auch auf der Kunst, in die Zukunft blicken zu können und Intuition für das Verhalten und die Psychologie der Massen zu besitzen, so gehört neben dem Studium auch viel Fingerspitzengefühl und Eingebung dazu."

Johannes Welcker fasst das Risiko zusammen, sich nur auf die Fundamental-Analyse zu verlassen: „Fundamental-Analyse wird nicht nur von einem Anleger betrieben, sondern von einer Vielzahl von Anlegern. Die Schätzungen des inneren Wertes von allen diesen Anlegern schlagen sich im Börsenkurs nieder. Daher muss derjenige, der selbst zu einem anderen inneren Wert der Aktie kommt oder in einem Börsendienst einen anderen inneren Wert der Aktie erfährt, diesem gegenüber äußerst misstrauisch sein, da er oder die Analytiker sich bei seiner Bestimmung geirrt haben kann.

Wäre Fundamental-Analyse die allein zur Aktienbewertung verwendete Methode, so schlüge sich im tatsächlichen Aktienkurs immer die Meinung der Mehrheit über den inneren Wert der Aktie nieder." Da gilt die Warnung von Rupert Schützbach: „An einem scharfen Verstand kann man sich leicht das Gefühl verletzen."

Der neueste Trend: Die Welt AG

„Wissen! Geld! … Macht! Dieser Zyklus bildet das Fundament unserer Demokratie." Tennessee Williams

Die Unternehmenswelt wird sich zur Jahrtausendwende gründlich ändern. Die Welt AG ist auf dem Vormarsch. Es reicht nicht mehr aus, der Größte in seinem Land zu sein. Traditionsreiche Firmen geben ihre Identität auf und fusionieren mit Traditionsunternehmen aus anderen Ländern. Manchmal bleibt kein Stein auf dem anderen. Im letzten Jahr wurden weltweit Unternehmen im Wert von 4,8 Billionen Mark übernommen, zahllose Partnerschaften und Kooperationen wurden abgeschlossen.

Die Fusion von Daimler Benz und Chrysler machte den Anfang, die Deutsche Bank setzte den Trend mit Bankers Trust fort. Der Fusionsexperte Phillipe Haspeslagh von der Business School Insead in Fontainebleau meint: „Eine Fusion, die nicht gleich danebengeht, bringt für die beteiligten Bosse immer mehr als nur die berufliche Herausforderung." In den Zeiten von Internet und Intranet kennt die Welt AG keine Arbeitspausen mehr. Siemens oder Texas Instruments lassen ihre Software in Indien schreiben, SAP hat Entwicklungsaufträge nach Weißrussland vergeben.

Mit dem Einsatz des Schauspielers **Manfred Krug** stieg die Markteinschätzung der Deutschen Telekom von einer „Behörde" zu einem Markenprodukt, sie steht für „Vertrauen, Qualität und Fortschritt". Auch DaimlerChrysler will seiner Aktie ein neues Image verleihen und deutlich machen, dass durch die Fusion nicht nur eine **„Welt AG"** entstanden ist, sondern auch eine **„Weltaktie"** (auf allen fünf Kontinenten an 21 Börsen rund um die Uhr gehandelt). Zur Börseneinführung der ersten „Welt AG" an der größten Börse der Welt hatte DaimlerChrysler vor dem Börsengebäude eine glitzernde Parade („Erwarten Sie Außerordentliches"; „Die Marke Mercedes gilt weltweit als ein Premiumprodukt, diesen Qualitätsanspruch wollen wir auf unsere Aktie übertragen") seiner Autos aufgereiht, mit Sternen und Diamanten auf den Kühlerhauben. Das Unternehmensfernsehen „Daimler-Chrysler TV" übertrug die Börseneröffnung und Interviews, aufgelockert durch allerlei TV-Schnickschnack, an 260 Standorte in 65 Ländern.

Früher fürchtete der Boss eines Unternehmens den Anruf des Aufsichtsratsvorsitzenden. Im Zeitalter des Shareholder Value fürchtet er sich vor den berüchtigten „Grillpartys", Analystentreffen, bei denen die Chefs von Unternehmen in die Zange genommen werden. Kritiker sehen in dem neuen Trend eine industrielle Großmannssucht, die nicht immer den Unternehmen und ihren Zielen dient (BMW-Rover; Siemens-Nixdorf).

DaimlerChrysler: Die „Hochzeit im Himmel"

„Ich bin der erste Topmann, der 2,3 Milliarden Mark verspielt hat.
Das war allein meine Schuld."
Jürgen E. Schrempp, Daimler-Chef („Manager des Jahres")

Mit der Fusion DaimlerChrysler wurde auch dem Normalanleger verständlich, was Globalisierung bedeutet – die heimatlose Welt AG, ausgerichtet auf weltweiten Erfolg und auf Shareholder Value. Nach dem Willen und der Einschätzung von Vorstandschef Jürgen Schrempp ist DaimlerChrysler ein globales, aber kein heimatloses Unternehmen.

„Die Internationalisierung des Aktienkapitals führt zur Internationalisierung der Konzernführung", beschreibt der Chef-Jurist von DaimlerChrysler, Heinrich Rodewig, die Auswirkungen der Globalisierung. Shareholder-Kapitalismus bedeutet, eine Aktie entspricht einer Stimme, egal in welchem Land der Aktionär wohnt. Die Welt AG ist für den Nationalstaat zu groß. DaimlerChrysler wurde aus dem amerikanischen Index Standard & Poor's ausgeschlossen, weil der Firmensitz Stuttgart ist, die Rechtsform AG bleibt und die Konzernwährung der **Euro** ist. Jürgen Schrempp (Rambo) konnte Chrysler-Chef Bob Eaton überreden, Schwabe zu werden.

Der Zusammenschluss des deutschen Traditionsunternehmens Daimler Benz (www.daimler-benz.de) und der amerikanischen Chrysler Corporation zu einem „Global Player" führt automatisch zu der Frage: Was ist eine Aktiengesellschaft? Natürlich weiß man, dass die Unternehmenskulturen in Stuttgart und Detroit unterschiedlich sind, auch nach dem Elchtest (Werbetext: „Schön, wenn einer automatisch Abstand hält"). Bei Daimler mussten 75 Prozent des anwesenden Kapitals zustimmen, bei Chrysler die Hälfte des gesamten Kapitals. Bei Chrysler wurden die Aktien nach der HV automatisch umgetauscht. Die Daimler-Aktionäre wurden zum Umtausch aufgefordert; bei 90 Prozent Zustimmung kam es zu einem freiwilligen Zusammenschluss (bei einer geringeren Quote hätte man die Fusion als Kauf gewertet). Um nichts anbrennen zu lassen, erhielten die Daimler-Aktionäre je 1 000 umgetauschte Aktien fünf Extra-Shares.

In US-Unternehmen werden Chef oder Chefin mit Vornamen angesprochen, am „Dress-Down-Friday" wird die Krawatte weggelassen, weibliche Angestellte kommen mit Joggingschuhen ins Büro und tauschen diese dann gegen Pumps aus, die zum Kostüm passen. Die USA unterscheiden nicht zwischen Vorstand und Aufsichtsrat, und der CEO (Chief Executive Officer) macht einen anderen Job als der Vorstandsvorsitzende. Die „Lehnstuhl-Strategen", die behaupteten, „der mittlere Westen und das Schwabenland passen nicht zueinander", hätten Unrecht, erklärte Schrempp.

Nach Angaben von Jürgen Schrempp ist DaimlerChrysler in der Automobilbranche bei der Profitabilität die Nummer eins, bei der Marktkapitalisierung Nummer zwei und beim Umsatz Nummer zwei. Ein Gewinnsprung von 23 Prozent auf 3,3 Milliarden DM kann sich sehen lassen. Ursprünglich war von einem Zusammenschluss unter Gleichen (Merger of Equals) gesprochen worden, aber wahrscheinlich hat das in Stuttgart von Anfang an niemand ernst genommen. „Wir hätten die Amis auch komplett aufkaufen können", zitierte *Bild* einen Daimler-Manager. Mit dem genialen Schachzug kommt Schrempp näher an die „Global Player" General Motors, Ford und Toyota heran. Jürgen Schrempp ist der Boss der neuen Welt AG.

Chrysler ist zur Filiale der deutschen DaimlerChrysler geworden: „Chrysler wurde übernommen, mit Stumpf und Stiel, mit Sack und

Pack." Von 17 Vorständen kommen zehn aus Deutschland. Die führenden Chrysler-Leute haben Mühe, sich an die neuen Töne aus Stuttgart zu gewöhnen, einige wechselten zu Ford oder General Motors. Chrysler-Vorstand Robert J. Eaton kündigte seinen baldigen Rückzug ins Privatleben an und machte sich so zur „lame duck".

Das Selbstbewusstsein der Schwaben aus Möhringen, Sindelfingen, Rastatt und Untertürkheim gründet sich auf handwerkliche Tradition. In der Chrysler-Zentrale in Auburn Hills ist man stolz auf einen gewonnenen Kampf: „Die Deutschen können Chrysler nicht nach Hause tragen, das bleibt hier in Amerika." Die Chrysler-Marken steuern das Dreifache zum Betriebsgewinn bei. Speziell für die Alterssicherung der Mitarbeiter der DaimlerChrysler legte der Deutsche Investment-Trust DIT besondere AS-Fonds auf. Die Führungscrew verdient zusätzlich an Aktienoptionen und Phantomaktien, die die HV nicht genehmigen muss.

Das Gesetz schützt die Spezies der Kleinaktionäre. Bei Hauptversammlungen treten sie massenweise auf, bleiben aber meistens stumm. In der Hauptversammlung wurden 17 980 Deutsche und 20 Amerikaner gezählt, die HV wurde live in die sieben Zelte auf dem Gelände der Hanns-Martin-Schleyer-Halle übertragen. Von den Eigentümern des Konzerns wohnen nur ein Viertel in den USA. Finanzchef Manfred Gentz hält es für wichtiger, Asiaten als Anteilseigner zu gewinnen.

Auch die Gewerkschaft gehört zu den unterschiedlichen Unternehmenskulturen: In Amerika herrscht zwischen Arbeitgebern und Arbeitnehmervertretern offene Feindseligkeit. Die Gleichheit von Kapital und Arbeit gilt in der Welt AG nicht mehr, es gibt keinen Welt-Betriebsrat. Schrempp lobt die deutsche Mitbestimmung, sie verlangsame zwar die Entscheidungen, dann aber seien sie belastbarer. Investment-Profi Peter Lynch spricht dies an: „Ich hatte Erfolg mit Gesellschaften wie Chrysler, Ford, Boeing, und ich machte schlechte Erfahrungen mit gewerkschaftsfreien Unternehmen."

Eine weltweite Werbekampagne, ganz ohne Autos (damit die unterschiedlichen Marken in der öffentlichen Wahrnehmung nicht miteinander vermischt werden), zielt auf die gemeinsamen Ziele, Hoffnungen und Visionen aller Mitarbeiter ab. Die 430 000 Mitarbeiter an 800 Standorten sollen sich schnell in dem neuen Konzern heimisch fühlen.

Big is beautiful / Gewinn durch Fusionen?

„Zusammenkommen ist der Anfang. Zusammenarbeiten ist der Erfolg.“
Henry Ford

Fusionen haben ein strategisches Ziel: den Einstieg in neue Märkte zu sichern, die eigene Wettbewerbsposition zu unterstützen oder durch das Zusammenlegen von Fertigung, Einkauf und Vertrieb Kostenvorteile zu erzielen. Im globalen Wettbewerb hat nur der eine Überlebenschance, der über die kritische Größe und eine breite Produktpalette verfügt. Dies lässt sich am schnellsten durch strategische Akquisitionen erreichen. Ländergrenzen spielen dabei keine Rolle mehr. Die Fusionswelle der 70er Jahre führte zu Firmenkonglomeraten.

Wenn Topmanager vor die Presse traten, wurde eine „Traumhochzeit“ verkündet, von der alle profitieren würden. Die Fusion der Deutschen Telekom und Telecom Italia sollte ein „Merger of Equals“, ein Zusammenschluss gleichberechtigter Partner werden. Der Italiener Franco Bernabé verlor dabei seinen Job. Frank Newman, Chef von Bankers Trust, sollte in den Vorstand der weltgrößten Bank aufsteigen und wurde von einem noch stärkeren vor die Tür gesetzt. Bei der bayerischen „Traumhochzeit“ krachte es schon nach wenigen Tagen, und HypoVereinsbank-Chef Albrecht Schmidt entdeckte „Altlasten“ in Milliardenhöhe.

In der Deutschland AG waren Übernahmen unsportlich, Profit nur Nebensache, die Manager lebten Harmonie vor, und neues Kapital kam von der Hausbank. In den 60er Jahren rollte eine Welle von Zusammenschlüssen auf uns alle zu, es entstanden Riesenkonglomerate. Wenige Jahre später wurden sie wieder zerschlagen, weil sie nur schlecht zu führen waren. Der neue Trend hieß **„small is beautiful“.** Die Unternehmensphilosophie der so genannten „Merger & Acquisitions“ lautet offensichtlich: **„Je größer, je lieber.“** Noch vor wenigen Jahren wurden Unternehmensgewinne mit neuen Produkten, Preiserhöhungen und höherer Produktion erzielt. Spielräume für Preissteigerungen sind kaum noch vorhanden. Mit dem Euro wurde Europa für alle zu einem großen Heimatmarkt mit noch mehr Wettbewerb. In der Globalisierungswelle können Güter, Arbeitskräfte und Kapital ohne Grenzen rund um den

Globus vagabundieren, möglicherweise wird sich das Tempo sogar noch erhöhen. Der Zugang zu größeren Märkten treibt Innovationen voran, intensiviert den Wettbewerb und zwingt die Unternehmen zu Produktverbesserungen und dazu, den Produktionsprozess zu modernisieren und zu rationalisieren.

Darin liegen Chancen und Risiken. Die großkapitalisierten Aktien haben sich wesentlich besser als der Gesamtmarkt entwickelt. Dieser Trend dürfte auch in der nahen Zukunft anhalten.

Es vergeht kaum eine Woche ohne Gerüchte über neue **Unternehmenszusammenschlüsse;** und wenn ein solcher Zusammenschluss gut gemanagt ist, wie bei der Fusion von Daimler und Chrysler, dann sind mit der offiziellen Verkündung alle überrascht – niemand ahnte etwas, alles lief hinter verschlossenen Türen ab.

Viel zu oft kann aber das erwartete Potenzial nicht ausgeschöpft werden. Etwa die Hälfte aller Fusionen und Akquisitionen scheitert, das bestätigte schon die Untersuchung des Personalberatungsunternehmens Egon Zehnder International. Hauptgrund des Scheiterns war die Unfähigkeit der Käufer, den „menschlichen" Faktor entsprechend einzuplanen. Die Käufer wussten viel zu wenig über das zu integrierende Unternehmen, die neuen Mitarbeiter konnten nicht motiviert werden.

Diese Fehler gelten auch nach zwölf Jahren immer noch: Es fehlt das Integrationsmanagement für den „menschlichen" Faktor. Nancy Hubbard von der University Oxford und Philip D. Vivian von Egon Zehnder International schreiben in einer Studie zum Fusionsmanagement, es bestehe ein unmittelbarer Zusammenhang zwischen Integrationserfolg und dem positiven Verlauf einer Fusion. In großformatigen Zeitungsanzeigen lässt die Deutsche Bank einen Kunden verkünden: „Deutsche Bank plus Bankers Trust. Das ist mehr Leistung und Innovationskraft für meinen Erfolg."

Ein Zusammenprall der Kulturen. Die Führungskräfte der ersten und zweiten Ebene müssen eine neue Hackordnung herstellen und um neue Positionen kämpfen. Ein ehemaliger Chrysler-Mann sagte: „Das Problem ist nicht die Unternehmensspitze, das sind die Leute, die global denken und entsprechendes Wissen über unterschiedliche Kulturen haben, wenn auch oft nur theoretisch. Schlimm sind die provinziellen Wichtigtuer unterhalb dieser Ebene. Die fliegen hier wie die Geier (‚vultures') ein und aus und gebärden sich mit ihren 50 Prozent, als wären sie die geistige Gesundheitspolizei."

Fusionen sind nur dann sinnvoll, wenn sich Unternehmen aus wachstumsstarken Bereichen zusammenschließen. Zusammenschlüsse in „reifen" Industrien funktionieren dann, wenn sie gut gemanagt werden wie im Fall Thyssen-Krupp. Oft wird die Meinung vertreten, dass Mega-Deals grundsätzlich bessere Chancen hätten als kleinere Fusionen. Bei der Übernahme des bekannten britischen Fußballclubs Manchester United scheiterte Medienmogul Rupert Murdoch; der Privatsender BSkyB (Murdoch hält 40 Prozent) darf den Club nicht übernehmen, entschieden Industrieminister Stephen Byers und die Monopolkommission. Die Aktien von Manchester United brachen ein und zogen andere britische Fußball-Aktien mit nach unten.

Professor Wolfgang Gerke von der Universität Erlangen-Nürnberg untersuchte die Unternehmensübernahmen für den Zeitraum 1987 bis 1992 auf dem deutschen Aktienmarkt. Ergebnis: Die Aktionäre des „Zielunternehmens" profitierten in der Regel von dem Bekanntwerden – die stärksten Gewinne gab es direkt nach der Bestätigung des Gerüchts, mit Kursgewinnen von durchschnittlich 8 Prozent. Für die Aktionäre des „Bieterunternehmens" war das Ergebnis nicht so eindeutig: Nur wenn die Marktteilnehmer überzeugt waren, dass der Unternehmenswert – und damit der Börsenwert – durch den Zusammenschluss oder Zukauf steigen werde, gab es Kurssprünge. Wenn dagegen die Meinung überwog, die Manager verfolgten hauptsächlich eigene Interessen, brachen die Kurse ein. Auch wenn der Kauf eines branchenfremden Unternehmens verkündet wurde, sackten die Kurse ab. Die Aktionäre sahen die Probleme der Eingliederung negativer als die Unternehmensleitung. Professor Gerke sah auch dann Kursverluste, wenn das Management des Bieterunternehmens seine Fähigkeit zur Integration überschätzte („Hybris-Hypothese"). Wer als Anleger bei diesem Spiel gewinnen will, muss nicht nur auf Ergebnis und Umsatz schauen, sondern auch die Psychologie der Strippenzieher kalkulieren.

An der New York University forscht Mark Sirower über Fusionen. In seinem Buch *Die Synergiefalle* kommt er zu dem Schluss, dass die meisten Firmenkäufe nicht funktionieren und die Aktionäre des Bieterunternehmens Geld verlieren. Nach Sirower spiegeln Kurse künftige Erwartungen wider, die Erhofften „Verbundeffekte“ sind also bereits in den Kursen enthalten. Kursgewinne sind nur dann möglich, wenn die Vorteile größer als erwartet ausfallen.

Checkliste: Gewinne bei Fusionen und Übernahmen

„Wir schauen uns nicht nach weiteren Zukäufen um, es sei denn, es fällt uns vom Himmel geradewegs etwas vor die Füße.“ Jürgen E. Schrempp

Ein Patentrezept für Anleger kann diese Checkliste nicht sein, denn über den Erfolg entscheidet immer, wie eine Fusion gemanagt wird. Aber sie erhöhen ihre Chancen, wenn sie auf diese Punkte achten:

- **Gerüchte:** Sobald die ersten Gerüchte auftauchen, reagieren die Kurse, mitunter in der gesamten Branche. Wer jetzt schon aufspringt, kann aber den falschen Zug erwischen.
- **Anzeichen:** Der Börsenumsatz der Aktie steigt ohne erkennbaren Grund an.
- **Bestätigung:** Der Kurs des Zielunternehmens steigt an. Jetzt wird an der Börse die Frage gestellt: Ist die Fusion viel versprechend? Dann könnten weitere Kurssteigerungen folgen.
- **Übernahmeangebot:** Anleger sollten das Angebot annehmen, denn wahrscheinlich verschwindet die Aktie vom Kurszettel.
- **Abfindung:** Werden Aktien des Bieterunternehmens angeboten, müssen dessen künftige Chancen beurteilt werden. Je nach Einschätzung bringt ein Verkauf an der Börse mehr.
- **Hochzeit:** Die perfekte Planung entscheidet über den Erfolg. Je genauer die Vorbereitungen, desto erfolgreicher.
- **Branche:** Wachstumsstarke Branchen bieten gute Aussichten. Vorsicht bei „reifen“ Märkten.
- **Erfahrung:** Übung macht den Meister.
- **Größe:** Es gibt keine Beweise dafür, dass „Elefantenhochzeiten“ besser funktionieren.
- **Firmenkultur:** Kommen unterschiedliche Firmenkulturen (Sprache, Mentalitäten) zusammen, hängt der Erfolg am „Integrations-

management“. Sind die Analysten skeptisch, dann ist Vorsicht am Platze.

Free Float gibt wichtige Hinweise darauf, welches Unternehmen für eine Übernahme in Frage kommt. Der Free Float sagt, wie viel Prozent des Aktienkapitals im freien Umlauf an der Börse sind. Liegt der Free Float unter 50 Prozent, kann eine Übernahme über die Börse ausgeschlossen werden.

Warren Edward Buffett, der Weise aus Omaha

„Ein tüchtiger Geschäftsmann ist wie ein Kapitän: Er kennt den Kurs, meidet allzu hohes Risiko und rechnet mit allen Eventualitäten.“
Ernst R. Hauschka

Der Amerikaner Warren Edward Buffett ist nach Bill Gates der zweitreichste Mann der Welt. Warren Buffett ist am 30. August 1930 in Omaha, Nebraska, geboren, dort besuchte er auch die Grundschule. Sein Vater Howard Homan Buffett war vier Amtszeiten lang Abgeordneter der Republikaner im Repräsentantenhaus. Warren sagte über seinen Vater: „Er brachte mir bei, nichts zu tun, was auf die Titelseite einer Zeitung gelangen könnte. Ich habe nie einen besseren Menschen kennen gelernt als meinen Vater.“

Warren E. Buffett gilt als erfolgreichster Anleger der Nachkriegszeit – er ist das krasse Gegenteil eines typischen Wall-Street-Börsianers –, ein Vertreter der Grauhaarigen, und einer, der niemals zocken würde. 1982 wurde Warren Buffett in der Forbes-Rangliste mit 250 Millionen Dollar noch auf Platz 82 geführt. Der als stockkonservativ geltende Buffett steht in dem Ruf, eine sichere Hand bei der Auswahl seiner Engagements zu haben. Er ist Anhänger der Schule der Fundamentalisten. „Ich denke nie darüber nach, was die Börse machen wird. Ich weiß nicht, wie man Kurse, Zinsen oder die Konjunktur vorhersagen kann. Und ich habe keine Ahnung, ob die Börse in zwei Jahren höher oder tiefer stehen wird.“ Buffett erbte seine finanzielle Begabung von seinem Vater, einem Aktienbroker. „Man muss nicht Raumfahrttechnik studiert haben.

Investitionen sind kein Gebiet, in dem jemand, der einen IQ von 160 hat, jemandem mit einem IQ von 130 überlegen ist."

Buffett legte den Grundstein als 11-Jähriger: Er kaufte Cities-Aktien zu 38 Dollar und verkaufte sie zu 40. Einige Jahre später stieg die Cities-Aktie auf 200 Dollar. Buffett zog für sich daraus die Lehre, dass nur langfristiges Anlegen den wahren Anlageerfolg bringt. Auf dem Golfplatz sammelte er verirrte Bälle auf und verkaufte sie an die Golfspieler zurück. Später dann ließ er die Bälle von Mitschülern aufsammeln. Buffett erzielte mit 13 Jahren Einkünfte aus Spielautomaten, danach war er Rolls-Royce-Verleiher.

Seine Ausbildung als Ökonom finanzierte er selbst. Warren Buffett studierte an der Wharton-Schule der University of Pennsylvania. Er las in der Kongressbibliothek über Geldanlage: „Ich las Millionen von Wörtern über dieses Thema, und sie waren im Grunde Mumbo Jumbo, Hokuspokus." Die Lektüre des Buches *The Intelligent Investor* von Graham veränderte Buffetts Leben: „Es war, als sähe ich Licht in der Dunkelheit. Zuvor habe ich mit dem Bauch und nicht mit dem Kopf investiert." An der Universität von Columbia machte er 1951 seinen Magister der Wirtschaftswissenschaften. Dort traf er auf Benjamin Graham und sagte später: „Außer meinem Vater hat sicher kein anderer Mensch mein Geschäftsleben derart beeinflusst wie Ben Graham."

Die erstklassige Ausbildung und der geschickte Umgang mit Zahlen waren die Grundlage für Warren Buffetts Ruf als junges Investment-Genie. Mit vier Familienmitgliedern und drei Freunden gründete Buffett mit 25 Jahren eine eigene Investmentgesellschaft als Partnership, er selbst steuerte 100 Dollar bei. Freunde, Bekannte, Verwandte, Nachbarn und Graham-Schüler ließen ihre Gelder durch die **Buffett Partnership Ltd.** managen. Buffett verzichtete auf ein Gehalt, nur eine Gewinnbeteiligung wurde vereinbart. Sie stellten der Investment-Partnerschaft das Geld blind zur Verfügung – nur Warren Buffett wusste, welche Papiere ge- oder verkauft wurden: „Meine Vorstellung von einer einstimmigen Entscheidung ist ein Blick in den Spiegel."

Buffett begann mit dem Aktienkauf nach den von Graham aufgestellten Regeln. Die erste Regel lautete: „Kaufe, wenn eine Aktie unterbewertet ist, und vertraue darauf, dass die Börse irgendwann den wahren Wert erkennt." Nach fünf Jahren konnte Buffett eine Rendite von

250 Prozent vorweisen, der Dow Jones war in der gleichen Zeit nur um 74 Prozent gestiegen.

Aus den ersten 105.000 Dollar wurden seit 1956 mehr als 35 Millionen. Die legte Buffett in der Textilfirma Berkshire Hathaway an. Da er in Textilien nicht viel Zukunft sah, wurde daraus eine börsennotierte Holdinggesellschaft, für die er zwei Versicherungen einkaufte – das war der Schlüssel zum Erfolg. Der regelmäßige Geldeingang erlaubte eine kontinuierliche Anlagestrategie in Aktien. Der Kurs der Buffett-Aktie Berkshire Hathaway stieg in 33 Jahren von 7,50 auf über 80.000 Dollar, das entspricht einer Performance von über 30 Prozent pro Jahr. 1998 kaufte Groß-Investor Warren Buffett den Versicherungsriesen General Re für seine Berkshire Hathaway, die damit das eigenkapitalstärkste Unternehmen der Welt wurde (56 Milliarden US-Dollar).

Buffett ging in den ersten Jahren streng nach den Grundsätzen von Benjamin Graham vor. Die Buffett Partnership Ltd. wurde 1970 aufgelöst (100 Mitglieder). Die Partner hatten die Wahl zwischen Aktien der Berkshire Hathaway, der Diversified Retailing oder Barauszahlung. Buffett entschied sich für Berkshire Hathaway, sein Anteil betrug 29 Prozent. Er wurde Chairman.

Peter Lynch, erfolgreichster Fondsmanager der USA, meint: „Warren Buffett ist ein Investor, der Geld mit Mitteln macht, die jedem Menschen zugänglich sind.“ Ökonomie-Nobelpreisträger Paul Samuelson bezeichnet Buffett als „Investmentgenie“.

Warren Buffett lebt mit seiner Lebensgefährtin Astrid Menks immer noch in der kleinen Villa in der Farnam Street. Seine Frau Susan Thompson Buffett lebt seit Jahren in San Francisco. Weihnachtskarten unterschreiben sie zu dritt. Er fährt einen Mittelklassewagen und sieht sich die Welt durch eine Kassenbrille an. Seine Frau sagt über ihn: „Alles, was Warren braucht, um glücklich zu sein, ist ein Buch und eine 60-Watt-Birne.“

Buffett gilt als Asket („Es ist einfacher, Geld zu verdienen, als es auszugeben.“); er soll noch nie in Urlaub gefahren sein, er isst lieber Hamburger als Kaviar, trinkt Cherry Coke Cola statt Champagner. Er lebt in Omaha, weitab von den großen Börsen New Yorks und weit weg von den heißen Tipps. Das *Wall Street Journal* schreibt über ihn, er liebe das Spiel an der Börse, nichts hasse er mehr, als investiertes Geld zu verlieren. Er will unter Umgehung möglichst aller Risiken auf einen grünen Zweig kommen und er kommt ohne Hilfe von Analysten und Beratern aus. Das Tagesgeschehen spielt bei seinen Anlagen keine Rolle, daher hat auch sein kleines Büro in Omaha/Nebraska keinen Kursticker, keinen Computer und keine direkte Verbindung zur Wall Street. Sein Motto: „Es ist besser, ungefähr Recht zu haben, als sich tödlich zu irren." Als im Internet Gerüchte auftauchten, Warren Buffett befinde sich im Krankenhaus, geriet der Aktienkurs von Berkshire Hathaway stark unter Druck.

Warren Buffetts Anlageregeln

„Um ein Leben lang erfolgreich investieren zu können, braucht man keinen stratosphärischen IQ oder unnütze Geschäftseinblicke oder Insiderinformationen. Was man braucht, ist ein solider intellektueller Rahmen, um Entscheidungen treffen zu können, sowie die Fähigkeit, Emotionen davon abzuhalten, diesen Rahmen zu durchlöchern."
Warren E. Buffett

Buffet handelt nicht nach festen Anlagestrategien: „Wer auf abstrakte Theorien baut, verliert darüber seinen gesunden Menschenverstand." Er liest die Geschäftsberichte der ausgewählten Unternehmen und der Konkurrenz: „Noah fing mit dem Bau der Arche nicht erst an, als es regnete."

Das langfristige Unternehmenswachstum wird von Buffett mit dem „Eindollartest" gemessen: Jeder Dollar Gewinn, den das Management zurückhält, muss mindestens einen Dollar Marktwert erbringen. Buffett meidet Unternehmen, die nur um des Wachstums willen wachsen.

Der Wert eines Unternehmens wird davon bestimmt, wie viel Cash es erwirtschaftet. Unternehmen mit hohem investierten Kapital brauchen aber mehr Cash, um die Aktiva zu erhalten. Dafür verwendet Buffett die Kennzahl „Gewinne der Eigentümer" (owner earnings): Nettogewinne plus Abschreibungen, Amortisationen minus notwendiger Investitionen, um den Status quo des Unternehmens zu erhalten.

„Die wichtigste Sache für mich ist, herauszufinden, wie breit der Burggraben rund um ein Unternehmen ist. Was mir am besten gefällt, natürlich, ist eine große Burg mit einem breiten Graben voller Piranhas und Krokodile."

Warren Buffett beschreibt seinen Investmentansatz für die Auswahl der Unternehmen so: „In meinen Augen ist die Ermittlung des inneren Wertes der einzige sinnvolle Ansatz, um Unternehmen und das Geschäft, das dahinter steht, zu bewerten." Hightech-Werte haben bei ihm keine Chance („Technophobie"). Seinen Kritikern antwortet er: „Wir stehen modernen Industrien offen gegenüber, wie wir auch die Eroberung des Weltraums bestaunen. Nur mitfliegen wollen wir nicht."

„Die meisten Leute interessieren sich für Aktien, wenn das alle anderen auch tun. Der richtige Zeitpunkt ist aber dann, wenn jeder uninteressiert ist. Man kann nicht etwas kaufen, was beliebt ist, und Erfolg damit haben … Berkshire kauft immer dann, wenn die Lemminge in die andere Richtung laufen." Mit der Mehrheitsmeinung war an der Börse noch nie das große Geld zu verdienen. Wer reich werden will, muss nicht nur die Zukunft richtig einschätzen, die Masse muss auch noch schief liegen.

Buffett hält diese Anlageregeln für Selbstverständlichkeiten („John Maynard Keynes hat im Grunde gesagt, dass man nicht versuchen soll, herauszufinden, was der Markt vorhat. Stattdessen sollte man sich ein Unternehmen suchen, über das man Bescheid weiß, und sich darauf konzentrieren").

Buffett praktiziert das Value Investing („Der Kurs ist das, was man zahlt. Der Wert ist das, was man erhält."). Seine Anlagestrategie ist bestechend einfach: gesunder Menschenverstand, langer Atem („Wer eine Aktie nicht für zehn Jahre halten will, sollte sie nicht einmal zehn Minuten besitzen."), Informationen und jedermann zugängliche Methoden. „In meinen Augen ist die Ermittlung des inneren Wertes (Intrinsic Value) der einzige sinnvolle Ansatz, um Unternehmen und das Geschäft, das dahinter steht, zu bewerten. Die Definition ist einfach. Der innere Wert ist der diskontierte Wert aller Barmittel, die ein Unternehmen in seinem Lebenszyklus abwirft (alle zukünftigen Gewinne). Die Ermittlung ist dagegen schwieriger. Denn der innere Wert ändert sich nämlich mit Zinsentwicklung und Ertragserwartungen. Deshalb können zwei Anleger, die dieselben Fakten kennen, auf unterschiedliche Ergebnisse kommen. Doch ist es besser, ziemlich richtig als exakt falsch zu liegen."

Jedermann könnte Buffett kopieren. „Ich lese die Jahresberichte der Firma, die ich mir näher ansehe, und die der Konkurrenz – das sind meine Hauptinformationsquellen.“ Topaktuelle Informationen werden nicht gebraucht: „Die Geschwindigkeit der Information ist nicht wichtig für uns. Ich könnte irgendwo sein, wo die Post mit drei Wochen Verspätung eintrifft, und könnte wunderbar investieren.“

Er sagt von sich: „Ich investiere immer langfristig. Den schnellen Erfolg überlasse ich anderen. Pro Jahr sehe ich nur eine gute Anlageidee.“ Warren Buffett setzt auf Topaktien: „Ich kaufe nie mit der Absicht, schnell Geld zu machen. Ich erwerbe Aktien unter der theoretischen Annahme, dass die Börse morgen schließt und erst in fünf Jahren wieder öffnet.“ Für Wachstumswerte gilt das Motto: „Buy and sleep.“

Der Großmeister unter Amerikas Investoren hält die derzeitige Hausse an der Wall Street für „möglicherweise extrem“ („Man kann damit rechnen, dass die Menschen gierig werden, Angst bekommen oder übermütig werden. In welcher Reihenfolge, lässt sich nicht vorhersagen.“). Buffett und sein Vize Charly Munger machen fast alles anders als die smarten Finanzmanager, und sie haben phänomenalen Erfolg. Sie schneiden besser ab als die hoch bezahlten Vermögensverwalter, begnügen sich selber mit einem Jahresgehalt von 100.000 Dollar.

Berkshire-Vize und Buffetts Partner Charly Munger half schon als Junge im Lebensmittelladen von Warren Buffetts Großvater Ernest in Omaha. „Der Laden der Familie Buffett bot eine Einführung in das Geschäftsleben, wie man sie sich nur wünschen kann. Dort war stundenlange harte Arbeit und Konzentration erforderlich, was viele der jungen Arbeiter, zum Beispiel auch mich, dazu veranlasste, sich nach einer leichteren Karriere umzuschauen und mit Freude auch dabei Nachteile festzustellen“, erinnert sich Charly Munger. Er betrieb eine Anwaltskanzlei, als sich die beiden Jugendfreunde wieder sahen. Anwalt Charly Munger gründete seine eigene Investmentfirma, die in acht Jahren sowohl die Indizes als auch Buffetts Ergebnisse übertreffen konnte. Da Munger und Buffett auch bei ihren Investitionen viele Gemeinsamkeiten hatten, kamen sie sich öfter in die Quere. Folgerichtig fassten sie ihre gemeinsamen Interessen in der Berkshire Hathaway zusammen. Unter Charly Mungers Einfluss wurde die Anlagestrategie über die Graham-Leitlinien hinaus erweitert.

William Ruane, der später den erfolgreichen Sequoia Fund gründete, lernte Warren Buffett in den Seminaren von Professor Graham kennen. Er urteilte: „Graham hat die Bibel für uns geschrieben, und Warren hat sie mit seinen Ideen auf den neuesten Stand gebracht. Von Warren stammt das Neue Testament."

Buffett kauft sich in Unternehmen ein, die gut geführt sind, Wachstumspotenzial haben und an der Börse unterbewertet sind: „Kaufe einige stark unterbewertete Aktien, investiere viel Geld und halte sie." Buffett vermeidet Futures, Optionen, Optionsscheine und Währungen.

Buffett engagiert sich nur in solchen Gesellschaften, die von einem guten Management geführt werden, deren Tätigkeiten leicht zu verstehen sind, und er beschränkt sich auf wenige Positionen. Er liegt damit im Widerspruch zur Diversifikationsstrategie, aber er hält seine Strategie für risikoärmer.

„Diversifikation ist in meinen Augen eine Absicherung gegen Ignoranz. Wenn Sie erstens ein Unternehmen gefunden haben, dessen Geschäft Sie wirklich verstehen, wenn Sie sich zweitens sicher sind, dass die Erträge in fünf, zehn oder 20 Jahren erheblich höher sein werden, wenn das Management zudem das Vermögen der Firma wie Eigentümer behandelt und wenn der Aktienkurs deutlich unter dem inneren Wert liegt, warum sollten Sie dann nicht einen großen Batzen Geld in diese Firma investieren?" – „In einem Harem mit 40 Frauen gibt es kaum Chancen, eine richtig kennen zu lernen."

Er gewann mit langfristigen Aktienanlagen in American Express, Coca-Cola, Gillette, Travelers Group. Disney, Washington Post, Well Fargo. Buffett spezialisiert sich auf Gesellschaften, die durch starke Marktstellung fette Gewinne erzielen. Zu seinen Anlagen zählen Salomon Brothers, der Schuhfabrikant Dexter, die Süßwarenfirma See's, die Regionalzeitung *The Buffalo News,* das Verlagsunternehmen Gannett Co (Massenblatt *USA Today*), die Möbelfirma Nebraska Furniture Mart, das Juweliergeschäft Borsheim's. Er hat eine Vorliebe für die Schuhindustrie. „There's no business like shoe business."

Seine kleineren Investments behielt Buffett bisher immer für sich, die US-Börsenaufsicht SEC zwang ihn jetzt dazu, auch diese der SEC zu melden. Der *Newsletter Today's Value Investor* bringt die Buffett-Anlagen unter der Internet-Adresse www.tvinvestor.com.

1. Regel Nummer 1: **Verliere nie Geld.** Regel Nummer 2: **Vergiss nie Regel 1.**
2. Nicht zu viele Eier in ein Nest legen, die aber sorgfältig auswählen. „Die Diversifikation ist ein **‚Arche-Noah-Ansatz‘:** Der Anleger kauft alles und hat am Ende statt eines Portfolios einen Zoo."
3. Kaufe nur Aktien, deren Geschäft du verstehst, die langfristig hervorragende Ertragschancen haben, die von aktionärsfreundlichen Managern geführt werden.
4. „Kaufe ein Unternehmen, keine Aktie. Bewerte ein Unternehmen wie ein potenzieller Eigentümer." Kaufe nur Unternehmen, in die du dein gesamtes Geld anlegen würdest, deren Aktien du mindestens zehn Jahre halten willst. Finde heraus, wie ein Unternehmen seinen Gewinn erzielt. Lerne das Geschäft kennen. Nur so ist die Zukunft vorhersehbar.
5. Setze auf Unternehmen, die in der Vergangenheit eine kontinuierliche Entwicklung hatten. Kaufe nur Unternehmen, die langfristig hohe Erträge aufweisen.
6. Achte auf das Management. Ein gutes Management reinvestiert nur ins eigene Unternehmen, wenn die erwartete Rendite über dem Marktzins liegt.
7. Bestimme den Wert eines Geschäfts, der liegt in den zukünftigen Owner Earnings. Stagnieren die Gewinne, diskontiere die Größe um die Anleihezinsen. Das Ergebnis ist der Wert des Geschäfts. Zahle davon höchstens 70 Prozent für Prognosefehler.
8. Suche Unternehmen mit hohen Gewinnmargen. Dann hat ein starkes Management die Kosten im Griff, verfügt über ein starkes Produkt.
9. Kaufe nie eine Aktie, wenn du nicht damit leben kannst, wenn sich der Kurs halbiert – auch Spekulieren will gelernt sein. Eine dicke Brieftasche ist der Erzfeind herausragender Anlageergebnisse.
10. Habe Geduld. Buffetts Strategie ist das **Igel-Prinzip,** die **Fuchs-Strategie** lehnt er ab: Der Fuchs weiß über viele kleine Dinge Bescheid, der Igel kennt ein großes Ding.

Normalerweise mischt sich Warren Buffett in die Geschäftspolitik der Unternehmen nicht ein. Einzige Ausnahme blieb sein persönliches Engagement bei der Investmentbank Salomon Brothers, die er aus einer schweren Krise herausführte. Salomon Brothers Inc. ist eines der größten Wertpapierhäuser der Wall Street. Die Firma gab bei den Auktionen der Regierungswertpapiere illegale Angebote ab, um sich einen größeren Anteil zu sichern, das Topmanagement wusste davon. Dieser Skandal vertrieb zahlreiche Kunden, und Salomon Brothers mussten ihre Bilanz um ein Drittel verkleinern. Das Jahr bei Salomon Brothers verglich Buffett mit einem Kriegseinsatz: „Man ist dabei, weil man muss, aber man freut sich nicht auf ein nächstes Mal."

Eine Reise nach Mekka zu Berkshire Hathaway

„Als reich darf erst gelten, wer seine Steuern bezahlen kann,
ohne Schulden machen zu müssen."
Bing Crosby, amerik. Schauspieler und Entertainer (1904 – 1977)

Das Unternehmen Berkshire Hathaway Inc. des Milliardärs und „Börsen-Gurus" **Warren Buffett** ist ein besonderes Beispiel amerikanischer Aktionärsdemokratie. Wenn Buffett zur Hauptversammlung (HV) nach Omaha ruft, in den konservativen, gottesfürchtigen Mittleren Westen, kommen Aktionäre aus allen Himmelsrichtungen, aus Indien, Australien, Japan, Brasilien, Deutschland und der Schweiz, denn drei Tage lang wird ein Fest gefeiert. Der Volkskapitalismus wird zelebriert, es ist eine harmonische Symbiose von Unternehmern, Aktionären und Mitarbeitern. In 1999 kamen 15 000 Aktionäre aus 17 Ländern, überschwemmten die Stadt im Mittelwesten und gaben täglich 200 Dollar aus (Einnahmen für die Stadt 3,5 Mio. Dollar). Buffett sagt zu diesen Zahlen: „Sie kommen zu uns, weil wir ihnen das Gefühl geben, Eigentümer zu sein." In den Anfangsjahren trafen sich zur Hauptversammlung nur die Direktoren und ein Dutzend Aktionäre. Fast aus dem Nichts machte Buffett Berkshire Hathaway zu einem der größten Unternehmen der USA. 1962 stieg er in die angeschlagene Textilfirma ein, für 7,50 Dollar je Aktie, 1965 übernahm er die Kontrolle. Berkshire Hathaway erzielte seit ihrer Übernahme durch Buffett eine durchschnittliche jährliche Rendite von 31,2 Prozent. Mit Buffett wurden viele zu Millionären.

Das 3-tägige Familienfest beginnt im „Rosenblatt-Stadion“, dem Baseball-Stadion. Buffett ist an den Omaha Royals beteiligt und darf den „first pitch“ (Peitsche) werfen. Während des gesamten Spiels erfüllt Warren Buffett Autogrammwünsche, hat für jeden ein freundliches Wort und posiert für Erinnerungsfotos. Am nächsten Tag können Aktionäre im Juweliergeschäft Borsheim's zu Angestelltenkonditionen einkaufen. Dann geht es zum „größten Unterhaltungselektronikgeschäft des Planeten“ Nebraska Furniture Mart und zum Nachtessen in Buffetts Lieblings-Steakhouse „Gorat s“; auch die Fastfood- und Speiseeiskette International Dairy Queen gehört zum Berkshire-Konzern. Höhepunkt des „Kapitalisten-Woodstock“ ist die HV im Ak-Sar-Ben-Coliseum, in dem sonst Rinder versteigert werden. In den Gängen präsentieren Unternehmen, die zu Berkshire gehören, ihre Waren: See's verkauft Schokolade, Coca-Cola, Disney, Borsheim's nimmt Schmuckbestellungen auf, die Versicherungsgruppe GEICO bietet Autopolicen zu Rabattpreisen. Der Disney-Film *Citizen Buffett* (in Anlehnung an den Klassiker *Citizen Kane*) zeigt humorvoll das Leben von Warren Buffett. Microsoft-Chef Bill Gates ist ein alter Freund von Buffett und spricht auf der HV. (WKN 854 075, Börsenplatz Berlin)

Auch die Jugend ist dabei, Schulklassen sind anwesend. Warren Buffett rät, Buchhaltungsregeln zu lernen, weniger auszugeben, als sie verdienen werden. Angesichts der Tatsache, dass immer mehr amerikanische Verbraucher über ihre Verhältnisse leben und mehr ausgeben, als ihre Einkommen erlauben, warnt Warren Buffett die Erwachsenen: „Hände weg von Kreditkarten. Was ihr euch nicht leisten könnt, solltet ihr auch nicht kaufen.“

Die Hauptversammlung dauert sechs Stunden, aber schon nach neun Minuten ist der offizielle Teil des „Annual Meetings“ abgewickelt. Das ist bei Berkshire so üblich, die Zustimmung erfolgt akustisch. „Wer dafür ist, hebt die Hand – und die anderen verlassen besser den Saal“, ruft Warren Buffett humorvoll. Dann beantwortet Warren Buffett („Orakel von Omaha“) mit seinem Vize Charlie Munger stundenlang Fragen aus dem Kreis der Aktionäre. Originalton Warren Buffett:

- **Zur Strategie:** „Wir haben keine Strategiepläne, in welchen Industrien wir anlegen wollen. Beteiligungen an operativen Gesellschaften gefallen uns besser als in reinen Finanzinstrumenten. Wir verkaufen nur, wenn wir das Geld für etwas Besseres benötigen.“

- **Zu dem hohen Bargeldanteil:** „Cash macht uns nicht glücklich, aber wir sehen einfach nichts am Horizont.“

Berkshire Hathaway erwarb 1995 eine Beteiligung von 4,3 Prozent an der Schnellrestaurantkette **McDonald's,** 1998 wurde das Paket wieder verkauft, kurz bevor die Aktie einen Höhenflug startete. Auf der letzten Hauptversammlung gab Warren Buffett denn auch freimütig zu, die Gewinne wären höher ausgefallen, wenn er das Portefeuille nicht angerührt hätte. „Die Chancen auf dem Mobiltelefonmarkt habe ich verpasst, weil das außerhalb meines Erfahrungsbereiches liegt.“ Warren Buffett rät: „Das ist ein altes Prinzip. Man braucht das Geld nicht auf dieselbe Weise wiederzugewinnen, wie man es verloren hat.“

- **Zu Pharma:** „Diesen Sektor haben wir verpasst. Diese Gelegenheit haben wir ganz dumm vermasselt.“
- **Zu ausländischen Aktien:** „Wir finden keine günstigen Kaufgelegenheiten im Ausland; doch wir sind nicht abgeneigt, solche zu prüfen.“
- **Zu japanischen Aktien:** „Die Eigenkapitalrendite japanischer Unternehmen ist sehr gering. Wenn wir reich werden wollen, müssen wir dort investieren, wo 20- bis 25-prozentige Renditen locken.“
- **Zu Immobilien:** „Hier besitzen wir einen makellosen Ausweis unseres Scheiterns. Wir verstehen andere Branchen besser.“

Im Herbst 1997 kaufte Buffett 130 Millionen Unzen Silber. Die Silberkäufe des Jahres trieben den Kurs um 50 Prozent nach oben und versetzten den Markt in Aufruhr – Erinnerungen an die Spekulation der Brüder Hunt wurden wach. Das Engagement blieb aber mit 2 Prozent Anteil am Gesamtportefeuille von Berkshire Hathaway bescheiden.

- **Zu Silber:** „Zwischen Angebot und Nachfrage gibt es eine Diskrepanz. Die Balance wird sich auf einem höheren Niveau einstellen. Unsere Einstellung zum Silber ist die gleiche geblieben wie im Februar, als ich den Kauf bekannt gab.“

Die Familiengesellschaften Berkshire und Hathaway arbeiteten im 19. Jahrhundert als Baumwollspinnereien in Massachusetts. Sie fusionierten 1955 wegen der übermächtigen Konkurrenz, machten aber weiterhin Verluste. Immer wieder beeinflussen Emotionen unsere Handlungen. Die Textilproduktion von Berkshire Hathaway lief nach Buffetts Einstieg noch 21 Jahre lang weiter, obwohl sie ständig zwischen Gewinn und Verlust schwankte. Warren Buffett fühlte sich der Belegschaft und den Gemeinden verpflichtet. Erst als auch nach Investitionen keine Mittel mehr hereinkamen, wurde die Produktion geschlossen. Die **Buffett Partnership** kaufte die ersten Aktien von Berkshire Hathaway im Jahr 1962 zu 8 US-Dollar. Das Umlaufvermögen betrug 13 Dollar nach Abzug aller Verbindlichkeiten. Die Sicherheitsmarge lag bei 38 Prozent. Die Investition entsprach den Leitlinien von Benjamin Graham, Buffetts Lehrer und Mentor. Je mehr Anteile Buffett erwarb, desto mehr fühlte er sich zu dem Unternehmen hingezogen. Schließlich besaß er 49 Prozent der Aktien.

Als Warren Buffett im Jahr 1965 als Direktor an die Spitze von Berkshire Hathaway Inc. rückte, notierte die Aktie bei 20 Dollar, Buffett hatte für seine Anteile durchschnittlich 15 Dollar gezahlt. Ihn reizten die Chancen, das vorhandene Umlaufvermögen in lukrative Beteiligungen umzuleiten. Erste Transaktion war der Erwerb der Versicherungsgesellschaft National Indemnity Co., die sich auf außergewöhnliche Risiken spezialisiert hatte, für 8,6 Millionen Dollar.

Nur in vier der vergangenen 34 Jahre blieb die Kursentwicklung der Berkshire Hathaway hinter dem S&P-500-Index zurück. In der gleichen Zeit stieg der Buchwert der Aktie um durchschnittlich 24,7 Prozent jährlich. Die Marktkapitalisierung beträgt 94 Milliarden Dollar, das Eigenkapital von ausgewiesenen 58 Milliarden wird von keinem anderen amerikanischen Unternehmen erreicht.

Walter Schloss arbeitete bei Graham-Newman Co. und gründete später seine eigene Investmentfirma. Seine Beurteilung: „So etwas wie Warren Buffett hat es noch nie gegeben … das andauernde Wachstum wird schwer zu schaffen sein. Vielleicht fusioniert Berkshire irgendwann mit Kanada.“

Die Hauptpositionen von Berkshire Hathaway

American Express Company (Amexco). 1991: Berkshire kaufte für 300 Millionen Dollar Amex-Vorzugsaktien mit Wandelrecht; diese wurden 1994 automatisch in Stammaktien umgewandelt, (Amex-Chef James Robinson brauchte dringend Geld und hatte sich direkt an Warren Buffett gewandt),

1994: Berkshire erwarb 13,8 Millionen Stammaktien für 424 Millionen Dollar; Kurs 21,40 Dolar,

1995: Berkshire erwarb weitere 21,7 Millionen Stammaktien für 669 Millionen Dollar; Kurs 30,80 Dollar.

Die American Express Company (Amex) wurde 1850 für den New Yorker Express-Paketdienst gegründet. Im Jahr 1891 kamen Amex-Reiseschecks auf den Markt, später ergänzten die American-Express-Card, Reisevermittlung und Geldwechsel das breite Serviceangebot rund ums Reisen. Jeder Tourist bekam mit einem American-Express-Reisescheck in kürzester Zeit in Berlin, Rotterdam, Rom oder Melbourne Bargeld. Forbes beschrieb die American-Express-Card mit den Worten: „Das Zauberkunststück, das Ende des 20. Jahrhunderts Schecks, Bargeld und Kreditkonten überflüssig machte.“ Amex verkaufte den Menschen Vertrauen als Kredit. Haupteinnahmequelle: Ersatz von Bargeld durch Amex-Angebote. Verwaltete Fonds und private Rentenversicherungen profitierten von dem starken Namen. Auf dem Weg zum „Finanzsupermarkt“ wurde 1991 die Investmentbank Shearson Loeb Rhoades erworben.

Wie es zu dieser Investition kam? Warren Buffett schreibt hierzu: „Mir ist aufgefallen, dass ein Paketdienst täglich das gegenüberliegende Gebäude belieferte. Ich fing an, über Paketdienste, die zukünftige Nachfrage danach und die wirtschaftlichen Rahmenbedingungen der Branche nachzugrübeln. Den Romantikern unter Ihnen wird gefallen, dass ich letztendlich in die Firma investierte, zu der der bewusste Lieferwagen gehörte. (Ich habe allerdings sechs Monate gebraucht, um mich zu dieser Investition durchzuringen.)

Coca-Cola Company. Warren Buffett sagte zu Coca-Cola: „Wir kauften Coca-Cola nach der Lektüre des Geschäftsberichts, ohne zuvor mit dem Management gesprochen zu haben." In den Jahren 1988, 1989 und 1994 erwarb Berkshire Hathaway Coca-Cola-Stammaktien für 1,299 Milliarden Dollar.

1988: Berkshire erwarb 14 172 500 Aktien für 592,54 Millionen Dollar; Durchschnittskurs 41,81 Dollar (KGV zwischen 14,9 und 17,3),

1989: Berkshire erwarb weitete 9 177 500 Aktien für 491 Millionen Dollar, Durchschnittskurs 53,5 Dollar (zwischen 15,3 und 18,1),

1994: Berkshire erwarb weitere Coca-Cola-Aktien für 275 Millionen Dollar, Durchschnittskurs 166,7 Dollar. Berkshire Hathaway besaß nun 8 Prozent an Coca-Cola.

Coca-Cola-Vize Don Keough war in Omaha Nachbar von Warren Buffett. Er soll ihm die erste Cherry Coke mitgebracht haben. Cherry Coke wurde offizielles Getränk der Berkshire-Hathaway-Hauptversammlung. Buffett trinkt etwa fünf Flaschen Cherry Coke pro Tag. („Ich trinke jeden Tag fünf Cherry-Cokes, das sind 750 Kalorien. Würde ich darauf verzichten, würde ich jedes Jahr 70 Pfund abnehmen. Das hat mir ganz klar das Leben gerettet.") Buffett analysierte das Unternehmen und stieg mit einer Milliarde Dollar bei Coca-Cola ein.

Die beispielslose Erfolgsgeschichte des Sirup-Getränkes begann im Jahr 1886, als der Apotheker Dr. John S. Pemberton aus Georgia ein (kokainhaltiges) Mittel gegen Kopfschmerzen und Müdigkeit zusammenbraute. Noch heute gilt die Formel als bestgehütetes Geheimnis (Kokain wurde 1992 von den Zutaten gestrichen). Der junge Apotheker Asa G. Chandler bewies ausgeprägten Geschäftssinn. Für 2.300 Dollar erwarb er alle Rechte an Coca-Cola. Er suchte weltweit möglichst schnell Kontakt zu Unternehmen und vergab an diese Lizenzen. Dadurch vervielfachte er die eigenen Kräfte. Das war der Grundstein für den Siegeszug von Coca-Cola. Coca-Cola wird heute in 195 Ländern verkauft und ist die bekannteste Marke der Welt. Coca-Cola verkörpert den „American Way of Life". Der Durchbruch nach China ist schon gelungen. Die neuen Renner sind Nestea, Minute Maid und der Fruchtsaft Fruitopia.

Die Coca-Cola-Aktie wurde im Jahr 1919 zu 40 Dollar erstmals an die Börse gebracht. Wer damals einstieg, verlor in den ersten 18 Startmonaten etwa 50 Prozent, weil der Zuckerpreis stark anstieg; im Börsencrash 1929 fiel die Aktie von 4,50 auf 1,80 Dollar. Rund 80 Jahre später ist die Anlage auf über 2 Millionen Dollar angewachsen. In den letzten Jahren hat die Aktie den S&P-500-Index mehrmals überrundet. Coca-Cola-Aktien sind langfristig eine erstklassige Anlagemöglichkeit. Vor 25 Jahren zahlte man für eine Coca-Cola-Aktie so viel wie heute für eine Flasche.

Coca-Cola ist mit dem größten Reinfall der Marketing-Experten verbunden. Marktforschungen hatten ergeben, dass Pepsi den Verbrauchern besser schmeckte. Coca-Cola-Chef Roberto Goizueta brachte daher 1985 ein neues Coca-Cola auf den Markt: New Coke. New Coke schnitt bei den Geschmackstests hervorragend ab – aber die Verbraucher liefen Sturm, 40 000 Protestbriefe schwemmten New Coke vom Markt. Die Menschen liebten Coca-Cola. Die klassische Coca-Cola wurde wieder eingeführt.

„Wir bevorzugen Aktien, die eine im Verhältnis zum investierten Kapital hohe Rendite erzeugen und bei denen die Aussicht besteht, dass das auch in Zukunft so bleibt. Als wir zum Beispiel das letzte Mal Coca-Cola kauften, wurde die Aktie ungefähr zum Dreiundzwanzigfachen des Gewinns verkauft. Wenn wir von unserem Kaufpreis und den heutigen Gewinnen ausgehen, ergibt das ungefähr das Fünffache der Gewinne. Entscheidend ist, wie sich das eingesetzte Kapital, die Rendite daraus und das in Zukunft erzeugte Kapital zum heutigen Kaufpreis verhält."

GEICO. Der Student Warren Buffett war durch Benjamin Graham, der 1948 zum Chairman bestellt worden war, auf GEICO aufmerksam geworden. An einem Wochenende 1951 fuhr er unangemeldet zur Firmenzentrale in Washington. Natürlich waren die Büros geschlossen – nur ein Angestellter arbeitete. Der bat Warren Buffett herein und erläuterte ihm Geschäftspolitik und Wettbewerbsvorteile. Buffett erwarb 1951 für 10.000 Dollar GEICO-Aktien und verkaufte sie ein Jahr später mit einem Gewinn von 50 Prozent.

Als GEICO 1976 erneut vor einer finanziellen Katastrophe stand, wurde der Versicherungsprofi Jack Byrne zum neuen CEO bestellt. Buffett und Byrne führten stundenlange Gespräche über die Strategie aus der Krise. Byrne konnte Buffett überzeugen, und GEICOs Ruf als preisgünstigster Autoversicherer war nach wie vor intakt.

Berkshire Hathaway kaufte 1976, 1979 und 1980 insgesamt 33,3 Prozent der GEICO Corporation in Stammaktien und Vorzugsaktien mit

Wandelrecht für 47,1 Millionen Dollar. Durch Aktienrückkäufe der GEICO stieg der Berkshire-Anteil auf 51 Prozent. Berkshire erwarb die anderen 49 Prozent im Jahr 1996 für 2,3 Milliarden Dollar.

Gillette Company. Berkshire erwarb 1989 Vorzugsaktien (8 3/4 Prozent) mit Wandelrecht der Gillette Company für 600 Millionen Dollar, 1991 wurden sie in Stammaktien umgewandelt.

Firmengründer King C. Gillette arbeitete im Vertrieb einer völlig anderen Branche und suchte nach einer Idee, einem Produkt, um ein Vermögen zu machen. Er entschied sich für die Einweg-Rasierklinge und gründete 1895 mit Freunden die American Safety Razor Company, die 1903 mit dem ersten Rasierer auf den Markt ging.

Die Produktpalette wurde ausgedehnt auf Rasierschaum, Braun Elektrorasierer, Schreibwaren (Waterman, Paper Mate), Klebestifte, Zahnbürsten, Toilettenartikeln usw.

In den 50er Jahren wurde der Firmenname in Gillette geändert. Gillette konnte sich in den vergangenen Jahrzehnten weltweit die führende Marktstellung erobern und erhalten. Das gelingt im Konsumgüterbereich nur wenigen Firmen.

Beim Vergleich der dominierenden Marken Coca-Cola und Gillette gibt es einen bedeutsamen Unterschied: Coca-Cola verkauft noch immer das gleiche Produkt wie vor 50 Jahren, Gillette hat die Produktpalette alle zehn Jahre komplett überholt – sonst wäre das Unternehmen schon vom Markt verschwunden.

„Es ist erfreulich, jeden Abend ins Bett zu gehen und zu wissen, dass es auf der Welt 2,5 Milliarden Menschen gibt, die sich am nächsten Morgen rasieren müssen."

Walt Disney Company. „Den Film *Schneewittchen* zu besitzen ist, als hätte man ein Ölfeld. Man fördert das Öl, verkauft es, und schon sickert wieder neues Öl nach."

Berkshire Hathaway hielt von 1977 bis 1980 Aktien von Capital Cities (Fernseh- und Radiosender in Albany/New York); von 1978 bis 1979 und wieder ab 1984 Aktien von ABC (ein Ableger der US-Radio- und Fernsehtechnologie RCA). Berkshire kaufte 1986 Capital-Cities-Aktien, damit die Übernahme von ABC möglich wurde. 1996 kam es zur

Fusion von Capital Cities/ABC und Disney. Berkshire erhielt 20 Millionen Disney-Aktien (2,95 Prozent des Unternehmens) und 1,3 Milliarden Dollar Bargeld und erwarb weitere Disney-Aktien über die Börse hinzu.

„Ein Studio, das seinen größten Star mit Käse bezahlen kann, hat die besten Voraussetzungen für gute Gewinne." Der Trickfilmzeichner Walt Disney wollte, aufgrund eigener leidvoller Erfahrungen, perfekte Welten für Kinder schaffen. 1923 eröffnete er mit seinem Bruder Roy ein Studio in Hollywood.

Mickey Mouse wurde ein Welterfolg. („Das Schöne an Mickymaus ist, dass sie keinen Agenten hat. Die Maus gehört voll und ganz ihrem Besitzer.") Nach den Cartoons und Büchern kam der erste Trickfilm in voller Spielfilmlänge: Schneewittchen und die sieben Zwerge. Auf Mickey Mouse folgten Donald Duck und Goofy.

Mitte der 50er Jahre trieb Walt Disney sein Lieblingsprojekt voran: Disneyland in Kalifornien. Sein eigenes Studio lehnte die Finanzierung ab. So musste Walt Disney die Finanzierung privat ermöglichen. Zahlreiche Unternehmen bewarben sich als Sponsoren, damit sie mit den beliebtesten Kinderfiguren des Landes in Verbindung gebracht würden. Nach dem Tod von Walt und Roy Disney übernahm Michael Eisner das Ruder. Er steigerte die Gewinne der Themenparks, brachte Kinofilme neu heraus und baute Hotels.

Zu Walt Disney meinte Warren Buffet: „Zweifellos eine erstklassige Gesellschaft. Das Fastfood-Geschäft war etwas anspruchsvoller, als wir gedacht haben." (Berkshire Hathaway verkaufte 1997 einen Teil der Aktien.)

Als Buffetts Interesse an Aktien der Walt Disney Company erwachte, ging er ins Kino und sah sich Disney-Filme an. Erst später machte er sich Gedanken darüber, dass ein älterer Mann mit dunklem Anzug und Krawatte in einem Kino voller Kinder auffallen musste.

Die Buffett Partnership erwarb 1966 für 4 Millionen Dollar einen Anteil von 5 Prozent an Disney. Da die Bilanz nicht genug Auskunft geben konnte, sah sich Buffett das Filmarchiv an, besuchte Walt Disney persönlich und auch Disneyland. Nach seiner Einschätzung lag allein der Wert des Filmarchivs erheblich über dem Börsenwert des Unternehmens.

Warren Buffett beschrieb seine „Märchenaktie“ im Jahr 1969: „Wenn ich eine Aktie kaufe, stelle ich mir immer vor, ich würde ein ganzes Unternehmen kaufen, so als ob ich einfach den kleinen Laden an der Ecke kaufen würde. Würde ich ihn kaufen, würde ich alles über ihn wissen wollen. Ich meine, denken Sie einmal daran, was Walt Disney in der ersten Hälfte des Jahres 1966 auf dem Aktienmarkt wert war. Die einzelne Aktie lag bei 53 Dollar. Das schien nicht einmal ausgesprochen billig, aber auf dieser Grundlage hätte man das ganze Unternehmen für 80 Millionen Dollar kaufen können, obwohl schon *Schneewittchen, Familie Robinson* und noch einige andere Zeichentrickfilme, die nach den Büchern entstanden waren, für sich allein genommen so viel wert waren; und dann hätte man noch dazu Disneyland bekommen und als Partner Walt Disney, ein Genie.“

Washington Post. Warren Buffetts beste Anlagen sind Unternehmen, deren Produkte ihm seit seiner Kindheit bekannt und vertraut waren: Coca-Cola an warmen Tagen und die tägliche *Washington Post* als Zeitungsjunge. Warrens Vater war in den Kongress gewählt worden, die Familie zog nach Washington, als Warren 13 Jahre alt war. Er verdiente sein Taschengeld mit dem Austragen der *Washington Post* und verkaufte Abonnements. Mit 17 betreute er vier Zustellbezirke und hatte 5.000 Dollar verdient.

Erstmals erschien *The Washington Post* 1877 in Washington, D.C.. Der tadellose Ruf ging durch mehrere Besitzerwechsel verloren. 1933 folgte der Bankrott. Der Bankier Eugene Meyer baute die *Washington Post* wieder auf, sie erwarb Radio- und Fernsehlizenzen. Als die Pentagon-Papiere veröffentlicht wurden, geriet die *Washington Post* unter großen politischen Druck. Präsident Richard Nixon drohte über die zuständige Behörde FCC mit dem Widerruf von Sendelizenzen. Die Reporter Carl Bernstein und Robert Woodward deckten die Watergate-Affäre auf, aufgrund der Veröffentlichung musste der Präsident zurücktreten.

Die Washington Post Company gibt neben der *Post* den *Everett Herald* heraus, besitzt 14 Wochenzeitungen, das Nachrichtenmagazin *Newsweek,* die Hälfte der *International Herald Tribune,* sechs Fernsehstationen und eine Kabelstation.

Berkshire Hathaway erwarb 1973 für 10,6 Millionen Dollar 467 250 Stammaktien, Klasse B. Die WPC macht gute Gewinne, 1997 waren es 315 Millionen Dollar. Buffett und Munger haben erklärt, ihre Anteile an der WPC auf unabsehbare Zeit halten zu wollen.

Wells Fargo. Berkshire Hathaway erwarb 1989 und 1990 5 Millionen Stammaktien der Wells Fargo & Company für 289,4 Millionen Dollar (Durchschnittskurs 57,89 Dollar). 1992 und 1993 wurden weitere 1 791 218 Aktien für 134,3 Millionen Dollar gekauft (Durchschnittskurse 59,92 Dollar bzw. 62,39 Dollar), 1996 weitere 500 200 Aktien für 74,1 Millionen Dollar (Durchschnittskurs 68,27 Dollar).

Der Name Wells Fargo ist für die Amerikaner untrennbar mit den Postkutschen der 50er Jahre des 19. Jahrhunderts verbunden. Die Postkutsche ist Geschichte, die florierende Bank mit dem Hauptsitz in San Francisco lebt weiter. Wells Fargo gilt als eine der bestgeführten Banken, die mit innovativem Service von sich reden macht: Geldautomaten, Zweigstellen in Einzelhandelsgeschäften, Electronic Banking. Der Wert der von der Bank betreuten Vermögenswerte liegt deutlich über der Aktivseite der Bilanz. Wegen der großen Risiken eines Erdbebens in Kalifornien wurden die Kredite an Immobilienunternehmen reduziert. Nach Schätzungen hatte Berkshire die 1992 und 1993 zu 67 bzw. 99 Dollar erworbenen Aktien zu 70 bis 80 Prozent unter ihrem Wert gekauft.

General Re Corp. Mit der General Re Corp. (und der deutschen Mehrheitsbeteiligung an der Kölnischen Rück) übernahm Buffett in der zweiten Jahreshälfte 1998 für 21,7 Milliarden Dollar den drittgrößten Rückversicherer der Welt (nach Münchner Rück und Schweizer Rück) und die größte Rückversicherungsgesellschaft der USA, mit 61 Niederlassungen weltweit. Analysten in New York werteten dies als „einen guten Preis", Rückversicherer seien unterbewertet, dies habe Warren Buffett rechtzeitig erkannt. Mit dem Kauf von General Re änderte Buffett seine Investmentstrategie: Berkshire Hathaway war bis dahin ein geschlossener Investmentfonds, der durch neue Aktienengagements und mit ihnen wuchs. Danach wurde daraus ein Investmentkonzern, und die stehen an der Wall Street nicht besonders hoch im Kurs. Die Dezemberstürme führten zu erheblichen Katastrophenverlusten.

Warren Buffet zu Versicherungen: „Bei weitem das wichtigste Anlagegebiet von Berkshire Hathaway. In Zukunft werden wir weniger Geschäfte mit der Absicherung von Katastrophenrisiken tätigen."

Bei der Übernahme der General Re Corp. folgte Buffett dem allgemeinen Trend der Wall Street und zahlte den Kaufpreis nicht in bar, sondern mit Aktien der Berkshire Hathaway (die Aktionäre der General Re Corp. erhielten wahlweise 0,0035 A-Aktien oder 0,105 B-Aktien von Berkshire Hathaway). Damit erhielt Buffett auch Zugriff auf die Rücklagen von General Re in Höhe von 24 Miliarden Dollar, für die er nun auch nach günstigen Anlagemöglichkeiten suchen muss.

Das Engagement bei General Re begründete Buffett damit, die Einbettung des Rückversicherers in die diversifizierte Berkshire Hathaway ermöglichte Synergieeffekte: Steuerersparnisse und den Zugang zu Kapital, das der General Re weitere Geschäftsfelder erschließen werde, wie eine internationale Expansion, insbesondere nach Europa.

Mid American Energy Holding Company. Es wird für Warren Buffett immer schwieriger, seine Investmentphilosophie durchzuhalten: Er sucht nach unterbewerteten Unternehmen mit hohem und stetigem Ertragspotenzial und bevorzugt dabei Aktien mit erstklassigen Markennamen.

Im Oktober 1999 führte Berkshire Hathaway Inc. eine Investorengruppe an, die das Strom- und Gasunternehmen Mid American Energy Holding Company, Des Moines, Iowa, für 9 Milliarden Dollar übernahm. Das Versorgungsunternehmen beschäftigt weltweit 9 800 Mitarbeiter bei 2,2 Millionen Strom- und 1,2 Millionen Gaskunden. Mid American Energy wird seine operative Unabhängigkeit behalten.

Die Investorengruppe investierte 2 Milliarden Dollar an Eigenkapital und übernahm 7 Milliarden Dollar Finanzschulden.

Berkshire Hathaway wendete 1,25 Milliarden Dollar Stammaktien und wandelbare Vorzugsaktien auf; Beteiligungsquote 75 Prozent. Die übrigen Anteile liegen bei Walter Scott und David L. Sokol. Walter Scott war der bisher größte Aktionär von Mid American Energy, er ist ein Vertrauter von Warren Buffett und hat seit 1988 einen Sitz im Board von Berkshire Hathaway. Unternehmenschef Sokol leitete vorher den Industriekonzern Peter Kiewit Sons Inc., Nebraska.

Warren Buffett kommentierte diesen erstmaligen größeren Einstieg in die Versorgungsbranche mit den Worten: „Wir kaufen gute Gesellschaften mit herausragendem Management und gutem Wachstumspotenzial zu einem fairen Preis, und wir sind gewillt, länger als andere zu warten, bis dieses Potenzial realisiert wird."

Buffett und sein Freund Bill Gates

Bill Gates schreibt über seinen Freund: „Warren hat die Gabe, der breiten Masse in Gedanken einen Schritt voraus zu sein." Buffett ist mit Bill Gates befreundet, aber er hat nie Microsoft-Aktien gekauft. Seine Begründung dafür: „Microsoft ist eine tolle Firma. Ich kenne Bill persönlich sehr gut und glaube, dass er einer der besten Geschäftsleute ist, die ich je getroffen habe. Was er bei Microsoft geleistet hat, ist wirklich beeindruckend. Ich, als Investor, kann allerdings nicht abschätzen, wo Microsoft in fünf, zehn oder 20 Jahren stehen wird. Im Gegensatz dazu bin ich mir über die Entwicklung von Coca-Cola und Gillette in der Zukunft sehr sicher." Ironisch sagt er dazu: „Wir engagieren uns nur in Dingen, die wir verstehen. Unser einfacher Auswahlfilter ist Ausdruck unseres beschränkten Talents."

Warren Buffett ließ sich von seinem Freund Bill Gates zum Einstieg in Internet-Aktien überzeugen. Schon vor über einem Jahr kaufte Buffett 3 Millionen Aktien von First Data, einem Dienstleistungsunternehmen im elektronischen Zahlungsverkehr, mit Partnerschaften mit Yahoo, Exite und anderen Internet-Portaldiensten für e-Commerce; Umsatz 5 Milliarden Dollar, Gewinn 465 Millionen Dollar. Dafür verkaufte Buffett 11 Millionen Mattell-Aktien. In einem Abkommen mit der SEC wurde für dieses Geschäft eine einjährige Schweigepflicht vereinbart. Warren Buffett hat erkannt, Millionen Menschen trinken täglich ihr Coke und rasieren sich täglich – aber sie gehen auch täglich ins Internet.

Bill Gates (William Henry) gründete 1975 die Microsoft, die in nur 20 Jahren von einer Garagenfirma zum weltweit teuersten Unternehmen aufstieg. Der Kurs der Microsoft-Aktie stieg seit der ersten Notierung um mehr als 39 000 Prozent. Wer beim Börsengang von Microsoft im März 1986 zum Zuge kam und die Aktien seitdem behalten hat, machte aus 1.700 Dollar eine runde Million. Microsoft ist als erstes Unternehmen der Welt auf einen Börsenwert von 500 Milliarden Dollar gestiegen – das ist doppelt so viel wie DaimlerChrysler, BASF, Siemens und die Deutsche Bank zusammen. (General Electric folgt mit einem Börsenwert von 390 Milliarden Dollar auf Platz 2.) Theoretisch könnte jeder Mensch dieser Erde eine Microsoft-Aktie besitzen, nach dem letzten Split sind 5 047 Milliarden Aktien des Software-Giganten im Umlauf. Wenn nicht Bill Gates so viele davon hätte.

Durch diesen Erfolg wurde Bill Gates zum reichsten Mann der Welt. Dieses Riesenvermögen kann mit dem Kurs der Microsoft-Aktie jederzeit noch weiter steigen, aber auch wieder fallen. Das Privatvermögen von Bill Gates wuchs auf 98,6 Milliarden Dollar. Der größte Teil davon (87 Prozent) steckt nach wie vor in Microsoft-Aktien (18,5 Prozent, mit einem Wert von 76,5 Mrd. Dollar), die er nicht aus der Hand gibt. Langfristig will Bill Gates eine völlig neue Anlagestrategie ansteuern und breiter streuen, dazu hört er auf den Rat seines alten Freundes Warren Buffett.

Für die Verwaltung seines privaten Vermögens von 11,5 Milliarden Dollar heuerte Bill Gates 1994 den Investmentprofi Michael Larson an, der mit seiner konservativen Strategie genau den Vorstellungen von Bill Gates entspricht und dabei im Vorjahr den Dow-Jones-Index übertraf. Gates lässt seinem Fondsmanager völlig freie Hand. Larson sagte dem US-Magazin *Fortune:* „Ich gehe kaum Risiko ein.“ Rund 70 Prozent des Privatvermögens sind in kurzfristigen US-Staatspapieren und Firmenanleihen angelegt: 3,5 Milliarden Dollar. Auf Aktien entfallen nur 10 Prozent: Berkshire Hathaway, Kabelgesellschaften TCI, Liberty Media und Cox Communications. Nur ein kleiner Anteil entfällt auf hochverzinsliche Länderanleihen Asiens und Lateinamerikas.

Die Finanzverwaltungsgesellschaft Bill Gates Investments (BGI) ist eine der größten Vermögensverwaltungsgesellschaften der Welt – und betreut nur einen einzigen Kunden – den reichsten Mann der Welt.

Wer auf ein Abendessen mit Microsoft-Chef Bill Gates und Gattin Melinda French Gates Wert legt, zahlt dafür eine Million Dollar. Damit unterstützt Mrs. Gates die Universität Duke/North Carolina, an der sie studiert hat. Die privaten Ersparnisse von Mrs. Gates werden nicht angerührt.

Kapitel 3

Prophetenstreit: Wachstumswert oder Substanzwert

„Alle reden von Führung, aber niemand weiß, wie's geht."
Roland Henssler, Management-Trainer

Topunternehmen weisen eine hohe finanzielle Qualität ihrer Bilanz auf, bieten zukunftsträchtige Produkte von überdurchschnittlicher Qualität und eine marktbeherrschende Position. **„Growth Stocks"** sind Wachstumsaktien, auch **„Glamour Stocks"** oder „Highflyers" genannt; man kann weiter unterscheiden nach **Wachstumswerten à la Internet,** Wachstumswerten des e-Commerce und Wachstumswerten im **Standardaktienbereich.** Growth Stocks weisen ein hohes KGV, hohes Gewinnwachstum und eine unterdurchschnittliche Dividendenrendite auf.

Erstklassige internationale Wachstumswerte haben größere Kursrückschläge immer wieder aufgeholt und danach neue Höchststände erreicht. **Wachstumswerte** steigern ihre Gewinne schneller als die übrigen Werte, sie stehen daher im Mittelpunkt des Interesses. **Highflyer** sind manchmal auch das Ergebnis der Massenhysterie: Alle denken in die gleiche Richtung. Jeder glaubt, sich auf (angeblich) sicherem Boden zu befinden, weil ja andere Anleger die Aktie auch kaufen (Kollektivanlageentscheidung).

Der Portfoliomanager **(Growth-Manager),** der im Bereich der Wachstumsaktien tätig ist, will Überrenditen mit Hilfe von Gewinnschätzungen und einer Standortbestimmung des Unternehmens erzielen. Die Treffsicherheit dieser Prognosen muss überdurchschnittlich sein. Wachstum ist dynamisch. Die Wachstumsstrategie verlangt nach Werten, bei denen Umsatz und Gewinnwachstum überdurchschnittlich zunehmen. Diese Anforderungen können die jungen Unternehmen aus der Informationsbranche noch nicht erfüllen. Die erheblichen Anlaufverluste vieler Internet-Unternehmen sollen in der Zukunft durch außerordentliche Kursgewinne kompensiert werden.

Für Value-Anleger hat jedes Unternehmen einen wirtschaftlichen Wert, der vom Börsenkurs unabhängig ist. Dieser innere Wert ist der Preis, den gut informierte Geschäftsleute für das ganze Unternehmen bezahlen würden. Value-Aktien haben ein unterdurchschnittliches Kurs/Gewinn-Verhältnis (KGV) und eine hohe Dividendenrendite. Im Langfristvergleich weisen **Substanzwerte** (Value Stocks) eine höhere Performance auf als Wachstumswerte, stellte Nobelpreisträger Professor

William F. Sharpe fest. Die Arbeit des **Value-Managers** konzentriert sich auf mögliche Fehlbewertungen, nicht so sehr auf Einzelheiten des Unternehmens. Findet er einen Wert mit krasser Unterbewertung, dann kauft er, im Vertrauen darauf, dass sich diese Fehlbewertung wieder ausgleicht. Diese Kontra-Anlagestrategie setzt auf Titel, die der Markt links liegen lässt („fallen angels"). Benjamin Graham begründete die Strategie des Value Investing. Zahlreiche wissenschaftliche Untersuchungen in den USA haben den Erfolg dieser Strategie nachgewiesen. Der Value-Investor ist ein antizyklischer Anleger: Er kauft, wenn die anderen Anleger verkaufen, weil die Börsenstimmung schlecht ist oder die Nachrichten für ein Unternehmen negativ sind. Value-Anleger sind eine Minderheit und werden es bleiben, auch darauf beruht ihr Erfolg. Wären sie eine Mehrheit, würden Sicherheitsmarge und Renditevorteil verschwinden.

Professor William F. Sharpe bevorzugt die Unterscheidung in **Substanz-** und **Wachstumswerte.** Danach haben **Value-Aktien** einen niedrigen Kurs/Buchwert, ein nur unterdurchschnittliches Kurs/Gewinn-Verhältnis und eine hohe Dividendenrendite. Growth Stocks dagegen haben ein hohes KGV, hohes Gewinnwachstum und eine nur unterdurchschnittliche Dividendenrendite. Das Sharpe-Maß ist die Risikoprämie des Portfolios. Je höher das Sharpe-Maß, desto besser das Verhältnis von Rendite zu Risiko. „Mit internationalen Blue Chips kann man das statistische Risiko eines Depots erheblich mindern. Umgekehrt: Bei gleichem Risiko erzielt man höhere Renditen." Ratschlag von **Prof. Sharpe:** „Sie müssen Ihre Risiken streuen zwischen verschiedenen Anlageformen, über verschiedene Länder, bei Aktien zwischen kleinen und großen Titeln, Substanz- und Wachstumswerten usw. So kommen Sie zu einem effizienten Portfolio."

Das Value Investing klassifiziert nach den Investmenttiteln und tritt damit neben die klassische Aufteilung auf einzelne Anlagemedien bzw. Märkte. Diese Anlagestrategie ist auch in europäischen Aktienmärkten Erfolg versprechend. Langfristig kann damit die Rendite eines Depots über die Benchmark hinaus gesteigert werden. Value Stocks haben einen hohen Substanz- und einen vorausberechenbaren Ertragswert. Value-Manager spezialisieren sich auf Unternehmen mit stabilen Wachstums- und Ertragsaussichten. Spekulanten interessieren sich nicht für derart konservative Werte ohne „Favoritenprämie". Style-Funds investieren konsequent entweder nur in unterbewertete Werte oder in Wachstumsaktien.

Warren Buffett und sein Vize Charly Munger betreiben bei der Aktienauswahl das Value Investing: Durch genaues Studium sieben sie „verborgene Perlen“ heraus. Sie untersuchen, wie sich Umsatz und Gewinn entwickeln, wie stark die Marktposition ist, ob das Unternehmen über Markenartikel verfügt und wie solide das Management ist. Großinvestor Warren Buffett konnte mit der Graham-Methode über mehrere Jahre hinweg Renditen erzielen, die erheblich über den Ergebnissen des Gesamtmarktes lagen.

„Growth-Manager sind wachstumsorientiert, sie verkaufen regelmäßig zu spät“, meint Elisabeth Hehn, Kapitalmarktforscherin aus Königstein. „Dafür kaufen wertorientierte Value-Manager meist zu spät.“ Auf lange Sicht bringen Value- und Growth-Fonds praktisch gleiche Ergebnisse, dies zeigt eine Studie von J. P. Morgan. Der Normalanleger kann sich nur an die **Faustregel** halten, die Liste eines Marktes nach der Höhe der KGVs: Die obere Hälfte der relativ teuren Titel werden den Wachstumstiteln zugerechnet – die relativ billigen der unteren Hälfte gelten als werthaltige Aktien. Auch der Cashflow eignet sich für eine grobe Einteilung.

Für die höhere Rendite der Value-Aktien werden auch psychologische Faktoren verantwortlich gemacht: Der Anleger übergewichtet momentane Erfolge, er überträgt seine Erfahrungen zu weit in die Zukunft. Der Investor unterschätzt die Kräfte, die einen Gewinner von heute schon morgen ins Mittelfeld zurückdrängen können. Der Durchschnittsanleger zahlt für den künftigen Unternehmenserfolg einen zu hohen Preis, und er fühlt sich wohl in der Gunst der Masse. Der professionelle Anleger weiß um diese Fallen und könnte sie eigentlich vermeiden – wäre da nicht eine besondere Psychologie im Spiel: Aus Karrieregründen setzt er ebenfalls auf erfolgreiche Unternehmen von heute. Fallen die Kurse, was im Börsengeschäft immer dazugehört, werden Chef oder Kunde dies bei populären Aktien eher verzeihen. Die Psychologie der Anleger ändert sich nur sehr langsam, meist nur in Generationen.

➔ Die irdischen Gesetze der Schwerkraft gelten auch für den Aktienmarkt: „Und was man nicht verkaufen kann, das sieht man als Investment an." An der Wall Street sagt man: „An investment is a succesful speculation and a speculation is an unsuccesful investment." *Die Zeit* fasste das so zusammen: „Eine Aktie, die 5 Prozent Rendite bringt, ist nichts wert. Bei 3 Prozent ist dies ein Sachwert, mit 2 Prozent eine Antiinflationsanlage, mit einem Prozent eine Wachstumsaktie."

Peter Lynch – Der erfolgreichste Fondsmanager

„Jeder kann mit Aktien verdienen, wenn er nur seine Hausaufgaben macht."
Peter Lynch

Peter Lynch managte den **Fidelity Magellan Fonds** von 1977 bis 1990 und erzielte in dieser Zeit eine Wertsteigerung von 29 Prozent pro Jahr. In 13 Jahren wurden aus 10.000 Dollar mehr als 250.000. Seitdem ist er eine Investmentlegende der Wall Street. In den Achtzigern hatte jeder 250. Amerikaner im Durchschnitt 13.000 Dollar in dem Magellan-Fonds angelegt, der von Peter Lynch geführt wurde.

Lynch studierte ab 1965 an der Wharton School of Finance, 1968 schloss er mit dem Master of Business Administration (MBA) ab. Durch seinen Job als Caddy auf dem Golfplatz lernte Peter Lynch den Fidelity-Präsidenten D. George Sullivan kennen. Als Fidelity einen Sommerjob anbot, meldeten sich 100 Bewerber. Peter Lynch wurde genommen, weil er den Präsidenten kannte. Nach dem Militärdienst kehrte er als Analyst zu Fidelity zurück.

Der Fonds Fidelity Magellan wurde unter seinem Manager Peter Lynch zum größten Aktienfonds der Welt (www.fidelity.de). Der Fonds hat eine Million Aktionäre. Lynch übernahm den Fonds 1977, wer damals 1.000 Dollar investierte, sah 1990, als er zurücktrat, sein Vermögen auf 28.000 Dollar wachsen. Als sich die Hausaufgaben zu einem Sechs-Tage-Job ausdehnten, stieg Lynch aus. Am 31. Mai 1990 schloss er als Manager des Fidelity Magellan Fonds zum letzten Mal die Türen seines Büros ab. Peter Lynch hörte mit 46 Jahren auf, um mehr Zeit für seine Familie zu haben. Heute sitzt er im Aufsichtsrat aller Fidelity-Fonds. Für 16 wohltätige Organisationen legt er das Geld ehrenamtlich an, natürlich mit Erfolg.

Erfolgsstrategien von Peter Lynch:

„Die Aktienauswahl ist sowohl eine Kunst als auch eine Wissenschaft, aber zu viel des einen oder anderen ist gefährlich." Peter Lynch ist Einzelkämpfer, nur von zwei Mitarbeitern unterstützt, und ein Workaholic: „Meine Entscheidung hinsichtlich eines Urlaubsortes richtete sich in erster Linie nach Zeitzonen und vorhandenen Telefonzellen." Lynch ging als Stockpicker vor, er suchte in jedem Umfeld nach aussichtsreichen Aktien: „Ich drehe 10 Steine um und finde eine gute Idee. Wenn ich 100 Steine umdrehe, finde ich vielleicht 10 Ideen."

Die Richtung des Marktes interessierte ihn nicht. „Meine 10 Top-Aktien des Jahres 1978 hatten KGVs zwischen 4 und 6 und ein KGV zwischen 3 und 5 im Jahr 1979. Wenn die Aktien guter Firmen mit den drei- bis sechsfachen Gewinnen gehandelt werden, kann der Stockpicker kaum verlieren." Sein erster Aktienkauf war ein glänzender Erfolg. Peter Lynch investierte in das Luftfrachtunternehmen Flying Tiger Line. Beim Vietnamkrieg wurde jedes Flugzeug gebraucht. Der Kurs verachtfachte sich.

Es gibt zwei ganz unterschiedliche Wege, um die interessanten Aktien zu finden: Top-down oder Bottom-up. Lynch setzt auf Bottom-up. Für den Top-down-Ansatz hat er nur Spott übrig: „Ich verbringe ungefähr 15 Minuten im Jahr mit gesamtwirtschaftlicher Analyse." Anfänglich war seine Strategie: „Kaufen und Verkaufen". Lynch hielt in seiner aktiven Zeit 1 500 verschiedene Aktien. „Auch ich lebte mit einer Sucht – der Sucht nach Aktien." Peter Lynch schichtete das Depot in jedem Jahr mindestens drei Mal um. Dann wurde er ruhiger und stellte seine Strategie um auf: „Kaufen und Halten". Peter Lynch ist ein konservativer Anleger und ein konservativer Ratgeber: „Ich gebe nie konkrete Aktientipps."

Wer Aktien kauft und dieses Geld nicht wirklich langfristig zur Verfügung hat, wird zum hilflosen Spekulanten. Emotionsgelenkte Entscheidungen sind verhängnisvoll. Peter Lynch warnt: „Jeder muss verstehen, dass er für seine Investments selbst verantwortlich ist. Das heißt, Entscheidungen nicht zu delegieren und zu verstehen, was es mit Aktien auf sich hat – dass Kurse schwanken können und dass es auch einmal bergab gehen kann." Er warnt vor Optionen und Terminkontrakten, sie führten vielfach nur zu größeren Umsätzen ohne Nutzen für die Wirtschaft. Die Spielbank sei für das Nullsummenspiel besser geeignet.

Peter Lynch suchte seine Aktien nach ganz banalen Überlegungen aus: Das Investieren mit Augen und Ohren **(Eyes- and Ears-Investing)** setzt den gesunden Menschenverstand ein. Diese Strategie kann jeder Anleger nachvollziehen. Lynch überzeugt sich selbst, er geht in Kaufhäuser und beobachtet dort die Kunden, wie wird z. B. das Produkt eines Unternehmens von Kunden angenommen?

Seine Lieblingsaktien sind die von Fastfood-Ketten und kleinen Einzelhändlern. „Die Fastfood-Kette Taco Bell gefiel mir wegen seiner guten Tacos, weil 90 Prozent der Bevölkerung noch nicht in den Genuss eines guten Tacos gekommen waren und weil die Firma einen positiven Geschäftsbericht, eine starke Bilanz und einen Hauptsitz hatte, der aussah wie eine Garage in der Nachbarschaft."

Peter Lynch meint: „Das Management lässt sich schwer einschätzen, weil es viele Blender gibt. Ich kaufe Unternehmen, die jeder Idiot managen kann. Jeder muss damit rechnen, dass auch mal ein Idiot das Ruder übernimmt. Wenn das Produkt stimmt, macht das nichts."

Lynch hält es für falsch, eine Aktie nach Kursverdoppelung zu verkaufen. Ein Fehler sei auch der Kauf nach 50 Prozent Kursrückgang. Wichtig sei immer die Bewertung von Unternehmen und Aktie. Peter Lynch zeigt in seinen Börsenbüchern auch, dass zu einer erfolgreichen Anlagestrategie eine Portion Glück gehört. Aber auch ein Laie kann dieses Glück zu seinen Gunsten beeinflussen. Peter Lynch machte in der Anfangsphase viele Fehler: „Meine Tagebücher sind voll von verpassten Gelegenheiten, aber der Aktienmarkt ist nachsichtig." Viele Börsensieger habe er verpasst.

1. Lynchs Methode ist das **Eyes- and Ears-Investing** (Investieren mit Augen und Ohren), einfach ausgedrückt: gesunder Menschenverstand. Seinen größten Coup landete er 1982 bei Chrysler. Die Aktie des angeschlagenen Autokonzerns notierte bei 2 Dollar, und viele Analysten glaubten an das Ende des Unternehmens. Lynch glaubte an die Zukunft von Chrysler, er sah rechtzeitig, dass der Verkauf des Militärbereiches eine Milliarde Dollar Barvermögen bringen und die

Regierung mit Krediten helfen würde. Lynch besuchte das Unternehmen, sprach mit Chrysler-Boss Lee Iacocca und mit Arbeitern am Fließband. Dann investierte er insgesamt 5 Prozent des Fidelity Magellan Fund. Der Chrysler-Kurs stieg um das 50fache.

2. Lynch besuchte in allen Regionen der USA die großen Einzelhandelsketten wie die Kosmetikkette Body Shop, die Supermärkte von Wal-Mart, die Bäckerläden von Dunkin' Donuts („Ich mochte den Kaffee"). Lynch erwarb diese Einzelhändler zu einer Zeit, da sie gerade ihre ersten Filialen eröffneten. „Fastfood-Restaurants zogen mich an, weil sie so einfach zu verstehen waren." Dann behielt er die Aktien, meist fünf Jahre lang.
3. Er war jahrelang bester Stockpicker, über mehrere Jahre wählte er die besten Aktien aus. Lynch teilt die Aktien ein in:
   - Aktien mit schwachem Wachstum (lame ducks)
   - Aktien mit starkem Wachstum
   - Aktien mit stetigem Wachstum
   - Zyklische Aktien
   - Turnaround-Aktien
   - Aktien mit Substanzspekulation.
4. Zu seiner Vorliebe, in kleine Werte zu investieren, meint Peter Lynch: „Wenn die Firma ein Verlierer ist, wird der Fondsmanager mit der Aktie Geld verlieren – egal wie viel Papiere pro Tag gehandelt werden. Ist die Firma ein Gewinner, wird er sich darüber freuen und langsam und mit Profit seine Aktienposition abwickeln können."
5. Zu seinem Erfolgsrezept sagt er: „Ich hatte Erfolg mit Gesellschaften wie Chrysler, Ford, Boeing, und ich machte schlechte Erfahrungen mit gewerkschaftsfreien Unternehmen."
6. Sind die fundamentalen Daten einer Gesellschaft weiterhin günstig, sollte man die Aktie behalten, möglichst über Jahre. Das ist die Grundlage für die großen Gewinner, die sich im Kurs verzehnfachen.
7. Wer nach 50 Prozent Kursgewinn die nächste Aktie sucht, den hält Lynch nicht für einen Investor, sondern für einen Spieler. Wer schnell Geld vermehren will, geht ins Casino und nicht an die Börse.
8. Ich weiß, wie es mit den Aktien weitergeht: Sie werden steigen. Weil die Unternehmen immer mehr verdienen. Und er schließt mit der Erfahrung: Jeder private Anleger kann mit Aktien reich werden, wenn

er nur seine Hausaufgaben macht. Es ist aber erschreckend, wie wenige das tun.

9. Es wäre sehr wichtig, zu wissen, wie sich die Zinsen entwickeln oder wann die Wirtschaft in eine Rezession gerät. Nur: Niemand weiß das, meint Peter Lynch.

Anlageregeln von Peter Lynch:

- Investieren Sie in Wachstumswerte. Achten Sie darauf, ob Umsatz und Gewinn in angemessenen Raten steigen.
- Langfristig fährt der Anleger mit kleineren Werten besser als mit großen.
- Ein gutes Unternehmen steigert die Dividende jedes Jahr. „In den USA gibt es eine Liste der Agentur Moody's von 134 Firmen, die seit 20 Jahren ununterbrochen ihre Dividende erhöhen. Weitere 362 Firmen tun dies seit zehn Jahren. Kaufen Sie Aktien dieser Moody-Liste, und halten Sie sie so lange, wie sie auf der Liste bleiben."
- Der Anleger sollte gute Unternehmen danach auswählen, ob er sie positiv bewertet, nicht nach dem Aktienkurs.
- Der Anleger sollte seine Hausaufgaben machen, d.h. eine Aktie nur kaufen, wenn er viel darüber weiß, und nicht nur, weil sie billig ist.
- Der Anleger sollte nie in nur eine Aktie investieren, sondern immer in mindestens fünf oder sechs Werte diversifizieren. (Fünferregel: „Von fünf Aktien ist ein Papier super, eines absolut schlecht, und drei sind okay.") Aber halten Sie nur so viele Werte, wie Sie überblicken und über die Sie sich regelmäßig informieren können.
- Der Anleger sollte sich nie in eine Aktie verlieben.
- Eine Aktie, die fällt, kann auch noch weiter fallen. Nie in eine Aktie investieren, die noch auf dem Weg nach unten ist.
- Kümmern Sie sich nicht um den allgemeinen Markttrend. „Marktprognosen sind wie die Wettervorhersage."

Magellan – der größte Fonds der Welt

Der Magellan-Fonds wurde 1963 gegründet, er existiert jetzt seit 36 Jahren und hatte in dieser Zeit sechs Fondsmanager. Durch die starken Kursrückgänge 1974/75 war der Magellan zu einem ganz kleinen Investmentfonds mit 6 Millionen Dollar geschrumpft. In den ersten acht Jahren wurde der Fonds von **Edward C. Johnson** gemanagt, er erreichte einen durchschnittlichen Wertzuwachs von 30,6 Prozent (S&P-500 nur 7,9 Prozent). Johnson ist jetzt Fidelity-Chairman. Mit 33 Jahren übernahm Peter Lynch 1977 den Magellan Fonds bis 1990 und machte daraus ein Markenzeichen von Fidelity. Unter **Peter Lynch** erlebte der Fonds seine Glanzzeit, das verwaltete Fondsvermögen wuchs von 22 Millionen Dollar auf über 12 Milliarden Dollar, die Jahresrendite übertraf mit 29,2 Prozent den Zuwachs des S&P-500-Index von 15,8 Prozent um fast das Doppelte.

In Lynchs erstem Jahr 1978 fiel der Dow-Jones-Index um 17,6 Prozent, der S&P-500 um 9,4 Prozent, Lynch aber schaffte ein Plus von 20 Prozent. 1979 erzielte er ein Plus von 51 Prozent, 1980 waren es 69,9 Prozent gegen + 32 Prozent des S&P-500. Da Magellan mehr Volumen brauchte, wurde er 1981 mit dem Salem Fund fusioniert. Der Crash von 1987 erwischt ihn auf dem falschen Fuß. Bis Oktober 1987 hatte er noch ein Plus von 39 Prozent vorzuweisen – daraus wird bis zum 1. Dezember ein Minus von 11 Prozent. Das Jahresende schließt aber wieder mit einem Plus von einem Prozent. In der Investmentszene wurde darüber geredet, der Magellan sei zu groß geworden, um weiterhin den Markt schlagen zu können. Da sah sich Peter Lynch an seinem Ehrgeiz gepackt und bewies es allen.

Auf Peter Lynch folgte Morris Smith, der in zwei Jahren ebenfalls überdurchschnittliche Ergebnisse erzielte. Auch Fondsmanager **Jeff Vinik** erreichte anfänglich überdurchschnittliche Ergebnisse, bis er den Glauben an eine Fortsetzung der Bullen-Börse verlor. Unter Jeff Vinik entwickelte sich der Fonds erheblich schlechter als der Index. Damit setzte Fidelity seinen Ruf aufs Spiel. Weil er zu früh ein Ende der Aktienhausse sah und um bessere Zahlen vorzuweisen, stieg Vinik im Frühjahr 1996 mit der Hälfte des riesigen Fondsvermögens in riskante Technologie-Aktien ein. Das brachte Kursgewinne, aber dann saß er in der

Falle. Plötzlich lag der Magellan Fonds auf Platz 602 unter 669 amerikanischen Wachstumsfonds.

Derartige Riesensummen ließen sich nur sehr schwer wieder verkaufen, und die Anleger verpassten Kursgewinne im zweistelligen Bereich. Als er das Depot räumte und Kleinanlegern die Papiere als relativ preiswert andrehte, griff die strenge SEC ein, und Vinik warf entnervt das Handtuch. Jeff Vinik galt bis dahin als einer der besten Fondsverwalter. Er kam mit seinem eigenen Hedge-Fonds Vinik Asset Management LP (Fondsvermögen 2,5 Milliarden Dollar) im ersten Halbjahr 1999 unter die Räder. Nachfolger **Robert Stansky** erhöhte den Aktienanteil wieder, investierte erheblich in Technologieaktien (20 Prozent) und in den Finanzdienstleistungssektor (13,6 Prozent), verringerte aber die Gesamtzahl der Aktien von 525 auf 350. Unter Robert Stansky rückte der Fidelity Magellan wieder in die Spitzengruppe der US-Wachstumsfonds vor.

Die Fidelity-Investmentgruppe, Boston, teilte im Jahr 1999 mit, dass der Magellan-Fonds als größter Fonds der Welt ein Gesamtvermögen von 100 Milliarden Dollar überschritten hat (entspricht dem Vermögen aller Investmentfonds der Welt 1984). Die gewaltige Summe verteilt sich auf 5,4 Millionen Anleger. Der Fonds ist für neue Anleger geschlossen, er wird nur über Pensionspläne verkauft. **Die großen Positionen des Magellan:** General Electric, Microsoft, Home Depot, Citigroup, MCI WorldCom, Cisco Systems, Lucent Technologies, Merck & Co., Wal-Mart Stores und AT&T.

Große Namen sind keine Garantie für dauerhaften Anlageerfolg. Amerikanische Fondsmanager haben nur wenig Zeit, ihre Qualitäten unter Beweis zu stellen. „Im Schnitt sind es weniger als zwei Jahre", stellte Lawrence Liebermann von der Personalberatungsfirma Orion Group Inc. in Princetown fest. Peter Lynch kann kritisch feststellen: „Wenn sie immer Recht hätten, müssten sie alle entspannt auf einer Karibikinsel leben. Das tun aber nur die wenigsten der rund 60000 Ökonomen in den Vereinigten Staaten. Er ist kein Ökonom, aber er hatte Erfolg. Fondsmanager mit schlechter Performance haben sogar noch weniger Zeit. So musste Arthur Moretti, Manager des 4,3 Mrd. Dollar schweren Merrill Lynch Growth Fund, bereits nach neun Monaten zurücktreten, Steven

Reynolds, Manager des Kemper Growth Fund (2,7 Mrd. Dollar), wurde nach zwei Jahren abgelöst, und Charles Freeman, Manager des 16,5 Mrd. Dollar Vanguard Windsor Fund, musste die Alleinverantwortung mit weiteren Managern teilen. Das Flaggschiff der Soros-Gruppe der Quantum Fund (Macro-Fonds) verlor in diesem Jahr 15,5 Prozent seines Kapitals. Der Tiger Management LP von Julian Robertson setzte in diesem Jahr 7,5 Prozent seines Nettokapitals in den Sand. Auch Börsen-Guru **Jim Rogers** verkündete im Dezember 1996 öffentlich: „Ich würde mich jetzt ganz schnell aus den amerikanischen Aktien verabschieden. Wenn in den USA die Kurse fallen, dann fallen sie überall."

Die neuen Stars sind Bill Miller, Mario Gabelli, Elisabeth Weisenhorn

Anlageprofi Peter Lynch konnte mit dem Fidelity Magellan den Aktienindex S&P 500 in sieben aufeinander folgenden Jahren schlagen. Der Fondsmanager John Neff schaffte das mit dem Vanguard Windsor Fund sechs Jahre lang. William H. („Bill") Miller ist der neue Superstar der Anlageprofis, er ist auf dem besten Wege zum neunten Rekordjahr mit dem „Value Trust" der US-Investmentgesellschaft Legg Mason. Ein solcher Erfolg ist reif fürs Guinness-Buch der Rekorde. Der nach den gleichen Anlageprinzipien gemanagte „Strategic Value Advisors" steht jetzt auch Anlegern in Europa offen, wenn sie mindestens 100.000 Dollar mitbringen (WKN 921 393).

Miller ist Value Investor wie Warren Buffett. Miller investierte schon vor Jahren in AOL und Dell Computer: „Es war klar, dass sich diese Firmen mit ihrem Geschäftsmodell durchsetzen."

In den letzten acht Jahren war Fondsmanager Bill Miller mit dem Legg Mason Value Trust immer besser als der S&P-500-Aktienindex, auch im neunten Jahr liegt er an der Spitze. Das Anlagerezept ist keine reine Value-Strategie: „Wir suchen Aktien, die im Vergleich zu ihrem wirklichen Wert viel zu billig sind. Wir verkaufen nicht, nur weil eine Aktie nach gestiegenem Kurs ein Bewertungsniveau erreicht, das ihrem historischen Durchschnitt entspricht." Im Unterschied zu anderen Value-Anlegern hat sich Bill Miller auch im Internet-Sektor engagiert,

z. B. in AOL (mit 9 Prozent des Fondsvermögens) und Dell (mit 5 Prozent). Miller ist Langfristanleger: „Wir halten eine Aktie im Schnitt sieben bis zehn Jahre." Er führt den Fonds mit nur 45 Titeln im Depot.

Mario Gabelli – Wie viel zahlt die Deutsche Bank?

Auch für den Investmentmanager **Mario J. Gabelli** begann der Weg in die Finanzwelt auf dem Golfplatz. Als Caddy trug er die Schläger der Aktienhändler und hörte ihren Gesprächen zu. Mario Gabelli ist ein Schüler der Investment-Professoren Benjamin Graham und Dave Dodd; auf der Business School hörte er 1965 die Vorlesungen von Roger Murray. Der unterrichtete Wertpapieranalyse in der Nachfolge von Benjamin Graham und war Koautor der fünften Auflage von Graham/Dodds *Security Analysis*. Gabelli machte seinen Abschluss als Master of Business Administration (MBA) und ging 1967 als Analyst zu Loeb Rhoades.

Wegen der hohen Inflationsraten der Siebziger war die Analyse der Unternehmen sehr schwierig. Gabelli verfeinerte den Value-Investmentansatz von Benjamin Graham zur **Private Market Value-**Methode (PMV, Privater Marktwert): „Wir stellen uns die Frage, wie viel ein privater Investor für ein Unternehmen zahlen würde und vergleichen diesen Wert mit der Bewertung durch die Börse." Seine Anlagephilosophie: „Unser Ziel ist es, mit fundamentaler Aktienanalyse unterbewertete Unternehmen zu finden, die über Jahre hinweg hohe Renditen erbringen."

Gabelli denkt wie ein Unternehmer: „Wir kaufen ein Geschäft, kein Stück Papier, denn wir kaufen auch keine Sojabohnen." Zu welchem Preis würde das ganze an der Börse gehandelte Unternehmen übernommen werden? „Wir wollten gerne wissen, was ein informierter Industrieller für ein Unternehmen zahlen würde – und warum." Daran schließen sich Fragen an: Wie viel ist das Unternehmen in fünf und in zehn Jahren wert? Wie hoch ist die Wachstumsrate? Ist die Aktie zyklisch?

Gabelli arbeitet mit unorthodoxen Analysemethoden, in seine Berechnungen fließen auch der Wert des Kundenstamms sowie die Marktstellung des Unternehmens und der Produkte ein. Gabelli beobachtet aufmerksam den Insiderhandel. Wenn Insider kaufen, weist dies auf besondere Entwicklungen hin, die noch nicht allgemein bekannt sind. Gabelli verfolgt den Bottom-up-Ansatz, und er ist Anhänger der Buy-and-hold-Strategie: Er hält eine Aktie fünf Jahre, Ziel sind zehn Jahre. Ein gutes Unternehmen muss Cash erwirtschaften, damit können neue Fabriken gebaut und Schulden zurückgezahlt werden. Gabelli sucht 1-Dollar-Aktien, die zu 35 Cent gehandelt werden. Durch die Unterbewertung ergibt sich eine Sicherheitsmarge: „Die ideale Welt ist ein Wachstumswert, der unter seinem inneren Wert notiert." Diese Suche erfordert sehr viel Zeit und Arbeit: „Der Anleger muss 100 Unternehmen intensiv untersuchen, um vielleicht 15 zu finden, die die Kriterien für Preis, Kosten und Sicherheitsmarge erfüllen."

Der zweite Ansatz, mit dem Gabelli die Graham-Methode des Value Investing verbesserte, ist sein Katalysator (catalyst): Die Schwierigkeit beim Value Investing liegt darin, dass der Anleger nicht nur billig kaufen muss, der Aktienkurs muss dann auch steigen: „Value Investing heißt, ein gutes Unternehmen zu finden, das von klugen Leuten geführt wird, zu einem vernünftigen Preis – heute und in fünf Jahren."

Das „ideale" Unternehmen weist ein niedriges KGV auf, wird von einem hervorragenden Management mit dem Ziel der Steigerung des Unternehmenswertes geführt und hat keine Schulden. Der Katalysator soll sicherstellen, dass der Aktienkurs steigt: „Wir suchen nach Veränderungen."

Es ist wichtig, einen Trend richtig zu erkennen. Mitte der Achtziger lockerte der Kongress die Regulierung des Kabelfernsehens. Gabelli sah den typischen Amerikaner der Zukunft in seinem Wohnzimmer auf der Couch, mit Kartoffelchips und einer elektronischen Zentral-Steuerung für Fernsehen, Bankgeschäfte, Einkäufe und Urlaubsreisen („interactive couch potatoe"). So erklärte Gabelli schon vor Jahren, dass Kabelgesellschaften ein Vielfaches ihres damaligen Kurses wert wären. Die inzwischen gezahlten Übernahmepreise geben ihm nachträglich Recht. Gabelli untersucht, wie die Börse einen Internetsurfer von AOL bewertet und ob sich Differenzen zu einem Abonnenten des Pay-TV-Senders Canal Plus ergeben.

Die Methode ist sehr einfach, sagt Mario Gabelli: „Wir schwimmen ohnehin in einem Aquarium. Jeder kann sehen, was wir machen." Gabelli verwendet für seine Analysen die Kennzahl Ebitda.

Gabelli gründete mit 34 Jahren die Gabelli Funds Inc., die 15 Milliarden Dollar verwalten. Gabelli erwirtschaftete mit seinem Team eine durchschnittliche Rendite von 22 Prozent in den letzten 20 Jahren. Den Crash 1987 überstand Gabelli mit einem Plus von 16 Prozent. Der Fondsbeobachter *Morningstar* ernannte Gabelli zum Fondsmanager 1997.

Super-Mario legt großen Wert auf die Zufriedenheit seiner Kunden: „Wir sind sieben Tage in der Woche 24 Stunden lang für unsere Kunden da." Da bleibt wenig Zeit für das Hobby Hochseefischen.

Anlagetipps von Mario Gabelli:

- Mache einen Plan: Wie soll dein liquides Vermögen angelegt werden?
- Die „ideale" Aktie wird nur mit einem niedrigen KGV notiert, ist führend im Markt und hat keine Schulden.
- Wie viel würde ein privater Anleger für ein ganzes Unternehmen zahlen, und wie bewertet die Börse das Unternehmen?
- Der ideale Wert ist ein Wachstumswert, der unter seinem inneren Wert notiert, dann aber auch steigt, weil die Börse die Unterbewertung erkennt.
- Bei fallenden Kurse nachkaufen.
- Plane langfristig: Du fragst nicht jeden Tag nach, wie viel dein Haus heute wert ist, ebenso wenig brauchst du jeden Tag nach den Kursen deiner Aktien zu sehen.
- Kaufe mit einer langen Anlagedauer, am besten zehn Jahre: „Wenn der Anleger einen Unternehmensanteil für die Hälfte kaufen könnte, was die Deutsche Bank zahlen würde, sollte er froh sein."
- Nicht gierig werden. Die großen Investoren erzielen 20 Prozent im Jahr; wer 50 oder 60 Prozent erzielen will, hat das Risiko nicht begriffen.
- Achte auf die großen Trends und die Trendänderungen. Es ist wichtig, einen Trend rechtzeitig und richtig zu erkennen.
- Auch im Rat der Banken und Broker steckt ein guter Teil Eigennutz.

Kennziffern für den schnellen Überblick

„Wer sich zu wichtig für kleine Arbeiten hält, ist meistens zu klein für wichtige Arbeiten." Jacques Tati, franz. Schauspieler (1907–1982)

Finanzanalysten, Anlageberater, Banken und Broker setzen für die Bewertung eines Unternehmens auf Kennzahlen/Kennziffern. Kennziffern geben die Eigenschaften einer Bilanz in geraffter Form wieder. Sie geben Auskunft über Finanzierungsverhältnisse, Vermögensstruktur, Liquidität und die Verschuldung einer Unternehmung. Besondere Hinweise liefert die Analyse im Querschnitt verschiedener Unternehmen der gleichen Branche. Es reicht nicht mehr aus, Aktien nur nach einer Kennziffer zu bewerten und danach auszuwählen. Auf den Aktienmarkt wirken so viele Einflüsse ein, da ist die Auswahl nach verschiedenen Faktoren gefragt. Aussichtsreich sind Unternehmen, die ihren Gewinn in der Zukunft deutlich steigern können.

Das **KGV** besitzt große praktische Bedeutung: Das KGV zeigt, wie oft der künftig geschätzte Gewinn in dem derzeitigen Kurs enthalten ist. Der Kurs wird durch den geschätzten Zukunftsgewinn pro Aktie dividiert.

Das Ergebnis je Aktie wird in Beziehung gesetzt zum aktuellen Börsenkurs. Das KGV drückt aus, mit dem Wievielfachen des Ergebnisses eine Aktie bewertet wird (eigentlich Kurs/Ergebnis-Verhältnis).

$$\text{KGV – Kurs/Gewinn-Verhältnis} = \frac{\textit{Aktienkurs}}{\textit{Gewinn pro Aktie}}$$

Das Kurs/Gewinn-Verhältnis (engl.: Price Earnings Ratio – PER) ist eine brauchbare Strategie zur Auswahl von Wachstumsaktien, die am Markt wegen ihrer überdurchschnittlichen Gewinnaussichten mit einer Prämie gegenüber dem Marktdurchschnitt gehandelt werden. Je niedriger das KGV, desto günstiger ist die Aktie. Ein niedriges KGV ist aber keine Garantie für Kursgewinne.

Die **PEGY-Methode** ist keine mathematische Formel: PEGY (Kurs/Gewinn-Verhältnis dividiert durch die Summe der Wachstumsrate und der Dividendenrendite). Mit PEGY sieht der Profi, ob eine vermeintlich teure Aktie noch Kurspotenzial hat. Wenn die Wachstumsrate größer ist als das Kurs/Gewinn-Verhältnis, dann ist die Aktie kaufenswert.

Das **KCV** (Kurs/Cashflow-Verhältnis, engl.: PCR, Price-to-Cashflow-Ratio) ist ein weiterer Bewertungsmaßstab, ob eine Aktie billig oder teuer ist. Cashflow ist der Liquiditätsüberschuss einer Unternehmung; der Saldo, um den die Einnahmen höher sind als die Ausgaben.

$$\text{KCV – Kurs/Cashflow-Verhältnis} = \frac{\textit{Aktienkurs}}{\textit{Cashflow pro Aktie}}$$

Die **Dividende** ist die direkteste Form der Beteiligung der Aktionäre am Unternehmenserfolg. Eine Dividendenrendite über der Rendite von Anleihen bietet immer ein gutes Sicherheitspolster für unruhige Tage am Aktienmarkt.

Aktien werden nach der Höhe des künftigen Gewinnes eingeschätzt. Der Wert einer Aktie drückt sich als Gegenwartswert aller künftigen Dividenden aus. Bei der Kalkulation der langfristigen Gewinnmöglichkeiten geht es um die Wachstumsrate der künftigen Gewinne. Bei Aktien ergeben sich diese Erträge aus:

- den (erwarteten) Dividenden und
- der (erwarteten) Preisentwicklung der Aktie.

James P. O'Shaughnessy, Chef der amerikanischen O'Shaughnessy Capital Management, fand bei seinen Untersuchungen heraus: Wertvollster Indikator ist das Kurs/Umsatz-Verhältnis, der Vergleich einer Aktie mit dem Unternehmensumsatz pro Aktie.

$$\text{Kurs/Umsatz-Verhältnis KUV} = \frac{\textit{Aktienkurs}}{\textit{Umsatz pro Aktie}}$$

Die neuen Kennziffern **Ebdit, Ebit, Ebitda, EBT** und **EV** zeigen die Gewinnkraft und das Ertragspotenzial eines Unternehmens, und zwar besser als die Nettoergebnisse, die auf dem Jahresüberschuss basieren und Abschreibungen und Steuern einschließen.

Ebdit = Gewinn vor Abschreibung (AfA plus Goodwill-Abschreibungen), Zinsen und Steuern. **Ebit** = der Gewinn vor Zinsen und Steuern („Earnings before depreciation, interest, and taxes"). **Ebitda** (Earnings before interest, taxes, depreciation and amortization minus the capital expenditures needed to grow the business); diese Kennzahl „Gewinne vor Zinsen, Steuern, Abschreibung minus notwendiger Investitionen, um das Geschäft aufrechtzuerhalten" weist starke Ähnlichkeit mit Buffetts „Gewinne der Eigentümer" (owner earnings) auf. Die Kennzahl **EV** drückt den gesamten Wert des Unternehmens aus („Enterprise Value"); sie wird aus der durchschnittlichen Marktkapitalisierung berechnet, plus mittlere Nettoverschuldung (Verschuldung minus Liquidität), plus Pensionsrückstellungen, plus anteilige Konsolidierungen. EV enthält somit eigene und fremde Mittel eines Unternehmens. Hohe EV-Bewertungen zeigen eine hohe Bewertung der Aktie an. Die Kennzahl **EBT** berücksichtigt nur den Gewinn vor Steuern („Earnings before taxes").

Wenn die neuen Kennziffern auf den Unternehmenswert bezogen werden, sind sie noch aussagekräftiger: Die Relationen EV/Ebdit und EV/Ebit zeigen, wie effektiv das Unternehmen arbeitet und welches Ergebnis es mit welchem Einsatz erzielt. Niedrige EV/Ebdit- bzw. EV/Ebit-Zahlen belegen, dass mit dem Kapital hohe Geschäftsgewinne erzielt werden.

In einer Veranstaltung zum Aktienmarkt hielt der Redner zu Beginn einen Umschlag hoch, auf dem stand: „billige Aktien" und fragte, wer sich an der Versteigerung beteilige. Alle wollten mitbieten. Dann präsentierte er einen weiteren Umschlag mit der Aufschrift „Aktien, die garantiert steigen werden". Natürlich wollten jetzt alle diesen Umschlag haben. Ergebnis: Es kommt nicht darauf an, ob eine Aktie „billig" ist, sondern ob ihr Kurs steigen wird.

Dies illustriert folgender Witz: *Eine Firma möchte einen neuen Finanzchef einstellen. Sie richtet an jeden Bewerber nur die eine Frage: „Was ist 2 plus 2?", worauf alle bis auf denjenigen, der den Job bekommt, natürlich „4" antworten. Dieser entgegnete nämlich: „Ja, was hatten Sie sich denn vorgestellt?"*

Elisabeth Weisenhorn – mixt Strategien und Aktien

Wenn Sie im Frankfurter Westend wohnen oder arbeiten, können Sie täglich der Fondsmanagerin **Elisabeth Weisenhorn** begegnen, wenn sie per Fahrrad in ihr Büro am Rande des Bankenviertels strampelt.

„Geld bleibt ein scheues Wesen", meinte der frühere Bundesbank-Präsident Dr. Hans Tietmeyer, und viel Geld scheut die Öffentlichkeit. Der Firmensitz ist diskret, kein Firmenschild und kein Name befinden sich am Klingelknopf. Die noble Villa ist Sitz der DWS Deutsche Gesellschaft für Wertpapiersparen, einer Tochter der Deutschen Bank AG. Hier werden für 2 Millionen Anleger 120 Fonds mit 110 Milliarden Mark verwaltet. Die DWS ist mit einem Marktanteil von 25 Prozent die größte deutsche Investmentgesellschaft.

Deutschlands erfolgreichste Fondsmanagerin besitzt den Schlüssel zum Reichtum. Sie ist die Frontfrau in der Männerwelt von Geld, Aktien und Börsen. Insgesamt managt sie mit einem kleinen Team neun Fonds gleichzeitig und verwaltet 27 Milliarden Mark: Investa, DWS Deutschland, DWS Deutsche Aktien Typ 0, GKD-Fonds, DWS Bildungsfonds, Provesta und Ring Aktienfonds DWS. Ihr aktueller Favorit ist der Euroland Small Cap, der im Jahr 1999 eine Wertsteigerung von 74 Prozent erzielte.

Elisabeth Weisenhorn wurde am 7. September 1956 geboren. Sie studierte Volkswirtschaft an der Universität München und jobbte während dieser Zeit bei einem amerikanischen Broker und bei der Fiduka, der Anlagegesellschaft von André Kostolany und Gottfried Heller. Dem Abschluss als Diplomvolkswirtin folgte ein Traineeprogramm bei der Bayerischen Hypotheken- und Wechselbank. 1985 wechselte Elisabeth

Weisenhorn zur DWS in das Aktienfondsmanagement. Zuerst übergab ihr die DWS den internationalen Aktienfonds Akkumula mit einem Fondsvolumen von 20 Millionen Mark: „In diesen kleinen Fonds bin ich als Nachwuchsmanager hineingewachsen. Zuerst stimmte ich alle Entscheidungen ab, nach und nach wurde der Spielraum immer größer, bis ich allein verantwortlich war." Seit 1995 ist Frau Weisenhorn bei der DWS für das gesamte Fonds-Management Deutschland verantwortlich.

Sie verwaltet den deutschen Aktienfonds Investa, den erfolgreichsten deutschen Investmentfonds. Investa ist ein Aktienfonds, der seit 1979 ein Gewinnwachstum von 1 881 Prozent vorweisen kann (31.12.1979 bis 31.12.1999). Eigentlich kann die Strategie gar nicht so erfolgreich sein: Die Anlage erfolgt nur in den großen deutschen Standardwerten, eigentlich Langweiler ohne Pep, die jedermann kennt. Wenn es interessant ist, kann die Fondsmanagerin auch einzelne Dax-Werte über- oder untergewichten. In jedem Falle liegt die absolute Obergrenze für eine Aktie bei zehn Prozent des Fondsvermögens. Aber diese Beschränkung auf den deutschen Markt hat auch Vorteile. Dort, wo die Musik spielt, in Asien, an der Wall Street oder im Internet, spielt ein Instrument auch schon mal falsche Töne. „Einerseits wollen Anleger eine hohe Wertentwicklung, andererseits ruhig schlafen." Fondsspezialistin Weisenhorn hält sich aus allen Asien- und Währungskrisen heraus und erzielt mit dem Investa zuverlässig Jahr für Jahr 14 Prozent Rendite. „Mit Aktienfonds konnten Anleger in der Vergangenheit gutes Geld verdienen." Wer Monat für Monat 422 Mark in den Investmentfonds DWS Investa anlegte, wurde in 25 Jahren zum Millionär, bei einer monatlichen Sparleistung von 278,02 D-Mark dauert es mit 30 Jahren nur etwas länger.

Die ausgebildete Volkswirtin verfolgt die Megatrends, die großen Trends der Wirtschaft und setzt auf die Fundamental-Analyse: „Wir pflegen bei der DWS einen flexiblen Approach. Konkret: Wir arbeiten ständig an der Gesamtsicht." Ihre Strategie ist mittel- und langfristig angelegt und kombiniert verschiedene Ansätze zu einem System. „Wir verfolgen nicht nur eine einzige Strategie. Wir können doch nicht sagen, wir finden nur diese Unternehmen interessant, und was sonst in der Welt passiert, darum kümmern wir uns nicht." Oberstes Prinzip ist aber, alle Entscheidungen immer wieder in Frage zu stellen: „Das Infragestellen ist das Grundprinzip der erfolgreichen Geldanlage."

Mit der Bottom-up-Strategie setzt sie bei dem einzelnen Unternehmen an: „Was macht das Unternehmen? Ergibt das einen Sinn in diesem Umfeld? Welchen Weg nimmt es?“ Nach der Analyse folgt ein Besuch des Unternehmens und ein Gespräch mit dem Management. Für die Topmanager der deutschen Industrie sind Termine mit Fondsmanagerin Weisenhorn ungemütliche Begegnungen, sie müssen sich kritischen Fragen stellen und ihre Unternehmensstrategie präsentieren. Frau Weisenhorn fordert eine gute Rendite im Interesse der Anleger offensiv ein: „Hier geht es zu einem großen Teil um die Zukunftsperspektiven, daher bleibt immer eine Portion Unsicherheit.“ Ist sie sich ihrer Entscheidung sicher, wird die Position stark ausgebaut. Die Top-down-Strategie setzt bei den großen Trends der Wirtschaft an, verfolgt Konjunktur, Zinsen und Unternehmergewinne.

Es gibt keine Anlagekomitees und keine festen Termine für Meetings: „Wir haben keine Gremien, in denen Konsensentscheidungen getroffen werden, die konkrete Einflüsse auf das Fondsmanagement haben.“

Antizyklisches Vorgehen basiert auf dem Value-Ansatz: Die Aktien haben einen Wert, auch wenn sie keiner haben will. Also kauft der Anleger. Die Strategie funktioniert aber nur, wenn die Aktien tatsächlich einen Wert haben und sich die Gewinndynamik dreht: „Es gab viele scheinbare Value-Werte, deren Wert immer mehr verfiel. Zum Schluss war gar nichts mehr da.“ Die Fondsmanagerin wartet lieber ab, bis sie ganz sicher ist, dass jetzt der Trend dreht. „Wenn die Aktienkurse wie im vergangenen Jahr um 30 oder 40 Prozent steigen, dann wollen viele auch dabei sein, hoffen darauf, dass es so weitergeht. Ich nenne das die ‚Feelgood-Falle‘, denn die Frage ist doch: Wenn der Anstieg so steil war, kann das noch weitergehen? Wenn alle euphorisch sind, bin ich lieber vorsichtig.“

Vom antizyklischen Vorgehen hält die Fondsmanagerin wenig, auch wenn sie sich mit dieser Einstellung gegen eines der erfolgreichsten Anlagerezepte stellt: „Wer sich um jeden Preis gegen den Trend stellen will, kann schnell gegen die Wand laufen“, meint sie und warnt mit Blick auf die Bärenmärkte, wo der Anleger meist zu früh kaufe: „Antizyklik kann sehr gefährlich sein. Der Anleger muss ganz genau wissen, was er tut.“

Frau Weisenhorn warnt: „Viele herkömmliche Prognosemethoden versagen. Beispiel Amazon.com, den Buchhandel im WorldWideWeb: Berechnungen besagen, dass man in der ganzen Welt nicht so viel Bücher verkaufen kann, um den Gewinn zu erwirtschaften, der den derzeitigen hohen Aktienkurs rechtfertigt. Aber die Frage ist: Werden die nur Bücher verkaufen – oder entwickeln sie sich zum Kaufhaus für alles? Dann sind die Chancen schon wieder ganz andere."

Zum Streit zwischen Wachstums-(Growth) und Wert-Anlegern (Value) hat die Fondsmanagerin eine ganz praktische Meinung: Ein Unternehmen muss entweder Wachstum oder Wert aufweisen. Dieser Wert muss aber auch wirksam werden. Für Wachstumsunternehmen ist entscheidend, in welchen Märkten das Unternehmen tätig ist, wo das Wachstum entsteht und welche Marktstellung das Unternehmen hat: Und ob das Management auch hinter dem steht, was es tut." Zur Risikostreuung sagt sie: „Diversifizierung taugt auch für den erfahrenen Anleger: Wir alle handeln unter Unsicherheit."

Anlageregeln von Elisabeth Weisenhorn

Für Elisabeth Weisenhorn entscheiden Schnelligkeit, Fleiß und Mut über den Börsenerfolg.

- Es gibt keine einmaligen Gelegenheiten. Es gibt immer mehrere Chancen.
- Man muss auch lernen, gegen sein Gefühl zu investieren. Das ist ein schwieriger Prozess für viele Menschen, gewissermaßen gegen die eigene Natur zu handeln.
- Das Unternehmen muss entweder Wachstum oder Wert (Value) aufweisen.
- Der Gewinn wird umso höher bewertet, wenn er stark wächst und vor allem, wenn er nachhaltig ist.
- Value-Werte müssen wieder Gewinne erzielen.
- Für Wachstumsunternehmen ist entscheidend, in welchen Märkten das Unternehmen tätig ist, wo das Wachstum entsteht, welche Marktstellung das Unternehmen hat und ob es Preise durchsetzen kann. Am besten ist die Marktführerschaft.

- Fondsmanagerin Weisenhorn rät: „Wer Empfehlungen befolgt, sollte nie nur auf ein Pferd setzen, sondern Fonds wählen oder wenigstens einen Korb von empfohlenen Aktien zusammenstellen.“ Diversifizierung taugt auch für den erfahrenen Anleger: „Wir alle handeln unter Unsicherheit.“

Gottfried Heller, Chef der Münchner Fiduka-Depotverwaltung und Kostolany-Partner, ist Spezialist im Aufspüren langfristiger Trends. Er fasst keine Internet-Werte oder Werte vom Neuen Markt an: „Niemand kann vorhersagen, wo viele dieser Gesellschaften in fünf Jahren stehen, ob sie dann noch existieren. Anleger, die blind einer Herde nachlaufen und in Unternehmen investieren, deren Geschäft sie nicht verstehen, begeben sich in Gefahr.“ Heller ist Value-Investor „ohne Wachstumsabstinenz“, sein Fonds Fiduka-Universal erzielte in den letzten drei Jahren rund 25 Prozent jährlich. Heller sucht **„Schlösser“** mit starker Marktstellung als **„Wassergraben“** und einem starken **„Schlossherrn“** als Manager.

Die Strategie für das neue Jahrtausend von UBS / Gary Brinson

Gary Brinson ist der Mann, der das meiste Geld der Welt bewegt und behütet, mit einer Billion Dollar rund zwei Prozent des weltweiten Geldkuchens. Wer sein Vermögen in die Hände von Gary Brinson legen will, muss schon 20 Millionen Dollar mitbringen. CalPERS, größter US-Pensionsfonds, kürte Brinson zum besten US-Vermögensverwalter.

Gary Brinson verwirklichte für sich selbst den amerikanischen Traum und machte eine typische Karriere vom „Tellerwäscher“ zum einflussreichsten Vermögensverwalter der Welt: Er kommt aus ärmlichen Verhältnissen (seine Eltern lebten in einem Eisenbahnwagen, „wir hatten nie genug Geld“), war Fabrikarbeiter, studierte und lehrte an der Washington State University, wurde Portfoliomanager bei der Travellers Group, Chefinvestor der US-Bank First National Bank of Chicago, gründete dann mit Freunden und Partnern die „Brinson Partners“ und entwickelte die **Leitlinien:** internationale Anlage- und Risikostreuung (als andere noch auf die USA fixiert waren. Sein Motto: „Nur ein ausgewogenes Portfolio schützt vor Wertverlust.“).

Sein Leitmotiv: „Alles, was Brinson tut, muss von höchster Qualität sein.“ Die Schweizer SBC sah das Potenzial und kaufte „Brinson Partners“. Nach der Fusion von SBC und der Schweizerischen Bankgesellschaft zur UBS erfolgte die Namensänderung in „UBS Brinson“. In Nordamerika setzt die UBS AG, mit Zentralen in Basel und Zürich, weiterhin auf den eingeführten Namen Brinson Partners, außerhalb der USA tritt die Vermögensverwaltung unter UBS Brinson auf. Gary Brinson sitzt im siebenköpfigen UBS-Vorstand und verwaltet als Anlagechef mehr als eine Billion US-Dollar (1.000 Milliarden). Gary Brinson konzentriert sich künftig auf die Aufgabe des Chief Investment Officer und übernimmt die Rolle des Chairman von UBS Brinson. Die UBS beschäftigt 48 000 Mitarbeiter weltweit in 50 Ländern.

Als Brinson im Sommer 1987 den größten Teil der US-Aktien verkaufte, waren viele Kunden empört, bis die Kurse im Oktober 1987 einbrachen. Brinson schloss das Jahr mit plus sechs Prozent ab. Japan-Aktien verkaufte er alle schon 1988, ein Jahr danach brachen die Kurse ein. „Unsere Anlagephilosophie zielt auf eine stete, langfristige Wertsteigerung bei geringem Risiko, sprich minimalen Kursschwankungen. Das ist wenig spektakulär. Unsere Aktienfonds tauchen deshalb in Rennlisten, wo es allein um kurzfristige Wertentwicklung geht, selten auf den ersten Plätzen auf.“

Gary Brinsons Leitlinien für die internationale Risikostreuung:

- **Konservatives Depot:** Anleihen überwiegen mit 70 Prozent, in erster Linie europäische Papiere. Aktien setzen mit einem Anteil von 20 Prozent ebenfalls auf Europa. Auf dem Konto bleibt ein Anteil von 10 Prozent Cash.
- **Risiko-Depot:** Der Anteil der Anleihen sinkt auf 52 Prozent, dafür werden Aktien auf 38 Prozent aufgestockt, überwiegend europäische Werte, auch aus Deutschland. Der Anteil der US-Aktien beträgt nur 2,6 Prozent, in die Emerging Markets gehen 2 Prozent.
- **Spekulatives Depot:** Nur wer wagt, kann auch gewinnen. Aktien bilden mit 56 Prozent das Schwergewicht, überwiegend aus Europa.

Anleiheanteil 34 Prozent und 10 Prozent Cash. „Die größte Gefahr geht von Japan aus. Wenn der Yen-Kurs weiter fällt, kann das ganz Asien ins Chaos stürzen.“

Anlagegrundsätze von Gary Brinson:

1. Brinson interessiert sich nur für den tatsächlichen Wert einer Aktie. Notiert der Börsenkurs unter dem echten Wert, wird gekauft, liegt der Börsenkurs darüber, wird verkauft. Aktuelle Trends und Modeerscheinungen spielen für ihn keine Rolle. „Wir suchen weltweit nach unterbewerteten Aktien. Deren Kurs liegt unter dem fairen Wert des Unternehmens. Die Börse korrigiert das im Laufe der Zeit.“
2. Sein persönlicher Antrieb kommt aus Disziplin, eisernen Regeln und enormer Willenskraft. Für Brinson ist Investieren wie **Schachspielen:** nüchtern analysieren. Erfolgreiche Schachspieler denken weiter als ihre Gegner. Dieses Talent kann an der Börse Vorteile bringen. Garri Kasparow, amtierender Schachweltmeister, und Maxim Dlugy, früherer Blitzschach-Weltmeister, steuern die Geschicke des amerikanischen „Russia Growth Fund“, Sitz auf den Jungferninseln, mit großem Erfolg.
3. „Wenn ich an die Bewertung vieler Unternehmen denke und mir die optimistischen Erwartungen der Anleger vor Augen führe, macht mich das nervös.“
4. „Viele Anleger haben ein falsches Bild von den finanziellen Risiken eines Investments. Die hohen Kursgewinne der Vergangenheit stimmen sie zu optimistisch.“
5. Brinson verfolgte jahrelang die **Top-down-Strategie:** zuerst die besten Länder auswählen, daraus die besten Branchen filtern und dann nach unterbewerteten Aktien suchen. Diese Strategie macht aber in einer Welt der Globalisierung keinen Sinn mehr, die Märkte wachsen zusammen: z. B. erzielt Coca-Cola 80 Prozent seiner Gewinne außerhalb der USA und Nestlé in der Schweiz lediglich 1,5 Prozent. „Die Anlagestreuung nach Ländern spielt in Zukunft eine immer mehr untergeordnete Rolle.“
6. **Die neue Anlagestrategie für die Jahrtausendwende:** Das Brinson-Weltprojekt zur Jahrtausendwende ist die Antwort auf die Glo-

balisierung von Unternehmen und Investitionen und den Siegeszug von **Euro** und Shareholder Value, ein „Millenium-Project" von Gary Brinson und Nobelpreisträger William F. Sharpe, der 1990 für seine Studien der Finanzmärkte (Capital Asset Pricing Model; Grundlage der modernen Preistheorie der Finanzmärkte) mit dem Wirtschafts-Nobelpreis ausgezeichnet wurde. Sharpe zog sich nach über 20 Jahren Lehrtätigkeit an der Stanford University aus dem akademischen Bereich zurück, um als privater Finanzberater zu arbeiten. Brinson ist seit einem Vierteljahrhundert mit Professor William Sharpe befreundet.

„Wenn man in fünf Jahren zurückblickt, wird einem der **Euro** als Erfolgsstory erscheinen. Der Weg dorthin wird mit Sicherheit Schlaglöcher und Unebenheiten aufweisen. Aber die Entwicklung lässt viel hoffen."

Kapitel 4

Kühle Rechner und Optimisten

„Ganz ehrlich, ich habe keine Ahnung, was der Dow Jones ist."
Dalai Lama

Begründer des Dow-Jones-Index waren Charles Henry Dow und Edward D. Jones, Geschäftsinhaber und Redakteure des *Wall Street Journal.* Sie entwickelten eine Messzahl, die auf einen Blick das gesamte Börsengeschehen eines Landes darstellt. Sie wählten repräsentative amerikanische Industrieaktien aus, beobachteten das Auf und Ab der Börse, addierten die Werte und teilten das Ergebnis durch 12, ein einfaches arithmetisches Mittel – der **Dow-Jones-Index** war geboren und wurde am 3. Juli 1884 mit 40,94 veröffentlicht. Von den Gründungswerten ist keiner mehr im Index vertreten. 66 Jahre brauchte der Dow-Jones-Index für die Wegstrecke von 100 auf 1.000 Punkte (1972), nach weiteren 26 Jahren fiel die Marke von 10.000.

„Vor genau neun Jahren begann am 11. Oktober 1990 beim Indexstand von 2.365 Punkten die eindrucksvollste Aktienhausse der Neuzeit", schreibt **Heiko Thieme.** Nach dem Crash von 1987 hat sich der Dow in nur vier Jahren verdoppelt. Der Börsen-Boom hält seit 17 Jahren an. Als der Dow-Jones-Index am 16. März 1999 die magische Grenze von 10.000 Punkten überschritt, gab es Sekt für die Börsianer, von der Börsengalerie schneiten Konfetti auf Händler und Trader – Amerika war um einige Millionen Dollar reicher. Damit begann eine neue Zeitrechnung: die Ära „Dow nach 10.000".

Die Börseneuphorie entwickelt ihr Eigenleben. **James Glassman,** Kolumnist der *Washington Post,* und Kevin Hassert, Ökonom am American Enterprise Institute, argumentieren in ihrem Buch *Dow 36.000,* dass bereits heute ein Indexstand von 36.000 gerechtfertigt wäre. Das würde einem Kurs/Gewinn-Verhältnis der Dow-Werte von 100 entsprechen. Das ist mehr als das Dreifache von heute.

Sie suchen den „Perfectly Reasonable Price", die angemessene Bewertung von Aktien. Sie gehen davon aus, dass Aktien, wenn sie über einen Zeitraum von 20 Jahren gehalten werden, sicherer sind als Anleihen. Daher sei eine Risikoprämie für Aktien gegenüber Anleihen nicht gerechtfertigt.

Die Autoren stützen sich sehr stark auf Jeremy Siegel und sein berühmtes Buch *Stocks for the Long Run.* Siegel aber warnt, seine Daten seien falsch interpretiert worden. Professor **Burton Malkiel,** Autor des Klassikers *A Random Walk Down Wall Street,* lobt das Buch „als eine provokative und gut geschriebene Abhandlung" über die Aktie.

Heiko Thieme sieht den Dow Jones bei 750.000 Punkten, den DAX bei 400.000 – in 100 Jahren. Thieme geht von einer durchschnittlichen Aktienperformance von 5 Prozent aus. Eine sehr konservative Annahme, denn in diesem Jahrhundert rentierten Aktien mit 10 Prozent jährlich, und in den letzten 50 Jahren lag die Wertsteigerung noch deutlich höher. FED-Chef Alan Greenspan erklärt: „Die gegenwärtige wirtschaftliche Entwicklung ist eindrucksvoller als alles, was ich in meiner bald fünfzigjährigen Beobachtung der amerikanischen Wirtschaft erlebt habe." Die Goldman-Sachs-Analystin **Abby Joseph Cohen** untermauert dies: „Was die Aktienkurse bewegt, ist die Frage, wie lange die Wirtschaft weiter wachsen kann. Und da sehen wir kein Ende. Die Aktienkurse werden gemeinsam mit den Unternehmensgewinnen steigen."

Sir John Templeton, Gründer der Fonds-Gruppe, legt die Latte noch höher und sieht die Aktienkurse im nächsten Jahrhundert hundert Mal höher: „ Wir stehen am Beginn der friedvollsten Ära der Geschichte, mit einem noch nie erreichten Wohlstand. Über einen Zeitraum von hundert Jahren kann der Dow bei unseren Enkeln die Marke von **1.500.000** erreichen, dann dürfte der Dax jenseits der 70.000 stehen."

Bernard M. Baruch, ein außergewöhnlicher Börsenspekulant

„Es gibt tausend Möglichkeiten, sein Geld auszugeben, aber nur zwei, es zu erwerben: Entweder wir arbeiten für Geld – oder das Geld arbeitet für uns."
Bernard M. Baruch

Der Amerikaner **Bernard Mannes Baruch** begann mit 20 Jahren seine Karriere als Börsenmakler. Er wurde Ratgeber fast aller Präsidenten. Präsident W. Wilson berief ihn 1916, 1918 wurde er Vorsitzender des Kriegswirtschaftsausschusses, während des Zweiten Weltkrieges nahm er maßgeblichen Einfluss auf die Nachkriegsplanungen im Repräsentantenhaus, 1943 – 1945 war er Berater von Präsident

F. D. Roosevelt, 1946 beriet er Präsident Harry S. Truman. Als amerikanischer Delegierter legte er dem Atomenergieausschuss der UNO 1948 einen Plan zur internationalen Kontrolle der Atomenergie vor (Baruch-Plan). Baruch machte Karriere als Berater: Berater von Präsidenten, Politikern, der Demokratischen Partei, Farmern und der Öffentlichkeit über viele Freunde bei der Presse.

Der Vater, Dr. Simon Baruch, kam 1840 in dem preußischen Ort Schwersenz zur Welt. Er wollte nicht in der Armee Preußens dienen und wanderte 1855 nach Amerika aus. Dr. Baruch ließ sich in Camden in South Carolina nieder. In Camden besaß Mannes Baum einen Laden. Er stammte ebenfalls aus Schwersenz und stellte den jungen Mann als Buchhalter ein und finanzierte seine Ausbildung am South Carolina Medical Collegge. Bernard Mannes (nach Mannes Baum), der zweite von vier Söhnen, kam am 19. August 1870 zur Welt, 1965 starb er im Alter von vierundneunzig Jahren.

Bernard besuchte das College of the City of New York und arbeitete nebenher in der Praxis seines Vaters. Baruchs Mutter hatte auf der Bahnfahrt den Bankier Julius A. Kohn, Mitglied der New Yorker Börse, kennen gelernt. Der suchte einen Lehrling, und die Mutter empfahl ihren Sohn.

Es gibt an der Wall Street viele Berufe: Broker, Banker, Analyst, Spekulant oder Parketthändler. Baruch übte alle diese Sparten aus. Im Alter von 33 Jahren wurde er in den Börsenrat gewählt.

Eine lukrative Partnerschaft gab er 1903 im Alter von 33 Jahren auf, um nur noch auf eigene Rechnung zu spekulieren und zu leben. Als sein Vater 60 wurde, schenkte ihm der Sohn einen Pensionsfonds über 75.000 Dollar.

Der Bankier Bernard Baruch war ein aufmerksamer Beobachter der Marktpsychologie und zog daraus seine Schlüsse: „Die Jahre, die ich in der Wall Street und im Geschäftsleben verbrachte, stellen einen langen Erziehungsprozess der menschlichen Natur dar. Fast stets war das Problem, das an der Börse wie bei anderen geschäftlichen Transaktionen auftauchte, die Frage, wie man die unpersönlichen Faktoren einer Situation von den Elementen menschlicher Psychologie, die mit diesen Faktoren verknüpft sind, trennen könnte.“ Baruch stieg im Jahr 1928 zwar zu früh aus dem amerikanischen Aktienmarkt aus, rettete aber sein Vermögen vor dem großen Crash: „Selbst mein Koch hatte ein Konto beim Broker und verfolgte ständig den Ticker.“

Baruch liebte den Sonnenschein mehr als irgendein tristes Büro. Der Börsenspekulant Bernard Baruch saß an schönen Tagen gern auf einer Parkbank, beobachtete die Natur und stellte Vergleiche zur Welt der Börse an: „Haben Sie jemals einen Schwarm von Tausenden von Mücken gesehen, die an einem ruhigen sonnenreichen Tag im Wald anscheinend unbeweglich im Licht eines Sonnenstrahls schweben? Haben Sie dann auch beobachtet, wie derselbe Schwarm sich plötzlich einen Meter in die eine oder andere Richtung bewegt, während die einzelnen Mücken anscheinend den Abstand zueinander halten? Was hat diese Bewegung ausgelöst? Ein Windstoß? Nein, es war ja Windstille. Haben Sie dann beobachtet, wie der Schwarm in derselben Einigkeit sich wieder zurückbewegte? Was hat die Mücken dazu gebracht, sich so zu bewegen? Große, von Menschen erzeugte Bewegungen fangen langsamer an, aber sie sind wesentlich wirkungsvoller.“

Spekulant Bernard Baruch fügt an: „Alle ökonomischen Bewegungen sind ihrem innersten Wesen nach massenpsychologisch motiviert. Ich habe immer die Meinung vertreten, wir hätten viele Übel abwenden können, wenn wir in der jämmerlichen Ära der New Economics, die 1929 ihren Höhepunkt fand, immer wieder, selbst angesichts einer Schwindel erregenden Preisspirale, gerufen hätten: ‚Aber zwei und zwei ist immer noch vier!‘“

Wie ein erfolgreicher Mann zielstrebig reagiert, zeigt dieses Beispiel: Der Finanzredakteur der *New York Times,* Henry Alloway, gab die Nachricht des amerikanischen Seesieges in der Bucht von Santiago de Kuba über Spanien am Sonntag, dem 3. Juli, an Arthur Housman weiter. Housman rief Baruch in Long Branch, New Jersey, an, wo Baruch mit seiner Frau Annie und der Familie das Wochenende verbrachte. Housman und Baruch waren beide der Ansicht, diese Nachricht bedeute ein schnelles Kriegsende und einen steigenden Aktienmarkt. Die New Yorker Börse war am nächsten Börsentag, dem 4. Juli, geschlossen, aber die Londoner Börse würde öffnen. Dies bedeutete, bei Börsenöffnung in London kaufen und dann mit Gewinn in New York verkaufen.

Das Problem bestand darin, vor Börsenbeginn in London ins Büro zu kommen, das entsprach 5 Uhr früh New Yorker Zeit. Es gab keine fahrplanmäßige Zugverbindung nach New York an Sonntagen vor einem landesweiten Feiertag. Baruch orderte kurzentschlossen einen Extrazug. Der Sonderzug bestand aus einer Lok, einem Tender und einem Waggon und startete um zwei Uhr morgens im Bahnhof Long Branch mit Bernard Baruch, seinem jüngsten Bruder Sailing, der Angestellter von Housman war, und Clarende Housman, dem Bruder des Senior-Partners. Die drei Börsenmakler kamen vor Tagesanbruch am Jersey-Ufer des Hudson an, überquerten mit einer Fähre den Manhattan und begaben sich zu Fuß in die City. Dann standen sie vor der verschlossenen Bürotür, Baruch hatte den Schlüssel vergessen. Sailing war der leichteste und kletterte durch das Oberlicht.

Im Büro angekommen, riefen sie ihre Kunden an, informierten sie über die Ereignisse und deren Bedeutung für den Aufstieg Amerikas zur Weltmacht. Baruch gab am Telefon seine Kaufaufträge weiter, dann erschien auch Housman und läutete seine Kundschaft aus dem Schlaf. Als die New Yorker Börse am nächsten Tag öffnete, hatten die Käufer, die in London amerikanische Papiere erworben hatten, bereits große Gewinne erzielt. Diese Aktion trug ihnen viele Aufträge ihrer Kunden ein. Sie erwarben sich auch den Ruf, eine besonders umsichtige und aktive Firma zu sein.

Baruch ging mit dem Geld seiner Kunden sehr vorsichtig um. Mit seinem eigenen Geld spielte er oft Alles oder Nichts. Aktien kaufte er auf Kredit bei einem Einschuss von 10 Prozent. Mit gewagten Einsätzen gewann er eine Million und setzte sie aufs Spiel, um eine weitere zu gewinnen. Obwohl, wie er zugab, die erste Million mehr Spaß macht. Baruch sah sich bei seinen Börsenoperationen als „einsamer Wolf“, der aber immer starke Partner an seiner Seite hatte. In *My own Story* beschrieb er seine Erfolge, das waren oft Börsencoups hart an der Grenze des Erlaubten.

„Schwankungen auf dem Aktienmarkt sind nicht das Resultat ganz bestimmter Ereignisse, sondern vielmehr Ausdruck menschlicher Reaktionen auf diese Ereignisse, d. h., sie geben die individuelle Meinung von Millionen Männern und Frauen über die zukünftigen Auswirkungen dieser Ereignisse wieder. Infolgedessen wird der Aktienmarkt in erster Linie von Menschen geprägt“, war die Erfahrung von Bernard Baruch.

Anlagegrundsätze von Bernard Baruch:

1. Geld ist ein Zeichen für Intelligenz. Spekuliere nur, wenn du deine ganze Zeit darauf verwenden kannst. „Aufgrund meiner Beobachtungen über die Natur des Menschen bin ich zu der Ansicht gelangt, dass ein erfolgreicher Spekulant schon im Voraus wissen müsste, wie jemand sein Geld einmal anlegen wird."
2. Hüte dich vor Friseuren, Kellnern und vor jedem, der dir vertrauliche Informationen oder Tipps zuteil werden lässt.
3. Ehe du Wertpapiere kaufst, stelle alles über die Gesellschaft fest, über ihre Leitung und ihre Konkurrenten, über ihre Gewinne und über ihre Aussichten.
4. Versuche nicht, zum niedrigsten Kurs zu kaufen und zum höchsten zu verkaufen. Das kann kein Mensch – nur Lügner können es.
5. Lerne, deine Verluste rasch hinzunehmen. Erwarte nicht, immer Recht zu haben. Wenn du Fehler begangen hast, schreibe die Verluste möglichst rasch ab.
6. Kaufe nicht zu viele verschiedene Papiere. Es ist besser, nur ein paar Investitionen zu machen, die du im Auge behalten kannst.
7. Handle nie wie die breite Masse.
8. Mache von Zeit zu Zeit eine Prüfung all deiner Investitionen, um festzustellen, ob veränderte Umstände ihre Aussichten verändert haben.
9. Studiere deine Lage, um zu wissen, wann du verkaufen kannst.
10. Behalte stets einen guten Teil deines Kapitals in bar als Reserve.

Mit dem Optimisten Heiko Thieme in die neue Welt

„Was gestern war, interessiert Amerika nicht. Wir stürzen uns kopfüber in die Zukunft und schauen nie zurück." Steven Spielberg, Produzent und Regisseur

Heiko Thieme ist ein internationaler Anlagestratege und Portfoliomanager mit Sitz in New York. Seit 1972 ist er im Börsengeschäft tätig. Er zählt zu den bekanntesten deutschen Wertpapieranalysten. Heiko Thieme wurde am 16. September 1943 in Leipzig geboren und wuchs in Goslar auf. Nach seiner juristischen Ausbildung in Deutschland, Schottland und den Vereinigten Staaten startete er bei der britischen Brokerfirma Wood MacKenzie in Edinburgh und London zunächst als Analyst und später als Senior Executive mit Marketingverantwortung für den europäischen Kontinent und den Nahen Osten. 1976 wechselte er zu der amerikanischen Investmentbank White Weld in London. 1979 bot sich Thieme die Chance, vom bedeutendsten europäischen Börsenplatz London zum Weltfinanzplatz Nummer eins, New York, zu wechseln. Dort übernahm er für die Deutsche Bank Capital Corporation die Verantwortung für den amerikanischen Aktienmarkt. Ende 1989 verließ Heiko Thieme die Deutsche Bank, gründete Thieme Associates und machte sich als Fondsmanager selbstständig. Kurze Zeit später wurde er Vorsitzender der American Heritage Management Corporation und übernahm das Management des American Heritage Fund. Heiko Thieme gründete in den 90er Jahren vier weitere Firmen: Thieme Associates, Thieme Consulting sowie Thieme Securities. Neben diesen drei amerikanischen Unternehmen ist er auch Präsident von Thieme Asset Management S.A., einer Vermögensverwaltung in Luxemburg, die für den Thieme Fonds International, der in Deutschland zugelassen ist, verantwortlich ist. Dem Deutsche Bank Konzern stand er weiter als Berater zur Verfügung.

Das Büro liegt an der Avenue of the Americas, oder einfach Sixth Avenue, wie sie auch genannt wird. 31 Stockwerke über dem berühmten Harley Davidson Café sitzt die Thieme Crew. **Kontaktadresse:** Thieme Associates, Inc., 1370 Avenue of the Americas, New York, N.Y. 10019, USA, Tel.: 001-212-554-0700, Fax: 001-212-397-4036; Internet: http://www.heikothieme.com/; e-mail: heikothieme@heikothieme.com.

Heiko Thieme managt zusammen mit seinen Mitarbeitern drei eigene Fonds: Thieme Fonds International (WKN: 973 696), The American Heritage Fund (nur für den amerikanischen Markt zugelassen), American Heritage Growth Fund (nur für den amerikanischen Markt zugelassen), einen Offshore Fund und Privatdepots. Er wird untertstützt von Praktikanten, die immer wieder Erfahrungen bei Heiko Thieme sammeln. Auch Markus Koch, vielen bekannt durch die n-tv-Telebörse, und Andreas Scholz, Moderator im deutschen Bloomberg Fernsehen, machten hier ihre ersten Gehversuche.

Thieme war 1997 mit einem Wertzuwachs von 75 Prozent der erfolgreichste Fondsmanager der USA; ein großer Teil davon entfiel auf die Aktie Senetek. Eine Studie über das britische Biotechnologie-Unternehmen Senetek beurteilt das Mittel gegen Impotenz sehr positiv. Das renommierte kalifornische Irvine-Institut bescheinigt auch der Faltencreme von Senetek eine hohe Wirksamkeit (WKN 888 791, SNTKY, Freiverkehr in Deutschland).

Bei Heiko Thieme ist ein halb leeres Glas Wasser immer noch halb voll, er ist ein Optimist. Seine Vorbilder an der Börse sind André Kostolany, John Slade, Sir John Templeton und Peter Lynch. Thieme schreibt: „Zyniker weisen darauf hin, dass nach der Wahrheit die Halbwahrheit folgt und dann die Lüge; erst danach kämen das Chartbild und zum Schluss die Statistiken."

Heiko Thieme schreibt Artikel und gibt Interviews für die bekanntesten Zeitungen und Finanzmagazine im In- und Ausland. Seit 1979 hat er mehr als 10 000 Seiten in Deutsch und Englisch über Wirtschaft, Politik und Börse geschrieben. In Deutschland ist sein Name in jedem wichtigen Fachmagazin zu sehen. Seine Kolumne „Brief aus Wall Street" erscheint in der *Frankfurter Allgemeinen Zeitung* seit Mitte 1987 jeden Montag.

Thieme ist gesuchter Interviewpartner im deutschen und amerikanischen Fernsehen. Er ist regelmässig Gast in der n-tv-Telebörse.

Thieme gibt den Börsenbrief *The Viewpoint / der Standpunkt* seit 1979 heraus, dessen Abonnentenliste sich wie das „Who is Who" liest. Der frühere Anlageexperte der Deutschen Bank sprach im Oktober 1987 in laufende ZDF-Kameras: „Das ist der kürzeste Crash aller Zeiten." Damit schlug seine große Stunde, er behielt Recht. Heiko Thieme übt sich in Bescheidenheit: „Mit 95 Prozent meiner Prognosen liege ich schief, weil ich zu konservativ bin." Börsen-Guru Heiko Thieme erwartet den nächsten großen Börsencrash erst für das Jahr 2045. Bei Neuemissionen und Technologiewerten warnt Thieme vor Fantasiepreisen, bei manchen Werten werde nur heiße Luft gehandelt. Zu der Euphorie der Technologiewerte schreibt Thieme: „Der Kursanstieg des Computerherstellers Dell erreichte in diesem Jahrzehnt astronomische 71 000 Prozent. Wer also 1.000 Dollar im Januar 1990 in Dell Computer investierte, kam Ende März auf einen steuerfreien Kursgewinn von über 700.000 Dollar."

Anlage-Empfehlungen von Heiko Thieme:

An der Börse kann man das Glück zum eigenen Vorteil wenden, mit eiserner Disziplin. Wer Aktien kauft, muss dieses Geld auch tatsächlich übrig haben, sonst wird man zum hilflosen Spekulanten. Erfolgreiche Anlagestrategie braucht Zeit, mitunter zwei bis sogar vier Jahre, bis sich ein Aktienkauf auszahlt.

Thieme gibt Anlegern den Rat: Wichtig ist die Aufgliederung in verschiedene Länder. „Keiner sollte mehr in nur einem Land investieren, dazu gibt es weltweit einfach zu viele gute Einstiegschancen." Der Großteil das Kapitals sollte in Aktien des Heimatlandes investiert werden, um Währungsrisiken zu vermeiden. „Deutsche Anleger sollten also auch deutsche Aktien übergewichten. Der Anteil deutscher Aktien sollte rund 45 Prozent betragen, im restlichen Europa sollte etwa 15 Prozent des Kapitals investiert werden. Des Weiteren empfehle ich, 25 Prozent in den USA, 10 Prozent in Asien und 5 Prozent in der restlichen Welt zu investieren.

Thieme: „Ein Vergleich mit Japan und Deutschland zeigt, wie überlegen die amerikanische Wirtschaft ist."

Spekulationsdepot laut Heiko Thieme: „Spekulative Werte sollten 10 Prozent, maximal 25 Prozent eines Depots ausmachen. Sie sind zwar das Salz in der Suppe, doch sollte man auch immer das hohe Risiko im Auge behalten, welches in Grenzen bleiben muss. Wir kaufen am Anfang ein Viertel bis die Hälfte und kaufen bei Schwäche nach. Sollte der Kurs steigen, freuen wir uns, dabei zu sein, kaufen aber nicht nach. Ich arbeite lieber mit sinkenden Durchschnittspreisen als mit steigenden."

➔ „Kaufen Sie nie eine Aktie, die Ihnen Ihr Nachbar, Friseur usw. empfiehlt. Vor allem dann nicht, wenn sie aus einem exotischen Land kommt; solche Spekulationen gehen selten auf."

Die Zusammenhänge zwischen den Aktienkursen und den Kalendermonaten erläutert Heiko Thieme: „Seit 1950 ist der Standard & Poors-500-Index, der rund 90 Prozent des amerikanischen Aktienmarktes repräsentiert, 33 mal im Januar gestiegen, wobei das Plus zwischen 0,2 Prozent und 13,2 Prozent schwankte. Nur zwei Mal – 1966 und 1994 – kam es in diesen Jahren nicht zu einem Börsenanstieg im Gesamtjahr. In den anderen 17 Jahren, wo der Januar im Minus endete, kam es in 60 Prozent der Fälle zu einem negativen Jahresresultat."

John Slade – Mit 92 Jahren noch an der Wall Street aktiv

Der deutschstämmige **John Slade** wurde 1908 als Johann Schlesinger in Frankurt am Main geboren. Er ist auch heute noch mit 92 Jahren an der Wall Street aktiv. Zur Zeit des großen Börsenkrachs 1929 arbeitete er in der Immobilienfirma seiner Familie. Als die Kurse fielen, gab der Vater die Familienorder: „Um Gottes willen kein Geld ausgeben. Vielleicht werden wir unser Geschäft verlieren, vielleicht werden wir bald Schulden haben." Dann war das Geschäft tot. „Alle hatten Angst zu kaufen. Es waren nur Verkäufer da." John Slade erzählt: „Als ich nach New York kam, kostete die New York Times 2 Cent – heute kostet sie 75 Cent. Der Wert des Geldes schwindet, und nur die Investition in Aktien vermag diesen Schwund langfristig zu kompensieren." Sein Rat für Anleger: „Kaufen Sie bei Marktschwäche." Zum Börsenkrach von 1929 sagt John Slade in hessisch-amerikanischem Dialekt: „In Amerika haben plötzlich Leute, die viel Geld hatten oder glaubten, viel Geld zu haben, alles verloren." John Slade glaubt nicht, dass sich eine Börsenpanik wie 1929 jemals wiederholen könnte: „Ich glaube, es ist unmöglich, dass so etwas heute noch einmal passiert."

Johann Schlesinger kam 1936 als Auswanderer in die USA und startete als John Slade seinen amerikanischen Traum. Er begann mit 27 Jahren als Laufbursche bei dem kleinen Brokerhaus Bear Stearns & Co. in New York (damals 50 Angestellte) und arbeitete sich in 60 Jahren an die Spitze der „wundervollen Firma". Bear Stearns & Co. wuchs in dieser Zeit zu einer großen, börsennotierten Investmentbank mit 10 000 Mitarbeitern. Sein bescheidenes Auftreten lässt es nicht zu, dass er dabei seinen Anteil erwähnt. John Slade forcierte die Auslandsexpansion. Während des Zweiten Weltkrieges beschaffte er sich die Namen deutscher Flüchtlinge und bot vertrauten Namen seine Dienste an. Die Geschäftsleitung übertrug ihm den internationalen Handel und das Risiko-Management. Direkt nach 1945 lud Bear Stearns & Co. auf Initiative von John Slade als erstes Brokerhaus der Wall Street junge Banker aus Deutschland und der Schweiz zum Praktikum nach New York ein. In Slades Abteilung wurden seither über 700 Praktikanten aus aller Welt ausgebildet. Dafür wurde ihm das Bundesverdienstkreuz verliehen.

„Mein ganzer Verstand ist auf die Börse eingestellt. Sie ist für mich ein Sport." Heute ist die Wall-Street-Legende Mitinhaber und Ehrenvorsitzender der renommierten Brokerfirma und schreibt immer noch regelmäßig seine Börsen-Kolumne. „Wir haben fast auf der ganzen Welt Demokratie und Marktwirtschaft. Daher werden auch die Finanzmärkte prächtig gedeihen." Vor vier Jahren empfahl er jungen Anlegern in einem Artikel, nicht in große, klassische Börsenwerte anzulegen, sondern besser in junge und schnell wachsende Unternehmen. Damit könne der Anleger sein Kapital verdoppeln oder verdreifachen. Für seine eigenen Anlagen bevorzugt John Slade klassische Werte. Seine Lieblingsaktie ist IBM. Damit hat er Millionen verdient.

Noch immer steht er sehr früh auf, sieht beim Frühstück die Wirtschaftsnachrichten im Fernsehen, strampelt eine halbe Stunde auf dem Heimtrainer und geht zu Fuß ins Büro. „Ich bin der beste Beweis. In meinen 60 Jahren bei Bear Stearns hat man mir sechs Jobs bei anderen Firmen mit höherem Einkommen angeboten. Alle diese Firmen gibt es heute nicht mehr. Bear Stearns prosperiert weiter."

Als allgemeine Lehre gibt Slade weiter: „Mach niemals Schulden an der Börse. Man weiß nie, was über Nacht passiert." Fleiß, Disziplin und Pünktlichkeit gehören zu seinen Tugenden. John Slade sagt: „Ich verkörpere den amerikanischen Traum. Aber ein Stück von mir ist immer noch deutsch. Meine Lebensphilosophie lautet:

1. Arbeite hart. Erfolg ist zu 80 Prozent Glück, zu zehn Prozent Fleiß und zu zehn Prozent Talent.
2. Sei und bleibe ehrlich.
3. Sei loyal zu anderen."

Johann Schlesinger erzählt: „Ich habe damals, vor mehr als sechzig Jahren, im Feldhockey-Team des Sport-Clubs ‚Frankfurt 1880' die schönsten Tage meiner Jugend erlebt." Sein Traum waren die Olympischen Spiele 1936 in Berlin – aber er war Jude und entkam den Gaskammern der Nazis nur knapp. Erst als ihn der Sportverein ausschloss, merkte er selber die Gefahr. Als US-Soldat kehrte John Slade nach Deutschland zurück. Bei den Olympischen Spielen 1948 war er als Hockey-Spieler Mitglied der Nationalmannschaft der USA. Im Weißen Haus ist er ständiger Gast, mit Frankfurts Oberbürgermeisterin Petra Roth ist er per Du, und der Sport-Club „Frankfurt 1880“ nahm ihn als Ehrenmitglied wieder auf.

Abby Joseph Cohen treibt die Bullen über die Wall Street

„Es kommt nicht darauf an, mit dem Kopf durch die Wand zu gehen, sondern mit den Augen die Tür zu finden.“
Werner von Siemens (1816–1902), Erfinder und Unternehmer

Abby Joseph Cohen ist die zurzeit einflussreichste Persönlichkeit der Wall Street, und sie genießt es, Interviews zu geben. Abby Joseph Cohen sieht sich nicht als Börsen-Guru oder Prophetin des US-Marktes; sie hält sich selber nur für eine aufmerksame Beobachterin des gesamten Börsenumfeldes und der fundamentalen Daten. Damit sie nicht in den Sog einer euphorischen Stimmung gerät, hält sie sich selbst vom Börsenboom fern. Im April 1990 stellte sich Abby Cohen als Einzige gegen den Strom: Obwohl sie selbst ein überzeugter Haussier ist, warnte sie vor der Überbewertung der Wall Street – der Markt fiel um 20 Prozent, und damit wurde sie berühmt.

So wurde Abby Joseph Cohen zur meistbeachteten Analystin: Am 6. November 1996 war der Dow Jones Industrial um 65 Punkte gestiegen und auf dem Weg zum nächsten Top, als die Wall Street von Gerüchten erschüttert wurde, die optimistische Abby Joseph Cohen würde ihre Markteinschätzung ändern. In diesem Augenblick war Abby Joseph Cohen weit weg von der Wall Street mit einigen Hundert Topleuten von Goldman Sachs bei einer Konferenz, eine gute Autostunde von Manhattan entfernt, und hörte der Rede von Goldman Chief Executive Jon S. Corzine zu. Jemand berührte ihre Schulter und flüsterte: „Es ist ein Notfall, Sie müssen die Zentrale anrufen.“ Der Dow war schon um 60 Punkte gefallen, als Cohen die „Hotline“ erreichte. Steven M. Wagshal verband Abby Cohen über das Intercom System weltweit mit allen Goldman-Büros. Steven M. Wagshal beobachtete die Kursanzeige der New York Stock Exchange, während Abby Cohen sprach. Sobald klar wurde, dass sie ihre Zukunftseinschätzung nicht geändert hatte, rannten

Hunderte nervöser Broker und Händler zu ihren Telefonen. Der Markt begann zu drehen und beendete den Tag mit einem Plus von 35 Punkten. Steven M. Wagshal sagte: „Es war, als würde die Welt fallen, und Abby kam und hob sie wieder auf.“ Seitdem hat Abby Cohens Stimme für die Wall Street eine größere Bedeutung als die von **Warren Buffett.**

Abby Joseph Cohen ist die Chefstrategin der Investmentbank Goldman Sachs in New York. Die treffsicherste Bullin filtert ihr Urteil aus vielen Statistiken und Charts, sucht nach Begründungen und Bedeutungen. Diese Arbeitsmethode betrieb sie schon in der Abteilung Forschung und Statistik bei der US-Zentralbank Federal Reserve in Washington, dann acht Jahre beim Finanzhaus Drexel Burnham Lambert. Die Analystin lag seit 1990 immer richtig und wurde so zum Star der Investmentgemeinde. Wenn Abby Cohen ihre Ziele nach oben ändert, wirkt das auf die Börse wie eine Vitaminspritze. „Die Aktienkurse werden gemeinsam mit den Unternehmensgewinnen steigen. Seit vielen Jahren sind wir nun optimistisch für die Wall Street, und die Entwicklung hat uns Recht gegeben.“

Die Königin der Bullen ist die einflussreichste Stimme des US-Aktienmarktes, und sie spielt die Rolle der Pythia. Komplizierte Sachverhalte formuliert sie einfach und allgemein verständlich. Zu den Befürchtungen, die Asienkrise könne Amerikas Wirtschaft negativ treffen, sagte sie: „Die US-Wirtschaft ist wie ein Supertanker, nicht das schnellste und tollste Schiff, aber eines, das sehr schwer vom Kurs abzubringen ist.“ Abby Cohen nannte ihren Jahresausblick 1998 „Supertanker Amerika“, und die Tageszeitung *USA Today* zeigte auf einer ganzen Seite einen Tanker mit großer US-Flagge und nannte ihn S. S. Economy.

Wenn Abby spricht, werden Milliarden bewegt, sie kommentiert in CNN, CNBC, PBS und zahlreichen Radiostationen. Sie lebt in einem bescheidenen Einfamilienhaus im New Yorker Vorort Queens. Abby Joseph Cohen fährt mit dem Bus zu ihrem Arbeitsplatz und hat immer einige freundliche Worte für ihre Nachbarn übrig.

Anlagegrundsätze

Abby prophezeit der Wall Street goldene Jahre, sie ist immer bester Laune, wann immer die Stimmung zu kippen droht. „Die amerikanischen

Unternehmen haben sich in den vergangenen Jahren auf vielen Feldern enorm verbessert. Aber das war kein Glück, sondern harte Arbeit.“ Ihre Prognosen trafen immer ein. Die Fangemeinde der Chefstrategin ist riesig und kann sich mit der von Filmstars messen. Wenn sie ihr Büro in Manhattan betritt, haben die Medien ihre Einschätzung zur Sitzung des Zentralbankrates, zur Asienkrise oder zum Dow Jones in Konferenzschaltungen mit Bankern und Analysten rund um den Globus bereits millionenfach verbreitet. Als Belohnung für gute Arbeit nahmen die Gesellschafter von Goldman Sachs ihre Star-Analystin im vergangenen Jahr in den Kreis der Partner auf. Damit ist Abby Joseph Cohen am Gewinn der profitablen Investmentbank beteiligt.

„Best of the Best“ von Abby Joseph Cohen

„Man muss eine Schlacht oft mehr als einmal gewinnen.“
Margaret Thatcher

An der Börse sagt man: „Geht Butter, geht Käse.“ Aber auch in der Hausse sollte man auf Qualität setzen – das ist die beste Sicherheit. Mit der Liste der „besten globalen Aktienideen“ bietet Goldman Sachs dem Anleger ein Depot mit überdurchschnittlicher Performance. Goldman Sachs-Strategin Abby Joseph Cohen lag schon in den vergangenen Jahren immer richtig. Sie erkannte rechtzeitig, dass die Gewinne der US-Unternehmen nach den Produktivitätssteigerungen weiter wachsen würden und dass sich der positive Konjunkturzyklus verlängern werde. Je sicherer Unternehmen stetig steigende Gewinne bei guter Managementleistung erzielen, desto höhere Preise würden die Anleger für Aktien zahlen.

Vor diesem Hintergrund wurde die Liste der „Best of the Best“ für den langfristigen Anleger zusammengestellt: Die Branchen Finanzen und Technologie sind übergewichtet, vertreten sind die Tabakriesen Philip Morris und BAT Industries, die Kosmetikfirma Estee Lauder, daneben britische und schweizerische Titel. Von den deutschen Werten taucht nur Veba auf, Versorger mit Ambitionen in der Telekommunikation. Veba überzeugte mit der Umsetzung des Shareholder Value.

Wer keine Chance auf eine dicke Erbschaft hat, muss für sein Geld arbeiten. Da ist der Weg zur ersten Million sehr weit. Wer von heute an jährlich 3.140 DM spart und zu 5 Prozent anlegt, und das 17 Jahre lang, kann sich über seine erste Million freuen. Wer erst in der zweiten Hälfte beginnt, muss dann schon 7.892 DM aufbringen. Da lautet der Ratschlag, wenigstens mit kleinen Beträgen zu beginnen und die Sparrate dann immer etwas zu erhöhen. Wer mit 2.133 DM beginnt, jedes Jahr um 3 Prozent erhöht und seine Geldanlagen so gut kombiniert, dass er eine Rendite von sieben Prozent nach Steuern erwirtschaftet, kommt sogar leichter ans Ziel. Wer als 35-Jähriger monatlich 1.000 DM zu 12 Prozent Rendite anlegt, verfügt in 20 Jahren über 920.840 DM. Der 20-Jährige legt monatlich 100 DM zu 10 Prozent Rendite an und hat in 45 Jahren 909.414 DM. Eine Million DM reicht bei 7 Prozent Rendite für eine ewige Rente von 5.830 DM.

Elaine Garzarelli, die „Wall-Street-Lady"

„Wohin wir auch blicken auf dieser Welt, überall entwickeln sich die Chancen aus den Problemen." Nelson A. Rockefeller

Elaine Garzarelli ist die Frau, die „immer Recht hat(te)". Ihr Prognosemodell misst den Zustand der Wirtschaft, die Geldpolitik, die aktuelle Bewertung der Aktienkurse und die allgemeine Stimmung. Ihr Sammel-Indikator besteht aus 14 Einzeldaten und wird ständig neu berechnet.

Ihr Analyseansatz ist fundamental unterlegt: Jedes einzelne Marktsegment wird anhand der 14 Indikatoren untersucht und bewertet, dann werden aus den Segmenten die besten Aktien herausgesucht. Ihre Grundfragen: 1. Wie weit müssen die langfristigen Zinsen von ihrem Tiefstpunkt aus gestiegen sein, um negative Auswirkungen auf die Börse zu haben? 2. Wie weit steigt die Börse nach einem Tiefststand der Zinsen? 3. Wie lange dauert der durchschnittliche Anstieg der Börse nach dem Zinstiefst? Aktuell erweiterte sie ihr Prognosemodell für den Aktienmarkt durch einen neuen Indikator, der die durchschnittlichen Gewinne der S&P-500-Aktien in Beziehung zur Inflationsrate setzt. Für die Zukunft setzt sie auf sinkende Inflationsraten und steigende Unternehmergewinne.

Bisher hat ihr System, in das sie viel Arbeit investiert (der Arbeitstag beginnt um 4.45 Uhr) immer voll funktioniert; so hörte sie schon eine Woche vor dem „Schwarzen Montag" im Oktober 1987 die Alarmglocken, als noch 90 Prozent aller Experten positiv gestimmt waren, und riet zum Verkauf. Seitdem wird sie als „Kassandra" der Wall Street bezeichnet. Wenige Tage vor dem Golfkrieg empfahl sie massiv den Kauf von Aktien und lag auch dabei „goldrichtig".

Nach 1987 war Elaine lange Zeit bullish. Elaine wechselte vom Lager der Pessimisten zu den Optimisten und kündigte die Hausse von 1995 an. Im November 1996 überraschte die ungekrönte Königin der Wall Street die Finanzwelt mit der Warnung vor einem großen Crash in den USA, also empfahl sie den Verkauf aller US-Aktien. Elaine redete zu lange zu viel von notwendigen Kurskorrekturen. Das wollte niemand hören. Sie verlor Vertrauen und den Job.

Elaine Garzarelli studierte Wirtschaft und Statistik und machte ihren Doktor an der Drexel University. Die Wirtschaftsmagazine *Fortune* und *Business Week* wählten sie zur Businesswoman of the Year. Sie erscheint häufig im Fernsehen, ABC Good Morning America, CNBC, The Nightly Business Report, CNN's Money Line und Fox Business News. Sie kennt den FED-Präsidenten Alan Greenspan seit ihrer Studienzeit.

Aufsehen erregte, als Elaine Garzarelli und ihre Rivalin Katherine Hensel am gleichen Tag unterschiedliche Prognosen abgaben. Garzarelli empfahl den Kauf, Hensel den Verkauf. Elaine Garzarelli verließ die Investmentbank Lehmann Brothers Inc., New York. Inoffiziell sollen die Prognosen der hausinternen Konkurrentin Katherine Hensel in letzter Zeit treffsicherer gewesen sein. Das änderte sich schon nach wenigen Monaten wieder. Ihre Nachfolgerin hatte auf eine fallende Börse gesetzt und sich verspekuliert. An der Wall Street sprach man darüber, dass Elaine Gazarelli aus dem Amt gedrängt wurde, weil sie mit einem Jahresgehalt von 2 Millionen Dollar zu teuer war. Sie sagt selber dazu: „Ich habe zu viel Geld verdient. Sie wollten mein Gehalt auf die Hälfte kürzen, und darüber habe ich mich etwas geärgert."

Die Männerriege soll der „Wall-Street-Lady" Modeauftritte für zarte Kleidung und Düfte übel genommen haben. Das passe nicht zum Bild einer Bankerin. Elaine avancierte zur „Femme fatale“ der Wall Street und der Medien. Dann wurde es einige Zeit still um sie. Aber sie meldete sich mit ihrer eigenen Firma Garzarelli Investment Management zurück, die über eine Milliarde Dollar an Kundengeldern verwaltet.

Als der Dow den Rekordstand von 6.900 Punkten durchbrach, wechselte sie auf die Seite der Optimisten. Sie hatte inzwischen ihr Rechenmodell verändert, und die Börse reagierte mit einer Reaktion nach unten. Elaine ist weiter optimistisch und verkündet: „Die Zinsen sinken, der Dow Jones steht im Jahr 2000 bei 12.000 Punkten.“

Ihre wichtigste Regel, um an der Börse erfolgreich zu sein: „Halte deine Emotionen im Zaum, und verlasse dich ausschließlich auf die wirtschaftlichen Faktoren.“ Auf die Frage, welchen Einfluss sie auf den Markt habe, antwortet sie zurückhaltend: „Ich denke gar nicht darüber nach, welchen Einfluss ich auf den Markt habe. Manchmal schreibt man mir zu, den Markt bewegt zu haben, wenn ich weiß, ich war’s nicht. Und manchmal habe ich vielleicht etwas bewegt, und niemand hat es bemerkt.“ Zum **Euro** meint Elaine Garzarelli: „Europa wird dadurch sicher wettbewerbsfähiger werden. Aber ich glaube, dass dies nur von Vorteil für uns alle sein wird.“

Wie Amerikas Superreiche anlegen

„Der Reiche hat das Gesetz in seiner Geldbörse.“ Jean-Jacques Rousseau

Das amerikanische Wirtschaftsmagazin *Forbes* zählt aktuell 267 Amerikaner, die mehr als eine Milliarde Dollar besitzen. Amerikas Reiche werden immer reicher, dank der klugen Auswahl ihrer Aktien. Man muss schon 500 Millionen Dollar mitbringen, wenn man in den noblen Club Forbes 400 des US-Wirtschafts-Magazins aufgenommen werden will. Die obere Hälfte der Liste der 400 größten Vermögen der Vereinigten Staaten sind bereits Milliardäre. Obgleich in Kalifornien nur 12 Prozent der Amerikaner leben, hat sich dort ein Viertel der Superreichen versammelt.

Ein relativ einfaches Rezept zum Reichwerden war bisher: viele Microsoft-Aktien kaufen (die Software-Aktie aus Seattle steht ganz oben auf der Liste der Superreichen) oder Anteile an Berkshire Hathaway von Warren Buffett erwerben.

Zum ersten Mal haben die *Forbes*-Redakteure untersucht, welche Aktien den Reichen in Amerika zu immer mehr Reichtum verhelfen. Bald kann sich jedermann an dieser Milliardärs-Strategie orientieren, denn das Investmenthaus Prudential Securities bringt in Kürze den Forbes-Forty-Unit-Investment-Trust auf den Markt (Mindestanlage 250 Dollar). Noch ist nicht darüber entschieden, ob der Fonds auch in Deutschland angeboten wird. Anders als bei üblichen Investmentfonds bleibt die Zusammensetzung der 40 Erfolgsaktien aus den Depots der Superreichen ein Jahr lang unverändert.

In den vergangenen zehn Jahren brachte die Milliardärs-Strategie durchschnittlich 22,5 Prozent pro Jahr (aus 10.000 Dollar wären bis Anfang 1999 bei jährlicher Umschichtung 76.000 Dollar geworden), der Dow Jones stieg in dieser Zeit nur um 18,6 Prozent (55.000 Dollar). Unter den 40 Werten sind nur sieben aus dem Dow Jones: WalMart, Walt Disney, AT&T, Coca-Cola, Hewlett-Packard, Johnson & Johnson (weltgrößter Gesundheitskonzern) und McDonald's. Zu den Favoriten zählen auch DaimlerChrysler, die Internetprofiteure Lucent Technologies, MCI Worldcom und Yahoo. Auch in angeblich langweiligen Branchen gibt es interessante Werte: die Baumarktkette Home Depot (profitiert vom Boom der Baubranche), die Bekleidungskette The Gap mit ihren Old-Navy-Läden, der Werkzeughersteller Danaher und Wrigleys Kaugummi.

Kapitel 5

Strategien für Spieler, Spekulanten und Zocker

„Zwei Epochen gibt es im Leben, da der Mensch nicht spekulieren soll: wenn er sich's nicht leisten kann, und wenn er sich's leisten kann."
Mark Twain

Vor 300 Jahren schrieb der in Amsterdam lebende José De La Vega, Dichter, Philosoph und Spekulant, das erste Buch über die Börse: *Die Verwirrung der Verwirrungen,* ein philosophisches Buch und eine Reportage. Er beschreibt das Bild der Amsterdamer Börse im 17. Jahrhundert. Angeblich hatte er sich fünf Mal ein Vermögen zusammenspekuliert und wurde ebenso oft wieder arm.

José De La Vega schrieb: „Die Börsengewinne sind Koboldschätze: Bald sind sie Karfunkelsteine, bald Kohlen, bald Diamanten, bald Kiesel, bald Morgentau, bald Tränen. Wer in diesem Spiel gewinnen will, muss Geld und Geduld haben, da die Kurse so wenig beständig und die Gerüchte so wenig begründet sind; wer die Schläge aushält, ohne über die Widerwärtigkeit zu erschrecken, ähnelt dem Löwen, der den Donner mit Brüllen beantwortet, und nicht der Hirschkuh, die, vom Donner betäubt, hinwegeilt. Es ist sicher, dass derjenige, der die Hoffnung nicht aufgibt, gewinnt und Geld für das erhoffte Geschäft behält. Infolge der Wechselfälle machen sich viele lächerlich, da einige Spekulanten durch Träume, andere durch Weissagungen, diese durch Illusionen, jene durch Launen und unzählige durch Chimären geleitet werden." Sein Ratschlag: Bei allen Tipps, Prognosen und Empfehlungen lägen immer die widersprüchlichsten Aussagen vor; es sei notwendig, zu einer eigenen Meinung zu kommen. „Man soll niemandem einen Rat erteilen, Aktien zu kaufen oder zu verkaufen."

> Johann Wolfgang von Goethe lässt in seinem Faust durch Mephisto die Spekulation verspotten: „Ich sag es dir: ein Kerl, der spekuliert, ist wie ein Tier auf dürrer Heide, von einem bösen Geist im Kreis herumgeführt, und ringsumher liegt schöne grüne Weide."

Bei den Briten ist die Spekulation eine Tugend, bei den Deutschen hat sie einen schlechten Ruf. Bei der Weltausstellung Expo 1967 in Montreal würdigte Großbritannien seine größten Söhne mit Porträts: Sir

Isaac Newton, Francis Bacon, William Shakespeare. Unter das Bild von Sir John Maynard Keynes ließ die Regierung die Würdigung setzen: „John Maynard Keynes, dem es gelungen ist, ohne Arbeit ein Vermögen zu erwerben."

Spekulant Jesse Livermore spielte das „Spiel der Spiele"

„Was nützen einem zehn Millionen, wenn man nicht an das wirklich große Geld kommt?" Börsenspekulant Jesse Livermore

Jesse Lauriston Livermore war der wahrscheinlich größte Spekulant, bis zur Erfindung der neuen Finanzinnovationen und der Hedge Funds. Er verlor vier Mal ein Millionen-Dollarvermögen und gewann es wieder zurück, konnte es aber nicht dauerhaft halten. Er gewann viel, und er verlor es wieder. Er hatte Showtalent, er konnte erfolgreicher erscheinen, als er tatsächlich war. In seinen Erinnerungen beschreibt der „König der Spekulanten", wie er mit seiner Spekulationsstrategie mehrere Millionen gewann; und er lässt die Verluste nicht aus, wenn er gegen sein eigenes Trading-System handelte. Beim Börsenkrach von 1929 gewann Livermore Millionen mit seinen Baisse-Positionen und verlor alles gleichzeitig durch seine Hausse-Positionen. Am Ende blieb ihm ein schöner Gewinn durch die Provisionen, denn die Umsätze waren gewaltig.

Jesse Livermore wurde am 26. Juli 1877 als Sohn von Hiram E. und Laura Livermore in Shrewsbury, Massachusetts, geboren. Der Vater war Farmer und wollte aus Jesse auch einen Farmer machen. Der aber interessierte sich nur für Bücher und Zeitungen, wenn er sie denn mal in die Hand bekam. Darin las er von Reichtum, Macht, Luxus, schönen Frauen und von sehr viel Geld. Das alles wollte er auch, und zu seiner Mutter sagte er: „Irgendwann werde ich dir tausend Dollar schenken." An seinem vierzehnten Geburtstag erklärte ihm der Vater, nun sei es genug mit der Schule, es sei Zeit für Schwielen an den Händen. Die verständnisvolle Mutter schenkte ihm einige Dollar, und er riss von zu Hause aus.

Der Börsencrash von 1873 hatte viele Menschen arm gemacht. Und wer wenig hatte, konnte sich zumindest damit trösten, dass er keine

Schulden hatte. Dem Börsenkrach folgte die bis dahin schwerste Depression der amerikanischen Geschichte. Geld wurde zum Mittelpunkt des Lebens. Das neue Motto hieß: „Jeder für sich." Dieses Umfeld prägte den jungen Jesse Livermore. Er setzte meistens auf fallende Kurse.

Mit einem Fuhrwerk gelangte der kleine und schmächtige Junge nach Boston und suchte zielsicher die Brokerfirma „Paine Webber". Dort verlangte er den „Partner" zu sprechen, der ihn tatsächlich empfing und ihn für 6 Dollar pro Woche als Board-Boy einstellte. Jesse hatte in den Board Rooms die neuesten Kurse von Anleihen und Aktien nach Zuruf auf große Tafeln zu schreiben. Die Tafeln waren für die Information der Kunden. Morgens stand Jesse immer als Erster vor der Bürotür. Sobald einer der Partner aufschloss, sauste er an seinen Arbeitsplatz. Er wollte nach oben, und die anderen sollten das merken. Er las die täglichen Anlageempfehlungen seiner Firma gründlich und saugte alles auf, was die Händler sprachen. Während er die Kurse schrieb, murmelte er fachmännisch: „Fundamental gesehen, müssen Stahlaktien steigen, Banken kommen …" Trat das dann auch ein, zeigten Mitarbeiter und Kunden auf den jungen Mann und riefen: „Er hat es richtig vorausgesagt."

Der Begriff der „Bucket Shops" stammt aus den Romanen von Charles Dickens („Spielen ist verboten, die Lotterie ein Flop; verzweifel nicht, geh in den Bucket Shop.") und beschreibt die Plätze, an denen arme Schlucker die eingesammelten Reste aus Bier- und Weinflaschen der Tavernen leerten. In Amerika wurde die Bezeichnung auf Pseudo-Brokerfirmen angewandt, in denen man auf Aktien wetten konnte, ohne sie zu kaufen. Der Mindesteinsatz betrug einen Dollar. Mit seinem Wissen aus dem echten Brokergeschäft ging Jesse in einen Bucket Shop, setzte 10 Dollar auf Burlington und gewann drei Dollar. Damit begann die Karriere von Jesse Livermore als boy plunger (Spekulantenjunge). Diesen Spitznamen wurde er sein Leben lang nicht mehr los.

Von da an verbrachte er regelmäßig seine Mittagspause in den Wettpalästen. Seine Arbeitgeber erfuhren davon und stellten ihn vor die Wahl. Jesse wählte die Bucket Shops. Das war seine erste und auch letzte Stelle als Angestellter.

Mit 15 hatte er tausend Dollar erspielt und wurde in Boston mit Hausverbot belegt. Das galt unter Spielern als hohe Auszeichnung. Jesse fühlte sich reif für die Wall Street und verlor sofort alles. Die Ticker der New

Yorker Börse hinkten zehn Minuten hinter den Geschäften her (in dieser Zeit hatte er in den Bucket Shops seine Geschäfte schon gemacht), und Jesse sah: „Man kann das Band nicht hereinlegen, aber das Band kann dich hereinlegen." Um eine Erfahrung reicher und tausend Dollar ärmer, fuhr er mit einem Güterwagen nach Westen und plünderte in Indianapolis, Chicago, St. Louis und Denver alle Bucket Shops aus. Mit 23 besaß er 50.000 Dollar. Einen Tausender schickte er seiner Mutter.

Mit dem restlichen Geld und seiner jungen Frau Nettie kehrte er an die Wall Street zurück. Er beschäftigte sich mit der Fundamental-Analyse und setzte gleichzeitig an der Börse. Eine Zeit lang setzte er auf sein System mit der schwarzen Katze: Sein Nachbar erzählte ihm, das Tier habe ihm Glück gebracht. Immer wenn die Katze Junge warf, schloss Jesse Livermore seine alten Positionen ab und agierte in die entgegengesetzte Richtung. Als ihn die Nachricht vom Tod der Katze erreichte, soll er ohnmächtig geworden sein.

Nachdem er wieder mal völlig pleite war, sollte der Schmuck von Nettie als Sicherheit dienen. Aber sie gab ihn nicht her. Also verließ er seine Frau und zog wieder durch die Bucket Shops. Dann, 1905, kehrte Livermore an die Wall Street zurück, als Strohmann für den bekannten Spekulanten Lawson. Da man ihn für verrückt und dumm hielt, spielte er seine Rolle sehr gut. Lawson gab ihm den Auftrag, in Aktien der „Union Pacific" short zu gehen. Auch für seine Freunde ging Livermore short. Aber die Kurse gingen ständig nach oben, und nur noch ein Wunder konnte helfen. Am 18. April 1906 wurde San Francisco von einem Erdbeben erschüttert. Die Aktienkurse stürzten senkrecht ab, und Jesse Livermore gewann 300.000 Dollar. In seinem Urlaub auf Florida schmolz dieses Vermögen wie Schnee in der Sonne.

Die Warenterminbörse Chicago war geschockt, als Livermore das Monopol auf Julikontrakte in Baumwolle hatte. Die short seller deckten sich um jeden Preis ein. Livermore gab bereitwillig seine Positionen ab, zu hohen Preisen. Danach stieg er wieder in Baumwolle ein und verlor alles.

Immer wieder stand Jesse Livermore die Glücksgöttin hilfreich zur Seite. Am 20. Dezember 1916 ging er eher zufällig in ein Brokerbüro, nur um nach den Kursen zu sehen. Irrtümlich traf dort eine Topsecret-Nachricht ein: Präsident Woodrow Wilson werde am Nachmittag eine

Rede halten und seine Bereitschaft zum Frieden anbieten. Livermore erkannte die Brisanz für die Kriegsaktien auf den ersten Blick. Bei jedem erreichbaren Broker ging er short und lieferte als Gegenleistung die Nachricht. Der Präsident bot in seiner Rede einen „Frieden ohne Sieg", und Livermore war zigfacher Millionär. Seine Noch-Ehefrau Nettie holte sich ein dickes Stück davon.

Die Regierung setzte 1933 einen „Polizisten an der Ecke Wall und Broad Street" ein. Präsident Roosevelt ernannte Joseph Patrick Kennedy zum Chef der neuen Börsenaufsichtsbehörde, der Securities and Exchange Commission. Nach drei Jahren hatte Joe Kennedy seine Aufgabe erfolgreich gelöst, die Börse funktionierte wieder. Tricksereien waren nicht mehr möglich.

Wenn Tränen Geld wären, dann wären die meisten Spekulanten steinreich. Am 8. November 1940 zog Livermore die Bilanz seines Lebens und erkannte, dass er als Mensch und Spekulant versagte hatte. Er hatte nun sogar Schulden, weil er das Geld nicht festhalten konnte. Der ständige Kampf an der Börse hatte ihn zermürbt. Er entschloss sich, so auffällig aus dem Leben zu scheiden, wie er gelebt hatte. Er erschoss sich in der Toilette des New Yorker Hotels Sherry Netherlands. Am Ende stellte er resigniert fest: „Mein Leben war ein einziger Reinfall."

Ratschläge für Spekulanten:

- Spekulation ist kein einfaches Geschäft. Es ist kein Spiel für Dumme und mental faule Menschen mit geringem emotionalem Gleichgewicht.
- Von den Millionen, die spekulieren, gibt es nur wenige, die ihre ganze Zeit auf die Spekulation verwenden. Die meisten handeln aufs Geratewohl, was sehr kostspielig sein kann. Jeder, der spekulieren will, sollte deshalb die Spekulation als eine seriöse Beschäftigung ansehen und nicht als Spiel.
- Meine Erfahrung lehrte mich, dass mit Aktien oder Rohstoffen stets nur dann richtig zu verdienen war, wenn die Engagements von Anfang an Gewinn versprachen.
- Es gilt, sich an die Tatsachen zu halten, nur an die Tatsachen, und danach zu handeln. Dies ist das Rezept zum Erfolg.

- Die meisten Menschen sind große Spieler. Sie setzen auf eine Anlage, behalten sie, auch wenn es schief geht, und verlieren dann alles.
- Es heißt, dass noch keiner arm geworden ist, indem er Gewinne mitgenommen habe. Das stimmt. Aber es ist auch noch keiner reich geworden, wenn er in einem Haussetrend nach jedem kleinen Anstieg ausstieg.
- Wenn eine Anlage schief läuft, sollte man die Verluste einstecken, die Ursachen untersuchen, ein Lächeln aufsetzen und auf die nächste Gelegenheit warten.
- Es gibt Zeiten, in denen jeder mit Aktien Geld verdienen kann; aber niemand soll sich der Illusion hingeben, dass dies jeden Tag, jede Woche, jahraus, jahrein möglich ist. Meist gibt es pro Jahr nur wenige Gelegenheiten, vielleicht vier oder fünf, bei denen es sich lohnt, wirklich einzusteigen.
- Der größte Fehler vieler Spekulanten ist der Drang, in einer kurzen Zeit reich werden zu wollen. Rom wurde auch nicht an einem Tag erbaut.

Zocker-Strategie: Leerverkäufe – Die Kasse klingelt, wenn es kracht

„Du musst nur einmal siegen – wenn du es das letzte Mal probierst.“
Phil Knight, Nike-Gründer

Üblicherweise gilt die Regel: Was man nicht besitzt, kann man nicht verkaufen. Nicht so an der Börse. Wer auf fallende Kurse spekuliert, tätigt einen Leerverkauf (Short Selling). Der Investor verkauft zum heutigen Kurs, weil er mit fallenden Kursen rechnet. Die Wertpapiere für den Verkauf leiht er sich von seinem Broker und verpflichtet sich, diese zu einem späteren Termin zurückzugeben, wenn die Position geschlossen wird (Short Coverage). Geht seine Spekulation auf und die Aktien fallen, kann er die Papiere am Markt günstiger kaufen und seinem Broker zurückgeben. Die Differenz ist der Gewinn. Geht die Spekulation daneben und die Kurse steigen, dann muss er am Markt mehr bezahlen, als er beim Leerverkauf bekommen hat.

Nur wenn es an der Börse kracht, klingelt es in der Kasse. Der Leerverkäufer geht ein sehr großes Risiko ein. In den USA setzen Profis gezielt Detektive ein, um mehr über ein Unternehmen zu erfahren, bevor sie ein Geschäft abschließen. Nicht an allen Börsen sind Leerverkäufe möglich. In Deutschland wird diese Möglichkeit für Privatanleger nicht angeboten. In den USA ist der Leerverkauf von Aktien erlaubt, die an der New York Stock Exchange oder an der Nasdaq notiert werden. Ein Leerverkauf, ohne die Papiere vorher zu leihen (Naked Short), ist in den USA verboten. Der Eisenbahnkönig Commodore Vanderbilt sagte zu seinem Widersacher Daniel Drew, der ihn mit Leerverkäufen in die Ecke drängen wollte und dabei selber in große Schwierigkeiten geriet: „Wenn du verkaufst, was du nicht hast, kauf's rasch zurück, sonst droht dir Knast."

Gerald M. Loeb hinterließ uns die Warnung: „Auch wenn man sich noch so sicher ist, was nützt es schon dem eigenen Kontostand, bei theoretisch überbewerteten Aktien auf Baisse zu spekulieren, wenn deren Kurse zurzeit steigen. Oder bei theoretisch unterbewerteten Aktien auf Hausse zu spekulieren, wo deren Kurse gerade fallen."

Groß-Spekulant George Soros, der „Hexer"

„Unsere Zivilisation baut auf Eigeninteresse und nicht darauf, dass man sich nur um andere kümmert." George Soros

George Soros ist der erfolgreichste und wahrscheinlich einflussreichste Investor. Schon 1981 feierte das Fachmagazin *Institutional Investor* George Soros als „besten Anleger der Welt". Der Spekulant ist einer der erfolgreichsten Finanzmanager. „Er ist der beste lupenreine Investor aller Zeiten", schrieb Barton M. Biggs von Morgan Stanley. Soros nennt als seinen Beruf „finanzieller und philosophischer Spekulant".

George Soros kam 1930 in Budapest als Dzjehdzhe Shorash zur Welt, er erlebte die deutsche und die sowjetische Besatzung. Er finanzierte sein Studium als Kellner, Anstreicher und Transportarbeiter. Einige Jahre arbeitete er bei der Investmentfirma Singer & Friedlander, kam dann

1956 in die Vereinigten Staaten und ging direkt zur Wall Street, zuerst als Trader und Analyst verschiedener Investmenthäuser. Mit seinem Partner Jim Rogers gründete er den Quantum Fund, einen Offshore-Investmentfonds, und machte sich schnell einen Namen als Short-Trader. Er verkaufte Aktien auf Termin, die er nicht besaß, in der Hoffnung, der Kurs würde bis zum Stichtag fallen und er könne dann billiger zurückkaufen.

George Soros studierte Wirtschaftswissenschaften an der London School of Economics und stellte sich bei allen Wirtschaftstheorien immer zuerst die Frage: „Gilt diese Theorie auch für mich?“ Seine Antwort: „Nein. Wenn ich nicht an diese Theorie glaube, hat sie für mich auch keine Geltung. Wenn ich weiß, was über mich behauptet wird, kann ich mich auch anders verhalten.“ Schon ein Querkopf kann eine wissenschaftliche Theorie zu Fall bringen. In seiner jüngsten Veröffentlichung *Die kapitalistische Bedrohung* behauptet Soros, nicht mehr der Kommunismus sei die größte Gefahr für demokratische Gesellschaften, sondern das uneingeschränkt freie Spiel der Marktkräfte (das ihm erst zu seinem Reichtum verholfen hat). Soros traut den Marktkräften nicht: „Ich kann nur immer vor dem blinden Vertrauen in die Magie des Marktes warnen.“ Aber seine Empfehlung, die UNO als Weltfinanzpolizei einzuschalten, ist angesichts der Zerissenheit der Weltorganisation nicht praktikabel.

Die wissenschaftlichen Theorien der Märkte hält Soros für falsch: „Entgegen der allgemeinen Erkenntnis, dass Märkte zum Gleichgewicht streben, gehe ich davon aus, dass Finanzmärkte wegen der Kluft zwischen den Ansichten der Teilnehmer und dem wirklichen Zustand zu einem Ungleichgewicht tendieren.“

Soros entwickelte die Theorie der Reflexivität, die die wechselseitigen Feedback-Mechanismen zwischen dem Denken der Marktteilnehmer und dem tatsächlichen Ablauf der Ereignisse beschreibt. Aus dieser Theorie könne auch der Privatanleger Nutzen ziehen, wenn er sie denn richtig verstanden habe. „Marktteilnehmer handeln nicht auf der Grundlage von Wissen, sondern auf der Basis ihrer Wahrnehmung der Dinge.“ Nach Soros verändern Handlungen die Wirklichkeit. Die Realität spiegelt sich im Denken der Menschen wider. Sie treffen Entscheidungen, die die Wirklichkeit beeinflussen.

Anlagestrategien von George Soros

„Wer entscheidet über Zweckmäßigkeit, wenn nicht der Opportunist?“
Albert Camus

Ich bin nicht wirklich zum Philosophen begabt. Mir fehlt die geistige Disziplin, um meine Gedanken zusammenhängend und überzeugend auszudrücken.“ Soros ist davon überzeugt, dass seine Erfolge auf sein philosophisches System zurückzuführen sind: „Ich glaube, dass ich den Prozess, der abläuft, wirklich besser als andere Leute verstehe, diesen revolutionären Prozess, weil ich eine Theorie habe, ein intellektuelles System, in das ich ihn einordne. Das ist meine Spezialität, weil ich mit ähnlichen Prozessen in den Finanzmärkten zu tun habe.“

1. „Das Besondere bei mir ist, dass ich keinen bestimmten Anlagestil habe. Präziser: Ich versuche, meine Taktik den Bedingungen anzupassen.“
2. „Ich halte mich gern in Gebieten auf, die andere nicht interessieren, denn solange das zutrifft, muss man nicht viel über sie wissen.“
3. Einerseits kündigt Soros seine Transaktionen laut vernehmlich an und spricht gerne über seine Erfolge, andererseits arbeitet er gerne mit Derivaten wegen ihrer „Lautlosigkeit“.
4. Soros' Erfolgsrezept sind nicht erstklassige Marktanalysen oder eine glückliche Hand für das Timing, sondern eine unbändige Risikobereitschaft und blitzschnelle Kurskorrekturen bei Fehleinschätzungen. „Auch wenn ich schwach in Mathematik bin, analysiere ich ständig, was mit meinen Ideen und den vorherrschenden Ideen auf den Märkten nicht stimmt. Die meisten Menschen sind ärgerlich, wenn sie Fehler korrigieren müssen. Ich bin erleichtert.“ – George Soros war in den Anleihe-Skandal um Salomon Brothers verwickelt aber er wurde nicht angeklagt. Beim Crash von 1987 lag er richtig und falsch zugleich: Er glaubte, der Kurseinbruch würde in Japan beginnen.
5. Groß-Spekulant George Soros gibt freimütig zu, dass er so viele Fehler macht wie jeder Durchschnittsanleger. Sein Erfolgsrezept ist, diese Fehler sehr schnell zu erkennen und umzuschalten.

Die Anlagephilosophie von Soros lautet: „Es geht nicht darum, wie hoch der Gewinn ist, wenn man richtig liegt, und wie hoch die Verluste sind, wenn man falsch liegt." Stanley Druckenmiller sagt über ihn: „Soros ist einer der besten Verlierer, die ich kenne. Es kümmert ihn nicht, ob er bei einem Trade gewinnt oder verliert. Wenn ein Trade nicht funktioniert, ist er selbstbewusst genug, zu wissen, dass er bei anderen Trades Gewinn macht, sodass er die Position leicht abstoßen kann."

George Soros ist eiskalter Investor und Buchautor, und er gibt von seinem Reichtum großzügig ab. Jährlich stiftet er 300 Millionen Dollar für gemeinnützige Zwecke, z. B. in den USA für den Kampf gegen die Armut und für größere Chancengleichheit durch bessere Ausbildung. Soros ist der größte private Wohltäter der USA. Seine Stiftungen für Osteuropa sollen die Ideen der demokratischen Gesellschaft in den Ländern fördern. Eine Zeit lang zahlte er die Jahresgehälter für ein Drittel der russischen Wissenschaftler, damit sie nach dem Zusammenbruch der Sowjetunion nicht zu Diktaturen abwanderten.

In einem Schreiben an die *Times* machte Soros einen Unterschied zwischen seinen Aktivitäten in West und Ost: „Ich trachte in Osteuropa nicht nach Gewinn und bin dafür auf westlichen Finanzmärkten kein Wohltätigkeitsinstitut."

George Soros ist stets in bestes Tuch gekleidet: „Ich bin arm geboren, aber ich werde nicht arm sterben." Sein Privatvermögen wird auf 2,5 Milliarden Dollar geschätzt. Er besitzt eine Villa in Long Island und eine Zweitwohnsitz in London. „Wohlstand an sich kann zum Ballast werden."

Ist man erst einmal Milliardär, lebt es sich völlig ungestört. Soros will nicht reicher werden, sondern als Retter von Nationen in die Geschichte eingehen. „Früher dachte ich oft, wenn ich jetzt an einem Herzinfarkt sterben würde, wäre es kein Verlust für die Welt. Heute spüre ich, dass es vielleicht doch einer wäre."

Anlage-Tipps von George Soros

- Risiken gehören zum Geschäft. Setze aber niemals dein Haus aufs Spiel.
- Suche nach Veränderungen, die noch niemand bemerkt hat.

- Du kannst reich werden, wenn du das chaotische Spiel der Finanzmärkte durchschaust.
- Die Psychologie bestimmt die Märkte, nicht die Mathematik.
- Wer sieht, wohin die Herde rennt, kann sich an die Spitze setzen. „Die meiste Zeit folge ich dem Trend."
- Nach der vorherrschenden Meinung haben die Märkte immer Recht. Ich bin vom Gegenteil überzeugt und gehe davon aus, dass die Märkte grundsätzlich falsch liegen.
- Wer im Spiel ist, muss den Schmerz aushalten können. Spekulation ist kraftraubend, anstrengend und ermüdend.
- Wenn du dich für eine Branche entscheidest, kaufe immer die beste und die schlechteste Aktie. Die beste Aktie hat die größten Chancen, die schlechteste hat den größten Hebel, wenn sie später entdeckt wird.
- Du brauchst eine bestimmte Meinung.

Die Quantum-Familie

Soros wollte mehr als nur ein Arbitragehändler und Analyst sein. Er verhandelte mit seinem Arbeitgeber Arnhold & S. Bleichroeder über einen neuen Investmentfonds unter seiner Leitung. 1967 wurde der konventionelle Eagle Fund aufgelegt, 1969 folgte der Hedge-Fonds Double Eagle Fund, mit Sitz außerhalb der USA.

1973 gründete George Soros die Soros Fund Management und machte sich mit Jim Rogers selbstständig. Rogers und Soros waren das „Dream-Team" der Wall Street: Rogers als Analyst mit den Ideen, George Soros als Trader für die Entscheidungen, mit einem Gespür für die Marktentwicklungen und das richtige Timing. Wer von Anfang an dabei war und 1969 10.000 Dollar in den Quantum Fund investierte, hatte bis Ende 1996 daraus 22 Millionen gemacht. Das ist eine durchschnittliche Jahresrendite von 35 Prozent. Von 1970 bis 1980 verdreißigfachen Soros und Rogers das Geld ihrer Anleger, ein Traumergebnis. Die Fondsfamilie Quantum Group agiert außerhalb der Aufsicht der USA auf den Niederländischen Antillen und den British Virgin Islands. Daher dürfen weder amerikanische Staatsbürger noch Ausländer mit US-

Wohnsitz als Anleger geworben werden. Im Jahr 1979 wird der Fonds in Quantum Investment Fund umbenannt. Der Quantum Fund kann über einen Broker in London gehandelt werden.

Nach Jim Rogers liegt die Mehrheit immer falsch. George Soros stimmt ihm zu, schließt aber nicht aus, dass auch sie sich irren. 1981 wurde für Soros zum Krisenjahr: Er wird zum „besten Anleger der Welt" gekürt, kann den Anlegern aber keine Ausschüttung zahlen. Soros hatte auf langfristige Anleihen gesetzt, der Markt dreht aber in eine andere Richtung. Der Quantum fällt um 23 Prozent, und die Anleger ziehen ein Drittel der Gelder ab. Es wird das erste Verlustjahr für den Quantum Fund. Soros steigt wieder voll ein, 1982 wird mit 57 Prozent plus eines der besten Jahre. 1993 macht der Quantum einen Gewinn von 70 Prozent. Aber hin und wieder weht der Wind auch aus einer anderen Richtung. Am 14. Februar 1994 erlebt Soros sein „Valentinstag-Massaker": Bei der Wette Dollar gegen Yen verliert der Quantum an einem einzigen Tage 600 Millionen Dollar, gibt Stanley Druckenmiller öffentlich bekannt. Soros will mit der Bekanntgabe beweisen, dass er auch Fehler macht. „Der größte Fehler ist es, anzunehmen, dass man ein Finanzgenie ist."

Das Jahr 1994 schließt für den Quantum mit einem mageren Plus von rund 3 Prozent. 1996 steigt Druckenmiller am amerikanischen Markt zur falschen Zeit aus und zum falschen Zeitpunkt wieder ein, der Quantum macht einen Verlust von 1,5 Prozent. 1997 erreichte der Quantum nur die Hälfte der Wertsteigerung des S&P-500, 1998 war es weniger als die Hälfte. Die aktive Führung des Quantum Fund gab Soros schon 1988 an das Druckenmiller-Team ab. Eine kleine Mannschaft unter Leitung des publikumsscheuen Stanley Druckenmiller steuert die Fonds von einem kleinen Büro am New Yorker Central Park.

Der Quota Fund (+ 81 Prozent) und die anderen vier Fonds verdienten dagegen sehr gut. Quota ist mit einem durchschnittlichen jährlichen Wachstum von über 50 Prozent der erfolgreichste Hedge-Fonds der letzten fünf Jahre. In diesem Jahr aber erlitt der Fonds rund 15 Prozent Verlust. Nachdem Manager Roditi für längere Zeit wegen gesundheitlicher Probleme ausfällt, schlägt Soros den Investoren vor, den Quasar Fonds mit den Quantum Industrial Holdings zusammenzulegen. Nicholas Roditi, einer der wichtigsten Fondsmanager des Soros-Imperiums, steuerte von London aus den Quota Fonds und den Quasar International Fonds.

Der Emerging Growth-Fonds wird nach einem Verlust von 30 Prozent geschlossen. Den Quantum UK Reality Fund löst Soros 1994 nach nur 18 Monaten wieder auf.

Mit Hedge-Fonds hebeln wie George Soros

„Zukunft ist die Zeit, in der du bereust, das nicht getan zu haben, was du heute tun kannst." Theodore Dreiser, amerikanischer Schriftsteller (1871–1945)

Hedge-Fonds sind elitäre Clubs für Reiche, die noch reicher werden wollen. Die Zahl der Hedge-Fonds wird weltweit auf 4000 mit 900 Milliarden Dollar geschätzt. Gemeinsam gründeten George Soros und Jim Rogers 1969 den Quantum Fund. Ein Star der Hedge-Fonds-Szene ist Julian Robertson, der 1980 den Tiger-Fonds mit 8 Millionen Dollar gründete, heutiger Wert 15 Milliarden Dollar. Robertson ist egozentrisch und hörte bei seinen Spekulationen bis vor kurzem auf seinen Psychoanalytiker, neuerdings auf dic ehemalige britische Premierministerin Maggie Thatcher.

Globale Hedge-Fonds agieren weltweit, z.B. in Einzelwerte oder in Schwellenländern; sie arbeiten mit der Fundamental-Analyse, suchen nach über- oder unterbewerteten Aktien und gehen am Markt Gegenpositionen (Leerverkäufe) ein. **Makro-Fonds** spekulieren auf makroökonomische Entwicklungen einzelner Volkswirtschaften mit entsprechenden Ausschlägen auf die Währungen; sie arbeiten mit der Chart-Analyse und suchen in der Historie nach statistischen Auffälligkeiten; solche Fonds spekulicren auch gegen Währungen.

➔ **Tipp: Folgen Sie keinem Guru blindlings.** Der spekulative amerikanische Hedge-Fonds LTCM glänzte mit der Elite der Finanzwissenschaft, so den Nobelpreisträgern Merton Miller und Myron S. Scholes. Viele Geldgeber glaubten, „die wissen, wie Gewinne gemacht werden". Nach Traumgewinnen wurde die Gier immer größer. Mit einem Eigenkapital von 5 Milliarden Dollar nahm LTCM für 100 Milliarden Kredite auf – und verspekulierte alles. Die Investoren und die Banken haben ihr Geld verloren – und die beiden Professoren lehren und forschen wieder an ihrer Uni.

Mit George Soros gegen Währungen wetten

„Drei Dinge können den Menschen zum Wahnsinn treiben: Liebe, Begierde und das Studium der Wechselkurse.“ Walter Leaf

Weltweit werden 160 Währungen gezählt, kaum ein Staat verzichtet auf eigene Banknoten mit Hoheitszeichen. Mit der Einführung des **Euro** sind weltweit noch fünf Währungen von Bedeutung: der **US-Dollar,** der **Yen,** mit größerem Abstand das **britische Pfund** und der **Schweizer Franken.** Lokale Dollars gibt es in Australien, Neuseeland, Kanada, Hongkong, Singapur, Taiwan, Brunei, Liberia und in mehreren Karibikstaaten. Das Pfund erinnert noch in Ägypten, Zypern, Libanon und Syrien an die einstige Kolonialmacht. Den Peso führten die spanischen Eroberer im 16. Jahrhundert in ihrem Weltreich ein. Er gilt heute noch in der ehemals portugiesischen Kolonie Guinea-Bissau, auf den Philippinen, in mehreren Staaten Lateinamerikas und auf Kuba. Russland bleibt aus Tradition beim Rubel, auch wenn er nicht mehr rollt. Er galt schon zu Zeiten der Zaren, und die kommunistischen Revolutionäre konnten ihn nicht verdrängen. Vielleicht hat in 50 Jahren der „Globo“ längst Dollar, Yen und Euro abgelöst.

Eine alte Börsenregel warnt: „Spekuliere nie gegen die Zentralbanken.“ Auf dem Spielfeld Devisenmarkt haben die Zentralbanken das Sagen. Die Notenbanken der großen Industrienationen greifen in den Markt ein, wenn ihnen die eigene Währung nicht richtig bewertet erscheint. Ein Feldzug gegen eine Währung wird wochenlang wie ein strategischer Krieg geplant: Gespräche mit Zentralbankern, Gutachten von Währungsspezialisten, Späher recherchieren vor Ort nach internen Informationen und Lücken im System. Dann erst wird losgeschlagen.

George Soros liebt seinen Ruf als graue Eminenz, der die meisten Währungen der Welt manipulieren könnte, wenn er denn wollte. Soros entdeckte gravierende Lücken im Weltfinanzsystem und nutzte dies eiskalt aus. Jede Krise größeren Ausmaßes bestätigt: Die Großmeister des internationalen Kapitals stürzen Hals über Kopf aus einem Land, einer Währung, reißen dabei Finanzmärkte ins Chaos. Wie Lemminge von einem Masseninstinkt getrieben. Wider besseres Wissen folgt die Masse einem Trend, der vordergründig richtig scheint. Zuerst wird die Krise von den Anlegern verschlafen, dann donnert der Crash auf die Börsen herunter.

Zwei Jahre nach der deutschen Wiedervereingung, im September 1992, herrschte noch Wiedervereinigungseuphorie. Im übrigen Europa zeigten sich rezessive Tendenzen. Die Deutsche Bundesbank drehte die Zinsschraube nach oben, und die übrigen Notenbanken mussten zur Verteidigung der Währungen dem Zinstrend folgen, schadeten damit aber der eigenen Wirtschaft. Der Markt glaubte, die schwachen Währungen würden weiter gestützt werden. Soros glaubte nicht, dass die Verteidigungslinie beim **britischen Pfund** halten würde. Nach seiner Einschätzung würde der Deutschen Bundesbank das Hemd der eigenen Währung wichtiger sein. „Ich fühlte mich sicher an der Seite der Bundesbank."

Der Druck der internationalen Spekulation auf das britische Pfund wurde immer stärker. Die britische Währung war bis 1914 die Leitwährung der Welt. Mit insgesamt 15 Milliarden Pfund wollte die Bank von England den Kursverfall aufhalten. Vergeblich. Am 16. September 1992 musste sich die Bank von England geschlagen geben. Die Regierung John Major trat aus dem Europäischen Währungsfonds (EWS) aus. Die Verteidigung des Pfundkurses hat jeden britischen Staatsbürger 12,5 Pfund gekostet. Die Zentralbank von Malaysia wettete gegen Soros und verlor (angeblich) 4 Milliarden Dollar. Stanley Druckenmiller, Chef-Stratege der Soros Fund Management, wies den Vorwurf des Premierministers von Malaysia, Mahathir Mohamad, Soros sei für die Währungskrise in Malaysia verantwortlich, vehement zurück. Verantwortlich seien die Politiker. Ein stiller Triumph war Soros nicht genug. Der Spekulant gab bekannt, dass er mit 10 Milliarden Dollar (9 Milliarden hatte er sich geliehen) gegen die Bank von England spekuliert und dabei 1 Milliarde Dollar gewonnen habe. Er rief einen Finanzjournalisten der Londoner *Times* an und berichtet stolz von seinem Sieg gegen die traditionsreiche Bank von England.

In einem offenen Brief an die Londoner *Times* schreibt Soros im Juni 1993: „Ich erwarte, dass die **D-Mark** gegen alle wichtigen Währungen fällt." Aber er irrte sich und verlor. In Asien spekulierte Soros gegen die Währungen von Malaysia, Thailand und Singapur und löste die **Asienkrise** aus. George Soros schrieb 1998 einen Leserbrief an die *Financial Times* und forderte **Russland** auf, den Rubel abzuwerten.

„Wäre George Soros nicht gewesen, hätten wir es in Russland geschafft", meinte Stanley Fischer, stellvertretender Direktor des IWF. Russland musste seine Zahlungsunfähigkeit erklären. Das Flaggschiff der Soros-Gruppe, der Quantum Fund, verlor in Russland 2 Milliarden Dollar. Daraus zieht er den Schluss: „Spekulanten sollten den Mund halten und spekulieren."

In **Argentinien** kauft Soros bestes Baugelände, Baufirmen, Einkaufszentren und Hotels. Er sieht große Chancen in der argentinischen Landwirtschaft und wandelt sich vom Währungsspekulanten zum Farmer; wertvolles Pampaland, doppelt so groß wie Luxemburg, gehört ihm schon. Mit der Einführung der Europäischen Währungsunion sieht Soros erhebliche Unruhen an den Devisenmärkten. Die Pläne zur Schaffung einer Wirtschafts- und Währungsunion steckten voller Fehler. Die in vielen Ländern hohe Arbeitslosigkeit könne zu Unruhen, sogar zu Revolten führen.

Wer sich an Währungsspekulationen à la Soros beteiligen will, sollte immer beobachten, was der große Guru unternimmt und schreibt. Mit Währungs-Optionsscheinen kann man auch mit kleinerem Kapital eine Währungswette abschließen. **André Kostolany** schreibt warnende Worte an die Adresse von George Soros: „Alles ist möglich, auch das Gegenteil. Niemand, auch Soros nicht, kann total risikolos auf Devisenverschiebungen spekulieren. Schon ein kleiner Fehltritt, und man rutscht auf einer Bananenschale aus. Ein Nachtwächter kann auch bei Tage sterben."

Big Maconomics – Wie viel ist der Dollar wirklich wert?

„Devisentermingeschäfte sind Kunstlauf auf Eis, das hinter dem Läufer ständig einbricht. Manchmal schon vor ihm." Enzo Cacalese

Nach der volkswirtschaftlichen Theorie der Kaufkraftparitäten sind Wechselkurse dann richtig, wenn der gleiche Warenkorb in beiden Ländern den gleichen Preis hat. Scharen von Devisenhändlern, Bankern, Politikern, Volkswirten, Fundamentalisten, Chartisten, Anlegern, Unternehmen und Urlaubsreisenden zerbrechen sich ständig ihre Köpfe wegen der „richtigen“ Dollarbewertung. Die Ökonomen nehmen gerne einen repräsentativen Warenkorb, um den „richtigen“ Kurs einer Währung zu bestimmen.

Beim Big Maconomics ist der Warenkorb auf ein einziges Produkt geschrumpft. Der Big Mac wird in über 80 Ländern der Welt mehr oder weniger nach dem gleichen Rezept zubereitet, er ist ähnlich wie Butter oder Milch beim Preis vergleichbar. Seriöse Wirtschaftszeitungen, wie *The Economist* berichten regelmäßig über den „Big-Mac-Index“, der seit 1986 berechnet wird. Wer einen Big Mac bestellt, gibt auch gleichzeitig ein Signal an die Volkswirte des britischen Wirtschaftsmagazins *Economist.* Die Korrespondenten sammeln Daten rund um den Globus und ermitteln, ob die Wechselkurse mit den Bedürfnissen der Menschen übereinstimmen. Ist der in Dollar umgerechnete Preis des Big Mac in einem Land höher als in den USA, dann gilt diese Währung als überbewertet, ist der Preis niedriger, dann ist die Währung schwach.

Peter Canelo, Chefanlagestratege von Morgan Stanley Dean Witter, prophezeit: „Der Dollar steigt im nächsten Jahr – die amerikanische Wirtschaft bleibt stark, das öffentliche Haushaltsdefizit ist verschwunden, und die Zinsen sind attraktiv.“ US-Notenbankchef Alan Greenspan sagte bei einer Anhörung vor dem Kongress: „Ein starker Dollar hilft in der Hauptsache den USA, aber er hilft auch unseren Handelspartnern.“

Gottfried Heller, Partner von André Kostolany, ist ganz optimistisch: „Der Dollar wird bald höher stehen als momentan. Offensichtlich kann mit der Kaufkraftparität etwas nicht in Ordnung sein, wenn es teurer ist, in Düsseldorf Socken waschen zu lassen als in New York neue zu kaufen.“

Spekulationsstrategie: Mit neuen Aktien

„Die kürzesten Irrtümer sind immer die besten.“
Jean Baptiste Poquelin, genannt Molière

Jungunternehmen stehen Schlange am Neuen Markt in Frankfurt am Main, und Anleger stehen Schlange an den Bankschaltern. Im Börsenjahr 1999 fanden 160 Unternehmen den Weg an die Börse, im laufenden Börsenjahr dürfte diese Zahl noch übertroffen werden. Anlageberater berichten, dass Börsenneulinge kategorisch fordern: „Ich will keine Aktien, ich will Neuemissionen."

Es gab Auswüchse, wilde Spekulationen und Enttäuschungen. Auch am Neuen Markt ist nicht alles Gold, was glänzt. **Nie blind zeichnen.** Als Aprilscherz stellten die Aktienhändler von Schnigge und der WestLB die „BSE AG" in ihr Informationssystem: „BSE hat mit Landwirtschaft zu tun, Preis zwischen 100 und 120 DM." Erschreckend ist, dass tatsächlich echte Börsenaufträge kamen.

Das sollten Sie für Ihren Börenerfolg mit neuen Aktien beachten:

1. Eröffnen Sie bei Ihrer Hausbank oder bei einer Direktbank ein **Wertpapier-Depot,** wenn Sie noch keines haben. Fragen Sie nach Gebühren, und achten Sie darauf, was der Anlageberater bieten kann.
2. Fragen Sie **vor** der Zeichnung, ob der neue Wert auch noch in sechs Monaten von den Analysten Ihrer Bank betreut wird.
3. **Ausgabepreise** sind sorgfältig kalkuliert und von den Emissionsbanken nach intensivem Studium der Unternehmenszahlen festgelegt. Die Preisgestaltung berücksichtigt künftige Gewinne des Unternehmens ebenso wie die Marktbewertung vergleichbarer Unternehmen.
4. Jeder Ausgabepreis ist ein **Kompromiss** zwischen dem Kapitalbedarf des Unternehmens, den Chancen der Investoren, dem Interesse der Bank an Provisionseinnahmen und der Befürchtung der Banken, ein Flop könne den Ruf ruinieren.
5. Die Emissionsbanken setzen bei den **Gewinnprognosen** ein günstiges Börsenklima voraus: geringe Inflation, niedrige Zinsen und ein stabiler Dollar. Börsenneulinge bleiben nicht von Kursrückschlägen verschont.
6. Aus neuen Aktien werden ganz normale Aktien. Alles ist nur eine Frage der Zeit. Sehen Sie sich die Newcomer genauso gründlich an wie altbekannte Aktien. Vergleichen Sie die Preise mit anderen Unternehmen.
7. Sehen Sie sich den geschäftlichen Hintergrund der neuen Gesellschaft genau an. Sehen Sie Börsenneulinge immer im Zusammenhang mit der **Branche:** Echte Wachstumswerte sind eine Anlage für mehrere Jahre. Suchen Sie nach der „Story" hinter dem neuen Wert.

8. Börsenneulinge unterliegen den allgemeinen Börsenabläufen. Wenn **Jubelstimmung** herrscht, sind Trauer und Tränen nicht mehr fern.
9. Wenn Sie bei der Erstzeichnung nicht zum Zuge kommen, können Sie bei kleineren Werten zukaufen. Setzen Sie ein Limit.
10. In der Vergangenheit haben sich Börsenneulinge, die in schlechten Zeiten an die Börse gingen, **besser entwickelt** als diejenigen, deren Start in guten Zeiten erfolgte.

Fondsmanager **Kurt Ochner** schlägt mit Aktien vom Neuen Markt die Konkurrenz um Längen: „In Medienaktien ist jede Menge Musik drin." Ochner sucht die Lokomotiven unter den Unternehmen des Neuen Marktes. Anleger haben mit dem „Julius Bär Special Germany Stock B" bessere Chancen, an die heißen Papiere heranzukommen. Das Erfolgsrezpt von Ochner: Mehr Gewinn mit weniger Risiko. Die „50 Blues Brothers" fassen die ersten 50 Schwergewichte des Neuen Marktes in dem „Neuer Markt Blue Chip Index" zusammen. Mit den DG Bank Partizipationsscheinen kann sich der Anleger an der Kursentwicklung aller dieser 50 Werte beteiligen.

Ochner ist bekennender Fundamentalist: „Ich habe eine einzige Richtschnur: Kaufe zu jeder Sekunde die am Markt günstigsten Aktien."

Strategie: Gewinnen mit Aktien-Splits

Steigen an den US-Börsen die Kurse über ein bestimmtes Niveau – üblicherweise 100 Dollar –, dann geben die Unternehmen Gratisaktien aus. Die Aktien werden im Verhältnis 2 zu 1 oder 3 zu 1 gesplittet. Wer 100 Aktien besaß, verfügt nun über 200 Stück. Der Depotwert ändert sich nicht.

Analysten und Profis sehen einen Aktien-Split als reine Kosmetik an. Aber die rein analytische Betrachtung lässt außer Acht, dass sich bereits in der Ankündigung eines Splits eine positive Geschäftserwartung durch das Management ausdrückt, und das Unternehmen gibt diese Zuversicht auch gerne allgemein bekannt. In den USA führen nur prosperierende Gesellschaften einen Split durch. Eine US-Universität untersuchte 1 275 Aktien-Splits seit 1975. Ergebnis: Schon nach der Ankündigung eines

Splits reagierten die Kurse positiv, bis zum Tag der tatsächlichen Aktienumstellung stiegen die Kurse um durchschnittlich 3,5 Prozent. In den dann folgenden drei Jahren entwickelten sich die Kurse relativ zum Gesamtmarkt um 12,15 Prozentpunkte besser. Eine einfache Anlagestrategie setzt also auf die Werte, bei denen ein Aktien-Split vermutet wird.

In Deutschland wollen die Unternehmen mit der Umstellung von der 50-DM-Nennwert-Aktie auf die leichtere 5-DM-Aktie auch eine psychologische Hemmschwelle beim Kauf beseitigen. Für viele Anleger spielt es schon eine Rolle, wenn die Aktie „leichter" wird und die „Baby-Aktie" plötzlich nur noch ein Zehntel kostet und eine bessere Risikoverteilung erlaubt. Automatisch steigt aber der Aktienkurs dadurch nicht.

Spekulationsstrategie: Konkurswerte / Mantelspekulation

Der Herausgeber des *Effecten-Spiegel,* Bolko Hoffmann, nahm die Commerzbank AG und den Vorstandsvorsitzenden Martin Kohlhausen zur Zielscheibe. Ohne Pardon verlangte er eine Milliarde Mark für die Berliner Commerzbank von 1870, die 1993 endgültig mit der Commerzbank AG vereinigt wurde. Die Berliner Bank gehöre rechtmäßig dem Vorgängerinstitut (die Effecten-Spiegel AG hält 40 Prozent der Restquoten), das nach Ende des Zweiten Weltkrieges den Betrieb einstellte. Hoffmann forderte die Aktionäre des Vorgängerinstituts auf, die Commerzbank auf Schadensersatz zu verklagen, da die Fusion rechtlich nicht zustande gekommen und ohne Entschädigung erfolgt sei. Nach Bekanntwerden stieg der Kurs der Restquoten von 1,70 DM auf über 85 DM.

Konkurswerte sind Papiere mit höchst ungewissem Ausgang, und meist bleiben sie das auch. Bei Konkurswerten kommt es nur selten zur Rettung, wie 1994 bei der Umwandlung der Ravensburger Spinnerei in die Ravensburger Bau-Beteiligungen. Mutige Anleger erhielten das Neunfache ihres Einsatzes zurück. Wer sich die Aktien als effektive Stücke aushändigen lässt, kann sie immer noch als historische Wertpapiere anbieten.

Immer wieder tauchen in den Chat-Rooms Börsengerüchte von einer Wiederbelebung der Aktien Bremer Vulkan und Escom auf. Auch wenn ein Unternehmen wie die in Konkurs gegangene Computerkette Escom bereits aufgelöst ist, existiert es noch als Abwicklungsgesellschaft weiter: „Bis zum Schlussakt können Jahre vergehen, und so lange bleibt ein Wert an der Börse als **Hoffnungspapier** handelbar", erklärt Werner Michael Waldeck, Anwalt für Börsenrecht.

An der Börse werden zahlreiche Konkurs- oder Vergleichswerte notiert und Liquidationspapiere wie die IG Farben i. L. Bei Unternehmen ohne eigentlichen Geschäftsbetrieb konzentriert sich das Interesse auf den Aktienmantel. Die Hülle des früheren Gummibandherstellers Gold Zack wurde als Emissionshaus für Börsengänge mit neuem Leben erfüllt. In den letzten zwölf Monaten hat sich der Kurs verdreifacht. Börsenanwalt Waldeck: „Selbst wenn eine Firma vermögenslos ist, könnte der Mantel übernommen und wieder mit Leben erfüllt werden." Der Wert setzt sich zusammen aus dem Aktienmantel (damit werden Gründungskosten und Wartezeiten gespart), der Börsennotierung (erspart einen teuren Börsengang), einem steuerlichen Verlustvortrag und eventuellem Immobilienbesitz. Bei diesem Verfahren gibt es weder Börsenprospekt noch Prospekthaftung.

So wurde aus dem Büromaschinenhersteller **Triumph Adler** (WKN 749 490) ein Mittelstandskonglomerat mit den Schwerpunkten Spielwaren, Musikinstrumente, Sanitärfachhandel, Fachhandel für Kopier- und Faxgeräte. Die **Ravensberger Spinnerei AG** erlebte ein echtes Börsen-Come-back: Die im Jahr 1855 gegründete Textil-Firma musste 1988 Konkurs anmelden, die Börsennotierung wurde ausgesetzt. In einem Zwangsvergleich wurde die Firma 1993 revitalisiert, in **Ravensberger Bau-Beteiligungen AG** (WKN 700 500) umbenannt und mit Kapital ausgestattet. Per Kapitalerhöhung gegen Sacheinlagen wurde die Terrawert AG in die Gesellschaft eingebracht (in den neuen Bundesländern mit Grundstücksentwicklungen tätig).

Der Vertreter der Schutzgemeinschaft der Kleinaktionäre (SdK), Herbert Hansen, zählt 90 Gesellschaften im amtlichen Handel, bei denen der Anteil der außen stehenden Aktionäre weniger als 5 Prozent beträgt. Die Börsenzulassungs-Verordnung fordert einen Anteil von mindestens 25 Prozent.

Manche alte Industrieunternehmung (Brauerei, Textil, Maschinenbau, Porzellan, Eisenbahn) könnte plötzlich ein zweites Leben starten, insbesondere wenn noch Immobilienbesitz mit Unterbewertung vorhanden ist. Trittbrettfahrer achten auf Mitteilungen, ob bekannte Investoren irgendwo einsteigen. „Wenn ein Konzern einen Gewinnabführungsvertrag mit einer Tochtergesellschaft kündigt, kann dies ein Zeichen für eine Mantelübernahme sein", weiß Sparta-Vorstand Olaf Hein. Weitere Anzeichen: die Aufhebung einer Liquidation, die Rücknahme des Konkurses. Kaufaufträge für mögliche Kandidaten sollten immer streng limitiert sein.

Die direkte Beteiligung an Mantelspekulationen bieten Aktien der Mantelverwerter WCM (Börsenwert in den vergangenen vier Jahren mehr als verzehnfacht, WKN 780 100) und Sparta Beteiligungen (Plus von 800 Prozent seit der Emission im Juli 1998).

Spekulationsstrategie: Heiße Spekulationen mit Penny Stocks

„Die Gesellschaftsgründer beginnen mit der Vision,
das Publikum mit dem Geld:
Schließlich besitzen die Gründer das Geld
und das Publikum die Vision." Börsenspruch

Penny Stocks sind Aktien von Explorations-Gesellschaften, die tief in der Erde nach Gold suchen, Beteiligungen an Perlenfischereien in Kolumbien, an Kupferminen im ehemaligen Rhodesien. Bergbauexplorationen sind immer heiße Spekulationen mit hohem Risiko. Wer ein hohes Risiko eingehen will, kauft mit wenig Einsatz „Penny Stocks". Geht die Rechnung auf und werden die Geologen fündig, schnellen die Kurse aufgrund fetter Schlagzeilen in die Höhe.

Enttäuschte deutsche Anleger werden sich noch an Liac, IOS, Highland Queen Mines erinnern. **„Hot Stocks"** oder „Hot Issues" sind „heiße Werte, bei denen der Verkäufer sein Geld bereits verdient hat, wenn Ihnen die Aktien (meist zum Vorzugspreis) angeboten werden. Typische Zockermärkte sind die kanadischen Börsen Calgary und Vancouver.

➔ **Warnung:** Letter Stocks (Restricted Stocks) sind Aktien, die noch keine amtliche Zulassung für den Börsenhandel haben und daher noch nicht frei handelbar sind. Sie werden mit einem Buchstaben markiert, das bedeutet: kein Verkauf über die Börse möglich. Für die Käufer besteht ein besonderes Risiko, daher werden die Papiere normalerweise mit einem erheblichen Abschlag (Disagio) abgegeben. Der Eigentümer darf diese Papiere nicht veräußern, bevor das Registrierungsverfahren abgeschlossen ist. Da sich der Emittent regelmäßig schriftlich bestätigen lässt, dass der Erwerber die Wertpapiere nur zu Anlagezwecken übernimmt, hat sich die Bezeichnung „Letter Stocks" eingebürgert (eigentlich Lettered Stocks).

Zocker-Strategie: Daytrading / Von Tageskursschwankungen leben

„Auch Lärm hat Signalcharakter." Preben Gudmandsen

Es ist ein Menschheitstraum, über Nacht reich zu werden. Daytrading ist die Formel-1 des Börsenspiels. Gewinn oder Verlust innerhalb von Minuten oder Sekunden. Früher war das Daytrading ein exklusives Geschäft professioneller Händler. Trading ist das schnelle Ausnutzen von Kauf- und Verkaufsgelegenheiten. Daytrading ist eine neue Variante der Börsen-Euphorie für Hobbyspekulanten oder Berufsspieler. Das Geschäft ist bei kleinem Einsatz und großer Hebelwirkung hochriskant. Börsengewinne sind kein Geschenk des Himmels. Sie sind das Ergebnis harter Arbeit – Arbeit an sich selbst und an der eigenen Strategie für das Daytrading. Eine neue Generation von Anlegern handelt an der Börse wie die Profis – sekundenschnell auf kleinste Schwankungen reagierend. Tagesspekulanten sind private Broker, denen Lotto zu langweilig und der Weg zur Bank zu lang ist. Die meisten Investoren sind als Trader überfordert. „Nach meiner Erfahrung sind 80 Prozent aller Misserfolge beim Trading darauf zurückzuführen, dass der Trader nicht die richtige Einstellung hat", schreibt der erfolgreiche US-Trader Howard Abell.

„Daytrader" heißen die Börsenzocker in den USA. Sie sind und handeln selbstständig, unabhängig von Banken oder Brokern und wollen an den kleinsten Kursveränderungen selber verdienen. Sie versammeln sich in speziell für sie eingerichteten Handelszentren. Auf ihren Bildschirmen verfolgen sie die Kurse in Echtzeit und handeln per Mausklick, Verzögerung eine Sekunde. Börsensüchtige junge Leute haben ihren Beruf an den Nagel gehängt für die sekundenschnelle Zockerei an der Börse – auf eigene Rechnung und mit hohem Risiko. Sie halten ein Investment oft nur Sekunden, selten länger als eine Minute, aber nie über Nacht. Oberste Regel: „Halte niemals eine Aktie über Nacht." Das wäre eine Langzeitinvestition. Glücksspiel-Forscher Prof. Dr. Iver Hand von der Uniklinik Hamburg entdeckte zwei Motive für Spekulationen an der Börse: Minderwertigkeitsgefühle kompensieren oder die Suche nach schnellen Lösungen für akute Geldprobleme. Bestsellerautor Joe Ross berichtet: „Scharfsinnige Geschäftsmänner werden an den Futuresbörsen zu kopflosen Spielern, besonnene Manager handeln wie hysterische und tobende Dummköpfe." Wird Daytrading zur Sucht, steht der Untergang kurz bevor.

Schon gibt es Zehntausende Daytrader, die Aktien kaufen und sie Sekunden oder Stunden später mit minimalen Kursveränderungen wieder abstoßen. Oft wissen sie nicht einmal, was die Firmen produzieren und ob sie überhaupt in der Gewinnzone sind – wichtig ist nur das „Momentum", der Schwung einer Kursbewegung. Daytrader springen wahllos auf Werte auf, die stark schwanken und vergrößern damit diese Schwankungen noch weiter. Die mehr als einhundert Online-Broker in den USA wickeln pro Tag 340 000 Aufträge ab. Spätestens bei Handelsschluss werden alle Positionen glattgestellt.

Als Daytrader braucht man einen Internet-Zugang, einen schnellen Rechner und ein Telefon (für den Notfall). Der Daytrader wickelt seine Transaktionen über das Internet ab. Die Kauf- und Verkaufsaufträge werden schnell und sicher weitergeleitet, und die Ausführungsbestätigungen kommen zeitnah. Außerdem bietet das Internet die besten Informationen über Börse, Kursentwicklungen und Trends. Für Profis unter den Daytradern gibt es auch Anbieter, die Kurse in Echtzeit liefern.

Daytrader hassen Langeweile, sie verführt zu waghalsigen Transaktionen. Ein Daytrader braucht nur 15 gute Minuten am Tag, aber niemand weiß, wann die beginnen. Daytrading ist schwieriger, als man denkt, weitaus komplizierter, als es aussieht, und nicht automatisch mit

Gewinn verbunden. Nach amerikanischen Erfahrungen sind nach einem Jahr noch 40 Prozent der Tagesspekulanten am Markt. Von zehn Daytradern hält einer durch.

Stumm sitzt der Daytrader von 8 Uhr früh bis 19 Uhr abends vor seinem Bildschirm, auf dem ständig rote und grüne Zahlen aufleuchten, Charts mit Ausbruchs- und Unterstützungslinien nach der Elliot-Wellen-Theorie oder den anschaulichen Kerzencharts. Wer nur auf den Tagestrend setzt, braucht keine Börsenbriefe, dicke Geschäftsberichte und Analysen, Shareholder Value und Marktstellung der Unternehmen spielen keine Rolle. Nur das Auf und Ab der Kurse, wohin ist egal, Hauptsache die Börse bewegt sich. In einer Sekunde investiert der Daytrader 50.000 DM, Euro oder Dollar. Ein Achtel Kursgewinn reicht, schon steigt er wieder aus. Ein Indexpunkt beim DAX-Future entspricht 50 DM, da ist schnell Geld gewonnen oder verloren, wie beim Roulette. Nur die schnellsten Kurzzeitanleger gewinnen.

Aktien mit hoher Schwankung (Volatilität) bieten gute Chancen für interessante Tagesgewinne. Optionsscheine bieten wegen des Hebeleffektes gute Chancen für Intraday-Geschäfte. Scheine reagieren bei geringem Kapitaleinsatz sehr stark auf Veränderungen des zugrunde liegenden Basiswertes. Mit Put-Optionsscheinen kann der Trader auch an fallenden Kursen verdienen. Anleihen scheiden wegen der geringen Kursschwankungen aus, ebenso Investmentfonds wegen der eingeschränkten Handelbarkeit.

„Börsenwerkzeuge“ für das Daytrading

1. Informieren Sie sich vor jedem Geschäft genau über den Markt. Machen Sie einige „Trockenübungen“, bevor Sie ins Geschäft einsteigen. Testen Sie Ihr Gefühl für Marktveränderungen. Die Börse handelt nur „Erwartungen“.
2. Suchen Sie nach einer Strategie, die zu Ihnen passt: temperamentvolle Menschen, die gern kurzfristig in das Marktgeschehen eingreifen, sind mit langfristigen Handelsstrategien schlecht beraten.
3. Einen Internet-Broker auswählen, der im Internet sofort eine Bestätigung über die Ausführung gibt. Ein Daytrader muss immer sofort wissen, ob er eine Aktie besitzt oder nicht.

4. Disziplin ist der erste Schritt zum Erfolg.
5. Sie brauchen Geduld und Optimismus.
6. Schnell und überlegt handeln. In besonderen Ereignissen und Nachrichten stecken oft große Chancen. Dann kommt es auf schnelles Reagieren an. Ein Klick für den Auftrag muss reichen. Kaufen Sie große Positionen, das spart Gebühren.
7. Schließen Sie nur dann ein Geschäft ab, wenn Sie von der bevorstehenden Marktveränderung überzeugt sind. Verfolgen Sie Unternehmensnachrichten im Börsenfernsehen. Die Kurse reagieren auf TV-Nachrichten. Spezialisieren Sie sich nur auf wenige Werte, damit Sie den Überblick behalten.
8. Handeln Sie gegen den Trend. Kaufen Sie, wenn die anderen verkaufen. Verkaufen Sie, wenn die anderen kaufen. Wenn eine Aktie ihr Tagestief erreicht, steigen viele ein, und der Kurs steigt.
9. Gewinne laufen lassen; Verluste begrenzen. Selbstdisziplin üben. Riskieren Sie nur solche Verluste, die Sie auch verkraften können.
10. Begrenzen Sie Verluste durch Stopp-Loss-Strategien. Verkaufen Sie auch mit Verlust, wenn der Kurs nicht in die erwartete Richtung läuft.
11. Setzen Sie nur Risikokapital ein.
12. Kalkulieren Sie die Steuerpflicht Ihrer Spekulationsgewinne ein.
13. Die größten Fehler sind Angst und Gier.
14. Bei Verlusten nicht die Nerven verlieren. Keine Gefühle zeigen. Wer Angst hat, kann nie gewinnen, weil er zu langsam ist.
15. Niemals in Gier verfallen. Keine Position über Nacht halten.

Ende der achtziger Jahre nutzten die ersten amerikanischen Daytrader Besonderheiten des automatischen „Small Order Execution System" (SOES) auf Kosten der institutionellen Händler. Jetzt nutzen die früheren „SOES-Bandits" die in Eigenregie entwickelte Handelsplattform Island, die eine direkte Nasdaq-Anbindung hat und über das Internet Echtzeitdaten liefert. Was in den USA schon vor Jahren begann, wiederholt sich nun in Deutschland. Privatanleger holen das gewaltige Informationsdefizit und ihre technische Unterlegenheit gegenüber Profi-Händlern innerhalb kürzester Zeit auf.

Charles Schwab, Gründer und Chairman des größten Online-Brokers Charles Schwab Corp., warnte seine Kunden in einem Brief: „Die starken Kursausschläge und die große Volatilität bedeuten für viele Investoren ganz neue Erfahrungen. In einem temporeichen Markt wie diesem gibt man eine Order zu vermeintlich 10 Dollar ein und landet schließlich bei einem Kaufpreis von 40 Dollar." **Robert Pozen,** Präsident der Fondsgruppe Fidelity, rät den Anlegern zu langfristigen **Anlagestrategien,** sie sollten sich nicht von den täglichen oder wöchentlichen Schwankungen irritieren lassen. Der Markttechniker Ralph Acampora rät jedem Anlager, für den ersten Schritt festzulegen, ob er als Anleger oder als Trader tätig sein will, und diese Entscheidung eisern beizubehalten: Wer je nach Marktlage und persönlicher Stimmung mal langfristig denke und ein anderes Mal Trading betreiben wolle, komme nie auf einen grünen Zweig.

Checkliste: Welche Bank kommt für das Daytrading in Frage?

Bevor Sie sich als Daytrader ins schnelle Geschäft stürzen, suchen Sie die geeignete Bank. Schnelligkeit und Erreichbarkeit sind die wichtigsten Punkte, auch wenn Sie das Daytrading über die Hausbank abwickeln.

- **Ständige Erreichbarkeit.** Während der Börsenzeiten muss für Ihre Kauf- und Verkaufsaufträge immer und jederzeit ein kompetenter Mitarbeiter der Bank erreichbar sein. Ihr Intraday-Gewinn darf nicht an der Mittagspause scheitern.
- **Schnelligkeit der Orderannahme und -weiterleitung.** Klären Sie die Wege einer Order vor Geschäftsaufnahme und in welcher Zeit Ihr Auftrag an der Börse landet. Eine direkte Verbindung zur Börse gehört zur Grundausstattung.
- **Schnelle Bestätigung von Kauf bzw. Verkauf.** Klären Sie vorher, dass Sie unmittelbar nach einer Transaktion eine verbindliche Ausführungsbestätigung erhalten.

Die Direktbanken weisen in allen diesen Fragen eindeutige Vorteile gegenüber den klassischen Filialbanken auf. Insbesondere bei Schnelligkeit, Transaktionskosten und den gebotenen Informationen. Direktbroker Charles Schwab Corp. hat für 500 Millionen US-Dollar die texanische Daytrader-Firma Cybercorp. Inc. erworben.

Nach einer neueren Untersuchung der Wertpapieraufsichtsbehörden (North American Securities Administration Association, NASAA) der USA geht der größte Teil der Daytrader abends mit einem Minus nach Hause. Nach einer amerikanischen Studie verlieren von zehn Daytradern sieben ihr Geld. Nur 12 Prozent können Gewinne verbuchen. Daher soll dieser Bereich jetzt den Regeln der Wall Street unterworfen werden. Die NASAA fordert, dass die Firmen ihre Kunden besser über die Risiken informieren. Die nationale Aufsichtsbehörde SEC und die Aufsichtsbehörde der Standesorganisation NASD sehen im Daytrading ein erhebliches Risiko für den unbedarften Privatanleger. Die Spekulationen werden zum großen Teil über Kredite finanziert, die die Daytrading-Firmen bereitstellen. Der harte Kern von 4 000 bis 5 000 amerikanischer Daytrader macht den Aufsichtsbehörden erhebliche Sorgen. Die SEC wird das Daytrading strengen Regeln unterwerfen. Die NASAA sieht bei den Anbietern einen „wahren Sumpf an fragwürdigen Praktiken". In Atlanta stürmte im September 1999 ein Daytrader in die Geschäftsräume eines Internet-Brokers und erschoss neun Angestellte. Er war durch hohe Verluste beim Aktienhandel in Existenznot geraten.

Nach Schätzungen der US-Börsenaufsicht SEC läuft bereits ein Viertel der Börsenorders online ab. Die starken Schwankungen der Internet-Aktien geht auf die Daytrader zurück.

Europa ist auf dem Weg zu amerikanischen Verhältnissen. Der Vizepräsident des Bundesaufsichtsamtes für den Wertpapierhandel, Georg Dreyling, kritisiert die stark wachsende Daytrading-Branche: „Diese Handelsform kann kontraproduktive Auswirkungen auf die Aktienkultur in Deutschland haben." Nach Dreyling entstehe durch verlockende Werbeversprechen, hohe Gewinnerwartungen und die räumliche Nähe in den Daytrading-Zentren eine Gruppendynamik, der sich viele nicht entziehen könnten und die zu riskanten Geschäften verleiten würde: „Etwa 75 bis 80 Prozent der Leute gehen mit Verlusten raus." Viele Daytrader hätten viel zu geringe Kenntnisse der Funktionsweise an den Finanzmärkten: „Viele Daytrader wissen nicht, wie man eine langfristige Strategie entwickelt."

In Deutschland war das Geschäft mit zeitverzögerten Kursen und horrenden Gebühren der Banken lange Zeit versperrt. Seit 1997 sind auch in Deutschland so genannte „Intraday-Geschäfte" möglich. Die Papiere müssen nicht mehr mindestens über Nacht gehalten werden. Mehrere Direktbanken ermöglichen jetzt den Handel über das Internet mit Kursen in Echtzeit. Bei ConSors sind 10 Prozent der 100 000 Kunden als Daytrader tätig. ConSors, Comdirekt und die FIMATEX S.A., eine Tochter der französischen Société Générale, setzt auf den Internethandel im heimischen Wohnzimmer. Die Momentum Trading House AG von dem früheren Börsenhändler Rafael Müller im Berliner Ludwig-Erhard-Haus vermietet Trader-Arbeitsplätze. Inzwischen eröffnete er in Berlin sein viertes Büro und weitere Filialen in Frankfurt, Hamburg, Bremen, Bielefeld und Düsseldorf.

Ein Arbeitsplatz kostet 1.300 DM im Monat. Dafür ist der Privatzocker per Computer und Internet direkt an der Börse. Der Vorsprung der Börsenhändler ist dahin. Die Daytrader übernehmen die freien Plätze, wenn die Parkettbörse stirbt.

Der Sprecher der Deutschen Schutzvereinigung für Wertpapierbesitz, Jürgen Kurz, sieht in den Daytrading-Handelsräumen nur eine zeitlich begrenzte Erscheinung: „Einige Laien werden sich eine blutige Nase holen und mit mehr Erfahrung und weniger Geld da rausgehen.“ Kurz warnt: „Wenn das Handeln so einfach wäre, dann dürfte ja kein professioneller Händler Verlust machen. Das ist das Riskanteste vom Riskanten.“ Fimatex-Marketing-Leiter Thomas Schmidt, warnt: „Wer morgens schon die Dollarzeichen in den Augen hat und nachmittags einen Luxuswagen kaufen will, ist verloren.“

In den USA arbeiten Techniker bereits an dem Daytrader von morgen. Der elektronische Daytrader ist ein Computer, der die Tricks und Gewohnheiten der besten Trader lernt, selbstständig günstige Börsenchancen erkennt und automatisch kauft oder verkauft.

Kapitel 6

Megatrends sind Geldtrends / Kluge Köpfe denken voraus

„Wirtschaftswissenschaft besteht darin, nachzuweisen, warum das, was man prophezeit hat, nicht hat eintreten können."
Hans Pestalozzi, Schweizer Manager

Megatrends sind die breiten Straßen in die Zukunft, die sich aus dem Tagesgeschehen ergeben. Der Philosoph Odo Marquard schrieb: „Trends sind Teddybären für das Gemüt." Die Kurse von morgen entstehen aus Visionen von heute. Ein früherer Vorstandssprecher der Deutschen Bank sagte: „Prognosen sind wie Straßenlaternen für Betrunkene. Sie bringen keine Erleuchtung, aber man kann sich an ihnen festhalten."

Vor 500 Jahren zerstörte der Aufbruch in eine neue Welt das Bild der Menschen des Mittelalters von der Erde. Christoph Kolumbus (Cristoforo Colombo) entdeckte Amerika im Jahr 1492, einen riesigen, bis dahin unbekannten Kontinent. Am 20. Juli 1969 um 3 Uhr 56 Minuten und 20 Sekunden (in Europa war es schon der 21. Juli) betrat Neil Armstrong als erster Mensch den Mond: „Dies ist nur ein kleiner Schritt für einen Menschen, aber ein großer Schritt für die Menschheit." Im Juli 1997 beherrschte Sojourner, ein 18 Zentimeter kleines Batterieauto, die Schlagzeilen der Weltpresse, denn es fuhr im Ares Vallis, einem Tal auf dem Mars. Es war ein Aufbruch zu neuen Welten.

Der Blick in die Zukunft hat die Menschen schon immer fasziniert. Der erfindungsreiche Romanschriftsteller Jules Verne beschrieb zwischen 1863 und 1910 in seinen Büchern 96 Erfindungen – davon wurden 57 bisher Wirklichkeit: das U-Boot, Fernsehen und die Atomenergie. Neue Energien brachten Menschheit und Wirtschaft immer ein gewaltiges Stück nach vorne: die Dampfmaschine, der Elektrodynamo, der Verbrennungsmotor und die Atomkraft. Sie alle verbrauchen Rohstoffe und hinterlassen Abfall. Die neue Wachstumsindustrie „Information" dagegen ist sauber, leise, unerschöpflich und überall frei verfügbar. Wissen wird zum entscheidenden Konkurrenzvorsprung, gemessen in Bits und Bytes.

Das Abenteuer Zukunft findet nicht auf Venus oder Mars statt, sondern in den Chips der Computer. „Wir sind an der Schwelle der nächsten großen Phase der Informationsverarbeitung", erklärte IBM-Chef Louis V. Der Computer wird die Welt radikaler verändern als Dampfmaschine und Fließband. Viele glauben, nur Bill Gates besitze die Windows in die Zukunft. Wie bei jedem großen Trend, bei jeder umwälzenden Entwicklung, sind die Spieler und Spekulanten rechtzeitig am Ball. Sie wittern ihre Chancen in diesem Spiel mit und um die Zukunft.

Im Rausch der Aufbaujahre kam die amerikanische Herausforderung mit Kapital und Know-how auf uns zu, und die Prognosen lauteten: Bis zur Wende des Jahrtausends werden alle größeren Unternehmen die „Stars and Stripes" hissen und unter amerikanischem Einfluss stehen. Der US-Einfluss ist stark gewachsen, aber er ist nicht so gewaltig wie der politische. Durch den Fall der Sowjetunion wurden die USA zur einzigen Supermacht. Die europäische Wirtschaft stellte sich dem Wettbewerb. Die Trendforscher konzentrierten sich auf Japan; die aufgehende Sonne würde Amerika und Europa überholen. Die Wirtschaft einen Ausverkauf gegen Kameras und Autos erleben. Trendsetter sorgten dafür, dass Bücher über Höflichkeitsregeln im Umgang mit Japan zu Bestsellern wurden.

Fortwährend wurden die Karten neu gemischt: der Erdölschock, die Gestaltung der Europäischen Union, der Zerfall des Ostblocks. Japan ist wieder ein Wirtschaftsland wie andere und hat im Bankensektor ganz dicke Probleme. China liegt derzeit voll im Trend. Es bleibt ein großer Unterschied zwischen dem Gewinn im Bücherschrank und in der Kasse.

Die Globalisierung brachte uns den „Terror der Ökonomie", die grenzenlose Weltkonkurrenz, die immer schnellere Mobilität des Kapitals, den internationalen Wettbewerb der Standorte und die grenzüberschreitenden Unternehmensfusionen. Vor 100 Jahren, im November 1899, schrieb die Tageszeitung *Hamburgische Börsenhalle:* „Die deutsche Industrie hat allen Anlass, sich neue Absatzgebiete zu suchen. Uns muss die Welt gehören, oder wir werden nicht sein; jedes Land, das sich mit einer Chinesischen Mauer umgeben wollte, muss in Staub versinken."

Trendforscher und Profit-Propheten haben einen gefährlichen Job, denn jeder Zeitgenosse kann die Treffsicherheit überprüfen. Die Qualität der Trends und Prognosen wird nicht an der Medienwirksamkeit gemessen. Aber es dauert längere Zeit, bis man in der Zukunft die Treffsicherheit feststellen kann. Alle Trend-Gurus haben einen Trick: Sie bringen das Leben und ihre Botschaft auf den kürzesten Nenner oder einen Begriff.

Der schwergewichtige amerikanische Zukunftsforscher Hermann Kahn (mit einem IQ von über 200 einer der intelligentesten Menschen) schrieb 1967 den Bestseller *The Year 2000,* sah die Kontrolle des Menschen über Wetter und Klima, sagte bemannte innerplanetare Raumflüge voraus, künstliche Monde würden die Nachtseite der Erde beleuchten. Seine Frau meinte: „In meinem Herzen weiß ich, dass er ein kompletter Idiot ist.“ [1)]

Anlagethemen des 21. Jahrhunderts, von Trend-Gurus entdeckt

„Wir waren in den 50er und 60er Jahren die Weltmeister in der Globalisierung.“ Helmut Werner, früherer Mercedes-Chef, jetzt Aufsichtsratschef der Expo-Gesellschaft

Seit der Industrialisierung haben der technische Fortschritt und bahnbrechende Erfindungen Wirtschaft und Gesellschaft vorangetrieben. Die letzten 100 Jahre wurden von den Themen Mobilität (Eisenbahn, Auto, Flugzeuge) bestimmt, und Aktien brachten gutes Geld. Jetzt geht es um die Zukunftstrends, wie die Informationstechnologie, um globale Themen. Die klassische Investmentstrategie setzt auf die Länder-/Branchen-/Titelauswahl. Jetzt ist ein neuer Investmentansatz notwendig, denn die großen Trends sind international.

Der Blick in die Geschichte zeigt vier große Trends. Im 19. Jahrhundert waren Aktienanlagen mehr oder weniger stark gestreut. In diesem Jahrhundert sind die Anlagen auf Länder ausgerichtet. Diese Länderaufteilung wurde in den letzten 20 Jahren immer mehr durch den Schwerpunkt Branchen abgelöst. Durch die einheitliche Euro-Währung wird eine Aufteilung nach Ländern überflüssig werden, Anlagen werden europaweit nach Branchen gestreut.

---

1) Die Psychologen testen die Intelligenz am Schachspiel. Der Intelligenzquotient soll die geistigen Fähigkeiten eines Menschen messen; dafür müssen Zahlenreihen ergänzt, Puzzles zusammengesetzt und Worte zu Sätzen geformt werden. Dann fällen die Forscher ihr Urteil: 150 – „genial“; 125 – „gescheit“; 100 – „Durchschnitt“; 80 – „dumm“; 50 – „blöd“.

- Als **Megatrend 1** machen die Strategen von Hypo Capital Management (HCM) die Orientierung am Shareholder Value aus: Die Steigerung des Unternehmenswertes lässt überdurchschnittliche Wertzuwächse erwarten. (Diesem Trend folgen auch die als Themenparks gestalteten Freizeitparks.)
- **Megatrend 2** wird das rasante Wachstum der Informationstechnologie sein.
- **Megatrend 3** werden weitere Preisrückgänge bei dauerhaften Konsumgütern durch Freihandel und neue Technologien.
- **Megatrend 4** sind steigende Energiepreise.

Neue Megatrends bestimmen das neue Jahrtausend – und werden zu den Anlagethemen der Zukunft. Das sind die Megatrends:

- **Megatrend Marken:** Verbraucher setzen mit steigendem Wohlstand auf Qualität und auf bekannte Marken. Die Generation der Babyboomer ist ein ebenso treuer Markenkäufer wie die ergrauten Achtundsechziger. In den Emerging Markets setzen immer mehr zahlungskräftige Kunden auf bekannte Marken, die sie mit westlichem Wohlstand gleichsetzen.
- **Megatrend Informationstechnologie/Kommunikation:** Der Zukunftsmarkt Internet wird bis zum Jahr 2005 von 50 Millionen auf 1 Milliarde Anschlüsse wachsen. Die Welt wächst über Hightech zum globalen Dorf zusammen. Es wird die größte Branche der Welt entstehen (Multimediamarkt Personal Computer).
- **Megatrend Medien/Werbung:** Der Internet-Boom zieht auch das klassische Rundfunk- und Fernsehgeschäft mit nach oben. Private Rundfunkstationen schossen wie Pilze aus dem Boden, starke Konzentrationen führten zu leistungsstarken Sendern. In den USA stiegen Aktien der privaten Radiostationen doppelt so schnell wie der S&P-500-Index.
- **Megatrend Gesundheit/Healthcare/Wellness:** Die Bevölkerung wird immer älter, und sie lebt dank Hightech-Medizin immer länger. Auch in den Emerging Markets wächst die medizinische Versorgung. Die Nationale Gesundheitsbehörde der USA schätzt die Lebens-

erwartung der Männer im Jahr 2050 auf 79,7 Jahre (heute 73,0) und die der Frauen auf 84,3 Jahre (derzeit 79,0).

- **Megatrend Energie:** Der Ölverbrauch steigt in den Schwellenländern stark an. Die Ölkonzerne senken ihre Kosten und steigern die Gewinne.
- **Megatrend Emerging Markets:** In den Industrienationen wächst die Wirtschaft nur noch langsam. In Südostasien, Lateinamerika und Osteuropa wachsen die Wirtschaften sehr viel schneller, und die Weltkonzerne verdienen große Teile ihrer Erträge in den Wachstumsregionen.

Popcorn-Report: Faith Popcorns setzt auf „Clicking" und „Cocooning"

„Auch aus Steinen, die einem in den Weg gelegt werden, kann man Schönes bauen." Johann Wolfgang von Goethe

Die New Yorkerin **Faith Popcorn** (*Popcorn-Report,* Trends für die Zukunft) ist Amerikas berühmteste Trendforscherin, sie berät mit ihrer Firma „BrainReserve" (2 500 Mitarbeiter) Konzerne wie Coca-Cola und IBM. Die amerikanische Zeitschrift *Fortune* nannte sie einen „weiblichen Nostradamus des Marketing". Ihr erstes Buch (*Popcorn Report,* 1991) schilderte zehn wichtige Gesellschaftstrends und war nicht fürs breite Volk gedacht, sondern für Firmenverantwortliche. Aber der Ratgeber sprach offenbar die Laien an. Er verkaufte sich weltweit 500000-mal. Die deutsche Auflage allein betrug 140000. *Clicking* heißt das zweite Buch der US-Trendforscherin. Es zeigt, wie man Trends fürs tägliche Leben nutzen kann.

Am Ende stand der Aufruf, man möge sich mit Ideen und Kommentaren melden. Popcorns Firma BrainReserve erhielt 40000 Zuschriften. So erkannte die clevere Trendsammlerin, dass auch gewöhnliche Menschen ihre Chancen im Überlebenskampf mittels Trendwissen zu erhöhen versuchten. **„Clicking"** ist ihre Antwort auf dieses Bedürfnis. Der Titel soll den Moment bezeichnen, in dem es „click" macht und jemand sein persönliches Konzept für die Zukunft entdeckt. Faith schlägt vor, man solle sich hinsetzen, seine eigenen Qualitäten auflisten und sich fragen, was man im Leben gerne tut. Dann konsultiert man die Trends und findet mit Hilfe von Kreativmethoden heraus, wie man – privat oder geschäftlich – etwas Neues beginnen kann.

Der moderne Mensch in den Industriestaaten spinnt sich gern in einen Kokon ein. Faith Popcorn hatte diese neue Neigung zur Häuslichkeit schon 1981 erkannt und den Begriff **„Cocooning"** erfunden, der inzwischen weltweit gebraucht wird. Schon in ihrem ersten Werk spielte er eine Hauptrolle. Das tut er immer noch. In *Clicking* stellt Popcorn jetzt dar, wie gut zum Beispiel Heimarbeit und Vergnügen mittels vernetztem Computer zum „Cocooning" passen.

Zu den zehn Trends des ersten Buches kommen sechs neue hinzu: *„Weiblich denken":* Popcorn und ihre Mitautorin Lys Marigold postulieren, dass Frauen völlig anders als Männer denken. Ganzheitliches wird wichtiger, zielorientiertes Handeln verliert an Bedeutung, weil mehr Frauen in der Wirtschaft tätig sind. Auch ein Mann kann weiblich denken. *„Mannzipation":* Folge oder Begleiterscheinung des weiblichen Denkens. Männer wollen den Macho begraben, suchen Verbindung zu Heim und Kindern. *„Die Suche nach Halt und Sinn"* beschreibt die Hinwendung zu bewährten Elementen aus allen möglichen Kulturen: Buddhismus, Tantra-Sex, das gute alte Joga usw. *„Clanning":* Man sucht sich vermehrt „Wahlfamilien", Clans von Gleichgesinnten. *„Gegen die Großen":* Regierungen und Großfirmen, die keine moralische Kraft verkörpern oder nicht wirklich nützliche Dienstleistungen anbieten, werden in Frage gestellt. *„Genießen? Jetzt erst recht!":* In den USA setzen sich puritanische Genussverbote (Sex, Rauchen, Fettes) besonders schnell durch; klar, dass sich die Lust zumindest in Form gelegentlicher Whisky-Exzesse oder Rauchorgien zurückmeldet. Die Trends selber widersprechen einander. Das hingegen ist bei Popcorn geradezu Prinzip. Es ist auch ihre Qualität. Sie verfällt nicht in Euphorie, sondern hält immer auch die Nachteile fest und zitiert die jeweiligen Gegner der Strömungen. Für sie gibt es im Leben der modernen Menschen kein Entweder-oder mehr.

Faith Popcorn propagiert ihr Motto: *„99 Leben auf einmal."* Das heißt: Tempo, ständig die Rollen wechseln. Es macht den Eindruck, als würde sie sich selbst ständig überrunden und dabei die Welt verzaubern.

Die 49-jährige Faith Popcorn (Künstlername) berät seit Jahren Hunderte von Firmen. Kodak entwickelte etwa eine Wegwerfkamera, nachdem Popcorn den Bedarf bejaht hatte. Für einen Seminarauftritt verlangt der Medienstar bis zu 30 000 Franken am Tag.

Vom Sitz ihrer Firma BrainReserve in Manhattan aus interviewen ihre Mitarbeiter jedes Jahr 4 000 Konsumentinnen und Konsumenten und 3 500 Experten. Dazu werten sie Medien aus – von *Good Housekeeping* bis zum Schwulenmagazin *Out* oder Online-Diensten. Popcorns Voraussagen treffen oft ein; sie sagte zum Beispiel den Wahlsieg von Bill Clinton voraus.

Faith Popcorn kam 1948 als Faith Plotkin zur Welt. Da ihr Name nur schwer auszusprechen war, nannte sie sich Popcorn: „Ich habe meinen Namen geändert. Popcorn klingt mehr nach mir selbst. Ich fühle mich mehr wie ich bin, und jeder kennt den Namen. Das ist ‚klick'! Man muss sich mit seinem Namen so wenig abfinden wie mit seinem Job, egal wie alt man ist."

Die Orakelpriesterin ist eine der bekanntesten und bestbezahlten Trendforscherinnen der Welt. Zu ihrem Kundenstamm zählen American Express, IBM, Pepsico, Kodak, BMW und AT&T. Der erste *Popcorn-Report* mit Zukunfts-Trends kam 1991 heraus und wurde ein Bestseller. 1974 gründete sie die Firma Brain Reserve Inc. („kleine, liebevolle Klinik für Gedanken über die Zukunft").

Faith Popcorn erzählt ihren Kunden und ihren Lesern in den Büchern Märchen von sich selbst. Dabei werden die Trends wie zufällig in den Straßen New Yorks gefunden. Popcorn rennt privat keinem Trend hinterher. Sie trägt immer strenge Frisuren und Businesskleider.

Mit der Trendforschung will Faith Popcorn den Marketingprofis bei der Suche nach den Lebensgefühlen der Konsumenten helfen. Unsichere Marketingexperten erhalten ihr „Rundumsorglos-Paket" mit *Trend-Flashs* (per Fax), *TrendTreks* (Exkursionen) und *TrendPaks* (per Post). In dem beigefügten Schreiben steht: „Wenn Sie die Zeichen der Zeit richtig deuten, werden Sie sich auf dem direkten Weg zum Erfolg wiederfinden. Auf dem Weg zum großen Click."

„Meine Mission ist es, Menschen zu helfen, das Beste aus ihrer Zukunft zu machen. Wenn die Leute am Ende meines Lebens sagen, dass ich das geschafft habe, dann habe ich meine Mission erfüllt."

John Naisbitt über Megatrends, die unsere Welt verändern

„Behalten Sie Ihre Ziele nicht für sich. Sprechen Sie darüber. Schaffen Sie Verbündete, und flechten Sie an Ihrem persönlichen Netzwerk." Patricia Aburdene und John Naisbitt in „Megatrends for Women"

John Naisbitt wies mit seinen verschiedenen Megatrend-Bestsellern einer ganzen Managergeneration den Weg in die Zukunft. Der Meister der Megatrends will Zukunftsängste abbauen: „In der Welt tummeln sich so viele Untergangspropheten, dass es für Optimisten eine Marktlücke gibt." Naisbitt kündigte frühzeitig den Wechsel von der Industrie- zur Informationsgesellschaft und die Ausweitung der Nationalökonomie zur globalen Weltwirtschaft an. John Naisbitt betreibt das Geschäft mit der Futurologie über seine Vier-Personen-Firma Megatrends Ltd.

Der ehemalige IBM-Manager John Naisbitt entdeckte die Megatrends für sich und uns und machte als Prophet Furore. Das 1982 erschienene Buch *Megatrends* verkaufte sich in 9 Millionen Exemplaren. 1990 folgte *Megatrends 2000* und zwei Jahre später *Megatrends Frauen:* „Frauen werden immer mehr Führungspositionen gewinnen. Das geht fast nach Plan. Die Zeit arbeitet für sie. Die Zukunft gehört den informationsorientierten Arbeitsplätzen. Die verlangen viel mehr Sensibilität, Frauen sind darauf mit ihrem Wesen und ihrer Sozialisation besser vorbereitet als Männer. Frauen sind viel eher in der Lage, eine Umgebung zu schaffen, in der Kreativität und Innovation blühen."

Das kommende Jahrhundert wird nach John Naisbitts *Megatrends Asien. Acht Megatrends, die unsere Welt verändern* das Zeitalter Asiens – aber nicht unter Führung Japans, sondern China werde das „Jahrhundert des Drachen" anführen. „Die neunziger Jahre erweisen sich als das PAZIFISCHE Zeitalter. Kurz vor der Jahrtausendwende ist Asien am Sprung an die Spitze der Weltwirtschaft. Parallel dazu schreitet die politische und kulturelle Emanzipation mit Riesenschritten voran. Ist der ‚Rest der Welt' auf diese Herausforderung vorbereitet? Teile des Westens starren gebannt auf Südostasien, manche nutzen bereits diese dynamische Schubkraft, die durchaus mit der industriellen Revolution des 19. Jahrhunderts vergleichbar ist." Mit *Megatrends Frauen* und

Megatrends Asien lag Naisbitt bislang schief – weder regieren Chinesen noch Frauen die Welt.

Für Marco Polo war der Weg ins Morgenland noch mühevoll und gefährlich. Die Keimzellen künftiger Entwicklungen sieht der Prophet in den „Netzwerken" der 57 Millionen Auslandschinesen. In der Computerindustrie seien Chinesen an jeder zweiten Unternehmensgründung beteiligt. Darin sieht er das „erste wirklich globale Stammes-Netzwerk". Überall auf der Welt gibt es Chinesen. Sie sind ausgewandert, haben aber nie die Brücken zur alten Heimat abgebrochen. Die Schriftstellerin Lynn Pan nennt die Auslandschinesen „Söhne des gelben Kaisers". In einer Welt der vernetzten Ökonomien werde die Bedeutung der Politik zurückgedrängt. Südostasien wird die kommende Weltwirtschaftsmacht. Der Jugend des Westens rät Naisbitt: „Macht euch auf nach Osten." Naisbitt prophezeit: „In 50 Jahren werden alle wissen, dass die Modernisierung Asiens die wichtigste Entwicklung war." Der kalifornische Wirtschaftsexperte Joel Kotkin schreibt: „Stämme der Macht" werden die künftige Weltordnung beherrschen, globale Netzwerke mit ethnisch-kultureller Identität und ausgeprägtem Machtstreben. „Schon jetzt spüren viele westliche Manager: Kein Stein wird auf dem anderen bleiben."

Als Naisbitt Asien zum neuen Zentrum der Welt machen wollte, folgte wenig später der Crash an den asiatischen Finanzmärkten. Das aber kann ihn nicht beirren, das sind kleine Pannen auf dem Weg in die ferne Zukunft. Naisbitt beschreibt seine Arbeitsmethode: „Zukunft ist nichts weiter als die Zusammenfassung der Gegenwart. Wenn die Menschen nicht jeden Tag die Neuigkeiten studieren, verlieren sie den Bezug zu ihrer eigenen Zeit. Wir stellen ihn wieder her. Die Zeit, die wir beschreiben und die vielen so weit entfernt scheint, ist nichts anderes als das Hier und Jetzt." Das oberste Prinzip übernahm John Naisbitt von Thomas Jefferson, dem dritten Präsidenten der USA: Vertrauen in eine demokratische Menschheit, die alles zum Guten verändern will.

Viele Prognosen von John Naisbitt erfüllten sich, seit er 1981 sein Buch *Megatrends* veröffentlichte. Seitdem ist er einer der bestbezahlten Männer der Welt. Zwei Mal pro Jahr zieht sich der Mann aus den Bergen Colorados mit seiner Frau Patricia Aburdene und einer Wagenladung von Schriften und Expertisen in das kleine Dorf Telluride in den Bergen zurück. Wenn die beiden Trendforscher wieder von dem Berg herabsteigen, bringen sie meistens ein Bestsellermanuskript über eine schöne neue Welt mit.

Naisbitt spürt Trends auf, die wir vielleicht selber unterschwellig spüren. Die Informationsgesellschaft produziert mehr Informationen, als der Einzelne auswerten kann. John Naisbitt sieht einen Engpass in der Bewertung: „Navigation ist zunehmend gefragt. Alle Berufe, die sich mit Aufbereitung, dem Sortieren und Bewerten von Information beschäftigen, haben gute Zukunftschancen.“ Naisbitt ist ein sympathischer Optimist. Sein Rat an die Industriegiganten lautet: „Unternehmen müssen überschaubar bleiben.“ Dies nennt er „High Tech High Touch“, es muss eine Balance zwischen dem Einsatz von Technik und den Menschen eingehalten werden, der arbeitende Mensch muss in dem Unternehmen auch sein Zuhause sehen. In den USA kämen immer mehr Menschen in legerer Kleidung an ihren Arbeitsplatz, um sich gegen den zunehmenden Technikeinsatz abzugrenzen. Zahlreiche Unternehmen passen sich an und führen den „Casual Friday“ ein – am letzten Tag der Arbeitswoche ist die formelle Kleiderordnung aufgehoben. Der Handel bietet bereits Bekleidungen hierfür an.

Seine Vorlesungen an der Universität von Nanjing in China überträgt Naisbitt von Telluride aus per ISDN-Telefonleitung in den Hörsaal. Naisbitt sieht seine Zuhörer, er kann jeden Studenten mit der Kamera näher heranholen und mit ihm reden. Die Kosten: ein Flug nach China mehrere Tausend Dollar; die Satellitenübertragung mit bewegten Bildern kostete pro Stunde vor Jahren noch 22.000 Dollar, heute nur noch 228 Dollar.

Trendforscher **John Naisbitt** ist kein Crash-Guru, will auch kein Guru sein. Naisbitt ist ein sympathischer Optimist, er legt das Geld aus Büchern und Vorträgen in bekannten Aktien an, mehr Zeit bleibt ihm nicht.

Auf nach Asien mit Marc Faber und Mark J. Mobius

„In einer globalisierten Wirtschaft liegt China unmittelbar neben Deutschland." Lester Thurow, US-Ökonom

Marc Faber ist einer der erfolgreichsten antizyklischen Investoren. Der Investment-Banker ist ein Crash-Guru, er warnte vor einem Kursrutsch an der Wall Street 1987, er kündigte 1990 das Platzen der japanischen Spekulationsblase an und prophezeite frühzeitig die Asienkrise. Marc Faber lebt seit 1973 in Hongkong, er ist einer der renommiertesten Investmentberater der Region. Er führt eine eigene Investmentfirma in Hongkong und nimmt mit pessimistischen Vorhersagen oft Positionen ein, die weit von der herrschenden Analystenmeinung abweichen; sie trugen ihm den Namen „Dr. Doom" (Untergang) ein.

Zum Unterschied zwischen Arm und Reich: „Wann immer in der Weltgeschichte der Unterschied zwischen Arm und Reich zu groß wurde, kam es im schlimmsten Fall zu sozialen Unruhen, Revolutionen oder gar Kriegen – bestenfalls ‚nur' zu Wirtschaftskrisen." Marc warnt: „Die 15 Prozent der Weltbevölkerung, die heute in den reichen Industrieländern wohnen, besitzen 80 Prozent des Welt-Bruttosozialprodukts. Die mehr als vier Fünftel der Erdbevölkerung, welche die Dritte-Welt-Länder bewohnen, müssen sich mit 20 Prozent begnügen."

Marc Fabers aktuelle Anmerkungen:

Der Börsen-Guru der Schwellenländer hat eine aktuelle Botschaft: „Die asiatischen Börsen haben noch einen langen Anstieg vor sich, denn wir befinden uns in einem neuen Bullenmarkt."

- **Zur aktuellen Spekulation:** „Die Rohstoffpreise liegen am Boden – und zur gleichen Zeit bewegen sich die Finanzwerte in den Vereinigten Staaten dem Himmel entgegen. Amazon.com, ein Internetbuchhändler, der möglicherweise nie einen Gewinn erwirtschaften wird, hat einen größeren Börsenwert als die Marktkapitalisierung von Thailand und Indonesien zusammengerechnet. Marc Faber warnt: „Yahoo hat einen Börsenwert, der größer ist als der sämtlicher Goldminen-Aktien der Welt."

- **Zu den Spekulationsopfern der internationalen Finanzmärkte:** „90 Prozent der Portfoliomanager in Asien, die Milliardenpositionen in sehr irrationalen Märkten bewegen müssen, sind unter 25 Jahre alt. Die Vorstände verstehen meist gar nicht, was da vor sich geht."
- **Zu den Rohstoffmärkten:** „Rohstoff-Aktien sind sehr niedrig bewertet und haben mittel- bis langfristig deutliches Erholungspotenzial."
- **Zur Asienkrise:** „Das ist die schlimmste Rezession, die wir bisher in Asien erfahren haben."
- **Zu Japan:** „Man spricht derzeit viel zu negativ über Japan. Dort gibt es ein Nullwachstum auf hohem Niveau. Man kratzt bisher nur an der Oberfläche. Um tief greifende Reformen durchzusetzen muss es Japan noch viel schlechter gehen."
- **Zu China meint er:** „Das Land meistert die schwierige Lage weit besser als seine Nachbarn."
- **Marc Faber prophezeit:** „Das gute an den gewaltigen Schulden vieler Asienfirmen ist, dass sie in vielen Fällen wahrscheinlich nicht zurückgezahlt werden."

Mark J. Mobius wurde in Deutschland geboren, wuchs in Long Island im Bundesstaat New York auf, studierte am Bostoner Massachusetts Institute of Technology (MIT) Psychologie, Soziologie und Wirtschaft. Eigentlich wollte er Schauspieler werden, aber er wurde Ökonom. Mobius zog nach Hongkong und gründete dort eine Beratungsfirma, verkaufte das Unternehmen 1980 und arbeitete für Investmentfirmen in Taiwan und Hongkong. Seit 1987 managt der Schwellenbörsen-Guru von Hongkong aus 35 Emerging-Markets-Funds der US-Fondsgesellschaft Templeton.

Er ist der Starspekulant in dem riskanten Geschäft mit Aktien aus Schwellenländern, mit einem langen Atem. Der Indiana Jones der Geldanlage ist ständig auf der Suche nach verborgenen Schätzen. Sein Job ist, das Geld der Reichen in die armen Länder zu pumpen. Er macht seine Geschäfte dort, wo sich andere nicht mehr hintrauen.

Mobius reist 300 Tage im Jahr durch Schwellenländer und besucht 200 Firmen in 50 Ländern: Er durchquert Plantagen, fährt in die Schächte von Goldminen oder klettert auf Bohrtürme in Kirgisien. Das Jetset-

Leben machte ihn reich – und einsam. In Russland wurde er als CIA-Spion verdächtigt. „Jeder, der so viel in seine Arbeit investiert, läuft vor sich selber weg“, bekennt er.

Anlagegrundsätze von Mark Mobius:

Mobius verfolgt die Anlagephilosophie des Value Investing (Begründer: Philip Carret, Benjamin Graham und Warren Buffett): Die Aktienauswahl richtet sich nur nach dem Wert des Unternehmens. Seine Erfolgsregeln:

- International diversifizieren = die Anlagen weltweit streuen: „In Schwellenländern muss man die Unternehmen genau unter die Lupe nehmen. Wichtiger als das Land sind die Qualität des Managements, Bilanzen und Cashflow.“
- Sehr genau auf die Bewertung der Aktien achten und
- Geduld bewahren. „Leider reicht der Anlagehorizont vieler Investoren nicht weiter als bis zum nächsten Geburtstag“, meint er mit einem Lächeln im Gesicht. „Ich liebe Panik, ich liebe Crashs. Du musst kaufen, wenn Blut auf der Straße schwimmt – auch wenn es dein eigenes ist.“ In den Templeton-Büros nennen sie ihn „Supermark“.

Mit Kondratieff-Wellen an der Börse spekulieren

„Das Streben des Menschen, den Zukunftsschleier zu lüften und den Gang der Dinge vorauszubestimmen, ist ebenso alt wie sein Bestreben, die Außenwelt zu erkennen.“ Nikolai Dimitrijewitsch Kondratieff (Kondratjew)

Der österreichische Wissenschaftler **Joseph Alois Schumpeter** untersuchte in seinem Buch *Business Cycles/Konjunkturzyklen* (1939) die Zusammenhänge zwischen Konjunkturen und Börse: im Mittelpunkt der wirtschaftlichen Entwicklung stehen „dynamische Unternehmer“, sie setzen Innovationen in Gang und übertragen technische Neuerungen in marktfähige Produkte. Die Gewinne des Unternehmens steigen, dies ruft weitere Unternehmen auf den Plan, die Konkurrenz steigt, und die Gewinnspannen sinken. Es kommt zu einem wirtschaftlichen Abschwung.

An der Börse kann eine ständige Rotation beobachtet werden: Festverzinsliche Wertpapiere sind die Trendsetter: Kurse sinken, Renditen steigen, dann folgt rückläufiges Wachstum und der Aktienmarkt fällt (*Stimmung:* Untergang); *bevorzugte Branchen:* zuerst defensive Werte (Versorger, Pharma); in der Rezession (*Stimmung:* Hoffnung keimt auf): Konsumgüter, Bau, Banken, Versicherungen; im Aufschwung (*Stimmung:* Euphorie): Frühzykliker (Papier, Textilien, Bau, Chemie, Auto); im Boom (*Stimmung:* beginnende Unsicherheiten): Spätzykliker (Investitionsgüter, Transport), Bergbau und Versorger.

Ein breiterer Kursanstieg geht von den Standardwerten aus, den Blue Chips, die die Fahnenträger der Konjunktur sind und auch **„Leithammelaktien"** (Bellwether) genannt werden. In den vergangenen Jahren war eine Strategie sehr erfolgreich: auf die **Marktführer** setzen, die sich besser als der Markt und ihre Konkurrenten entwickelten.

Der russische Wissenschaftler **Nikolai Dimitrijewitsch Kondratieff** war in der Tradition der Wirtschaftstheorien von Adam Smith, David Ricardo und Karl Marx groß geworden. Geschichte ist nicht wiederholbar und lässt sich nicht umkehren. Volkswirtschaftliche Planung war für ihn identisch mit Prognose, die aber nichts von Direktiven haben durfte. Die Wirtschaft entwickelte sich für ihn nach den Regeln der Evolution.

Kondratieff erlebte den Sturz des Zaren, beteiligte sich an der Revolution, nahm am Allrussischen Sowjet der Bauerndeputierten teil, wurde zum Mitglied der Verfassunggebenden Versammlung gewählt und war Vizeminister für Lebensmittel der Provisorischen Regierung. In Moskau wurde Kondratieff Direktor des neu gegründeten Konjunkturinstituts, das zum Zentrum der ökonomischen Forschung im neuen Russland wurde: „Markt und Preis sind ohne Zweifel die Voraussetzungen für die Aufstellung eines Plans, zumindest schon deshalb, weil wir im andern Falle jede Möglichkeit für die Messung wirtschaftlicher Erscheinungen verlieren." Kondratieff wurde 1930 unter Stalin verhaftet und 1938 hingerichtet. Seine Frau Dawidowna konnte das Manuskript

Hauptprobleme der ökonomischen Taktik und Dynamik, erste Fassung aus dem Gefängnis schmuggeln. Es wurde erst 1991 in Moskau gedruckt. Kondratieff leistete einen wertvollen Beitrag zur Wirtschaftsgeschichte, weil er nachwies, dass es immer wieder lange Perioden von Wirtschaftsaufschwung und wirtschaftlichem Niedergang gibt. Seine Vorhersagen wurden durch die Geschichte vielfach bestätigt, auch der Niedergang Russlands und der Zusammenbruch der Planwirtschaft, und sie waren der Ausgangspunkt für die Revolutionen in Europa.

Die zentrale Frage ist, warum sich dann die Wirtschaft nicht gradlinig nach vorne entwickelt, sondern einem Wechsel von Aufschwung und Abschwung unterliegt. Die Klassiker der Nationalökonomie entdeckten einen Konjunkturzyklus von sieben bis elf Jahren. Amerikanische Forscher berechneten einen Zyklus von 40 Monaten (Kitchin). Nach Kondratieffs Überzeugung musste es daneben aber noch einen langen Zyklus von 45 bis 60 Jahren geben, in dem sich wirtschaftlicher Aufschwung und Depression ablösen. Im Kapitalismus folge auf Depression immer wieder Prosperität. Im Jahr 1925 gelang ihm der Nachweis mit seinem Aufsatz *Lange ökonomische Zyklen.* Grundlage waren alle verfügbaren statistischen Daten über die wirtschaftliche Entwicklung von England, Frankreich, Deutschland und den Vereinigten Staaten. Kondratieff fand lange Wellen von 47 bis 60 Jahren heraus (etwa ein halbes Jahrhundert).

Eine Volkswirtschaft wächst langfristig, wenn sie die Knappheit eines Produktionsfaktors überwindet und produktiver wird. Geld wandert dorthin, wo es den höchsten Gewinn abwirft. Kondratieff sah die langen Wellen nicht in Kriegen oder der Entdeckung neuer Goldfelder, sondern als Ergebnis revolutionärer Veränderungen der Produktion und der Gesellschaft. Am Anfang steht jeweils ein technologisch-ökonomisches Ereignis mit einer Vielzahl von Basisinnovationen, die den Aufschwung tragen. Immer, wenn die Gewinne auf breiter Front zurückgehen, entstehen Basisinnovationen.

Die langen Wellen beginnen mit der Industriellen Revolution, die 1800 in England ihren Ausgang nahm. Der Aufschwung der ersten Welle reichte von 1789 bis 1814, dann folgte der Abschwung 1814 bis 1849. Nicht der Bau der Dampfmaschine trug den 1. Kondratieffzyklus, sondern die industrielle Anwendung; Dampfkraft trieb die Spinnmaschinen

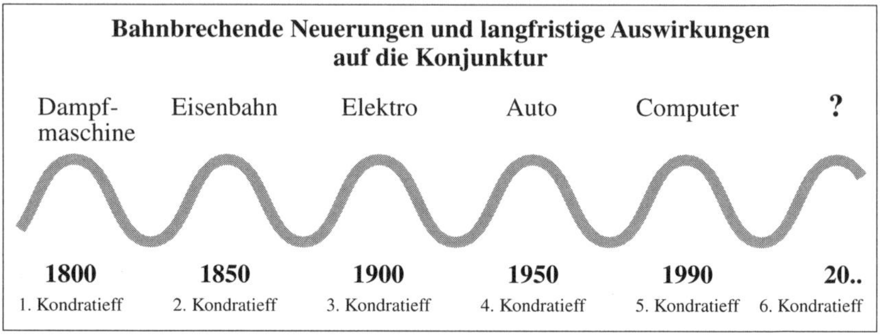

an und steigerte die Leistung um das 200fache gegenüber dem Spinnrad. Die zweite Welle stieg von 1844/51 bis 1870/75 auf und sank bis 1890/96. Der Aufschwung der dritten Welle dauerte bis 1914/20, dann folgte der Abschwung. Die Weltwirtschaftskrise bestätigte dies eindrucksvoll. Das letzte Konjunkturtal grub 1930 tiefe Furchen in die Weltwirtschaft. Kondratieff-Anhänger sehen angesichts der Höchststände der Aktien und der Krisen in Russland, Japan, Indonesien usw. das nächste „Tal der Tränen" direkt vor uns. Die vierte Welle geht von 1940 bis 1980 (Petrochemie, Auto).

➔ Die Ölkrise brachte eine Zeit mit Weltuntergangsstimmung („Die Grenzen des Wachstums sind erreicht."). Danach trug die Informationstechnologie den nächsten Wirtschaftsaufschwung in den USA und Japan mit Großrechnern, später mit PCs. Der 5. Kondratieff-Zyklus wird von der Informations- und Kommunikationstechnologie geprägt. In Europa gab es anfangs starke Widerstände („Jobkiller Computer"). Der weltweite IT-Umsatz überholte 1993 den der traditionellen Autoindustrie. Der IT-Markt stagniert. Das Wachstum der IT-Industrie lässt nach. „Um das Absacken in eine lang anhaltende Rezession zu vermeiden, müsste jetzt konsequent in die Basisinnovation des nächsten Langzyklus investiert werden", fordert Leo A. Nefiodow vom GMD-Forschungszentrum in St. Augustin bei Bonn.

Die schwärzesten Börsentage

Heftige Kursverluste der Aktien gab es in Zeiten von Wirtschaftskrisen der Vergangenheit. 1873 betrugen die Kursverluste rund 60 Prozent innerhalb von fünf Jahren, die Erholung dauerte dann 17 Jahre. Nach dem Beginn des Ersten Weltkrieges 1914 fielen die Kurse um 30 Prozent, nach Kriegsende 1918 um weitere 45 Prozent, weitere Kursverluste gab es während der großen Inflation – gegenüber der Vorkriegszeit betrugen die Kursverluste über 90 Prozent. Nach vier Jahren war die Hälfte wieder aufgeholt, erst nach dem Zweiten Weltkrieg erreichten die Kurse wieder das Niveau vor 1914.

24.10.1929 = Der **Schwarze Donnerstag** in den USA, daraus wurde der **Schwarze Freitag** für Europa. Über 13 Millionen Wertpapiere wurden verkauft. Viele Spekulanten verloren ihre Vermögen. Die Kurse in New York fielen ins Bodenlose, von der damals geringeren Basis fiel der Dow Jones um 38,33 Punkte, das waren 12,82 Prozent. Am 8. Juli 1932 notierte der Dow mit 41,22 auf dem tiefsten Stand seit 1897. Im Vergleich zum Höchststand von August fiel der Index bis Mitte 1932 um fast 90 Prozent (so viel wie im Jahr 1720 der Kurs der Mississippi-Aktien). Danach dauerte es 58 Jahre, bis die Crash-Propheten wieder richtig lagen. Seither grassiert an den Börsen das „Oktober-Syndrom". Davor gab es schon einen Schwarzen Freitag am 13. Mai 1927.

Bei den Präsidentschaftswahlen 1932 in den USA siegte **Franklin Delano Roosevelt** haushoch über den Amtsinhaber Herbert Hoover. Roosevelt steuerte in der Wirtschaftspolitik einen neuen Kurs, betrieb Arbeitsbeschaffung um jeden Preis und führte die Kontrolle über den Wertpapiermarkt ein. Präsident Roosevelt setzte als Chef der neuen Börsenaufsichtsbehörde, der Securities and Exchange Commission, **Joseph Patrick Kennedy** ein. Nach drei Jahren hatte Joe Kennedy seine Aufgabe erfolgreich gelöst, die Börse funktionierte wieder.

19.10.1987: Am „Schwarzen Donnerstag" brach der Dow Jones um 22,6 Prozent ein, der Dax (erstmals am 1.7.1988 eingeführt) folgte mit einem Minus von 9,4 Prozent.

16.10.1989: Finanzprobleme der amerikanischen Fluggesellschaft UAL lösten einen Kurzsturz in New York aus, der Dax folgte mit einem Minus von 12,8 Prozent.

19.8.1991: Putsch in Moskau gegen den sowjetischen Präsidenten Michail Gorbatschow, der auf der Krim festgehalten wurde. Der Dax fiel um 9,4 Prozent.

6.12.1996: FED-Chef Alan Greenspan warnte vor einer Spekulationsblase. Der Dax fiel um 4 Prozent.

23.10.1997: Südostasienkrise. Der Dax fiel um 4,7 Prozent.

28.10.1997: Asienkrise. Der Dax fiel um 8 Prozent.

Alle wissenschaftlich-logischen Untersuchungen über die Börse und das Verhalten der Menschen bei steigenden oder fallen Kursen stoßen an eine unüberwindliche Barriere: Der Mensch selber neigt zu irrationalem Verhalten. „Das Investieren in Aktien ist eine Kunst und keine Wissenschaft", schreibt **Peter Lynch,** der erfolgreichste Fondsmanager der letzten Jahre, und er fügt an: „Niemand war je in der Lage, die Börse vorauszusagen, es ist totale Zeitverschwendung."

Kapitel 7

Gegen den Trend

Die **Trendanalyse** erfasst das menschliche Verhaltensmuster der Pech- oder Glückssträhne. Ein weiteres menschliches Verhaltensmuster ist die Vorstellung, dass sich eine bestimmte Entwicklung nicht unendlich fortsetzen wird. Seit Aristoteles gehen die Wissenschaftstheorien davon aus, dass alle Prozesse um einen Gleichgewichtspfad schwanken. Ist eine Entwicklung zu weit gegangen, rechnen wir mit einer Korrektur in Richtung des Gleichgewichtsniveaus. Je größer der Abstand, desto wahrscheinlicher die Gegenbewegung. An der Börse kann man dann hören: „Wer soll denn noch kaufen, wenn alle schon gekauft haben."

Die Stimmungsindikatoren sind psychologische **Kontraindikatoren.** Die Wirkung der Stimmungsindikatoren ist dann am stärksten, wenn sie bei Hausse oder Baisse Extremwerte anzeigen. Es kann aber nie eine Aussage mit dem Anspruch auf absolute Gewissheit getroffen werden, auch nicht bei Extremwerten. Nicht jeder Indikator hat zu jeder Zeit die gleiche Aussagekraft. Die wichtigste Frage ist immer, wo die Zeiger der Börsenuhr stehen.

Die Trendindikatoren geben Aufschluss über die Tendenz und die Dynamik an der Börse. Ohne die Stimmungsindikatoren fehlt den Trendindikatoren der richtige Pfiff. Aus den Formationen lassen sich bestimmte Verhaltensmuster ablesen, die sich immer wiederholen und Schlüsse auf die Zukunft erlauben. Aus den Kursen der Vergangenheit lesen die Chartisten Gesetzmäßigkeiten ab. Fällt ein Kurs unter die Trendlinie, dann läutet die Börsenglocke zum Aussteigen. Wimpel und Flagge zeigen eine nur kurze Unterbrechung des Trends. Bei Dreiecken und Keilen setzt sich der Trend fort. Untertassen und Obertassen zeigen eine Wende an.

Bei derartigen Verläufen kommt es immer wieder zu **Fehlsignalen,** nach einem kurzfristigen Ausbruch nach oben oder unten folgt eine totale Kehrtwende. Es ist oft gefährlich, gerade dann zu kaufen, wenn zu viel Optimismus im Markt ist. Wenn schlechte Stimmung im Markt herrscht, kann das ein guter Zeitpunkt für den Kauf sein. Daraus sind Börsenregeln wie **„Buy on bad news"** und **„Sell on good news"** abgeleitet. Eine **Bullenfalle** ist ein solches unechtes Signal, ein kurzfristiger Ausbruch nach oben. Ein Fehlsignal nach unten ist eine **Bärenfalle.** Um nicht in eine solche Falle zu geraten, arbeiten die Charttechniker mit einem **Sicherheitspuffer:** Ein echtes Signal liegt nur dann vor, wenn die Kursbewegung mindestens **3 Prozent** beträgt. Wer seine Aktienanlage langfristig plant, entgeht der Gefahr, kurzfristig „auf dem falschen Fuß erwischt“ zu werden.

Chartanhänger lesen aus dem **Momentum** den richtigen Zeitpunkt für eine Trendumkehr ab. Das Momentum ist das Maß für die Kraft einer Kursentwicklung. Dafür werden die Zuwachsraten der Kurse gemessen. In Kurszyklen sind die Zuwachsraten am Anfang sehr hoch, gegen Ende flachen sie ab. Die Börse schwankt ständig zwischen übertriebenem Optimismus und abgrundtiefem Pessimismus. Für die Anlageentscheidung spielt es eine Rolle, ob eine Aktie im Zeitablauf relativ besser oder schlechter abschneidet als der Vergleichswert (Relative Stärke). Bei der Chartanalyse werden volkswirtschaftliche und auf das Unternehmen gerichtete Fundamentaldaten nicht berücksichtigt. Reine Markttechniker vertreten die These, man brauche gar nicht zu wissen, in welchem Sektor ein Unternehmen tätig sei, was das Unternehmen herstelle und wie es um den Geschäftsverlauf bestellt sei. Diese Einstellung ist sehr gefährlich. Wachstumssektoren verhalten sich in der Hausse wie in der Baisse anders als defensive oder zyklische Branchen.

Je mehr Anleger an die Rückschlüsse und Aussagen glauben, desto eher kommt es auch zu der entsprechenden Kursentwicklung – eine sich selbst erfüllende Vorhersage **(„self-fullfilling prophecy“).** Es wäre aber falsch, der breiten Masse einfach nur nachzulaufen, da die Masse oft falsch liegt. Nach Neill treibt die Masse der Anleger einen Haussetrend stärker voran als einen fallenden Trend, denn die Masse verliere schnell den Mut, wenn die Kurse sänken. Wenn sich eine Baisse immer weiter ausdehne, nehme die Verkaufsneigung zu. Hätten sich dann alle Hoffnungen in Luft aufgelöst, werde ohne Rücksicht auf den Preis verkauft – genau zu dem Zeitpunkt würden sich gute Kaufgelegenheiten bieten. Hier könnte die Strategie des entgegengesetzten Handelns hervorragende Gewinnmöglichkeiten bieten, wäre da nicht die Praxis mit der menschlichen Ungeduld.

Joseph E. Granville setzte sich in seinen Büchern und seinem Börsenbrief immer wieder für die Technische Analyse ein, die anfänglich an der Wall Street nur belächelt wurde. Granville begann seine Börsenkarriere bei dem Broker E. F. Hutton & Co. im Jahr 1957. Die Wegbereiter der Technischen Analyse **Robert Farrell** von Merrill Lynch und **Ralph Acampora** von Prudential Securities galten noch vor zwanzig Jahren als unseriös und wurden von den „seriösen" Vertretern der Zunft gemieden.

Die Technische Analyse brachte die Börse um einige Geheimnisse. Die Techniker konnten beweisen, wie unbefriedigend die Ergebnisse der mit wissenschaftlichem Anspruch arbeitenden Fundamentalisten waren. Das trug ihnen offene Feindschaft ein. Man verglich die Techniker mit Pathologen, die anerkannten Ärzten Fehlgriffe nachweisen. Der ideale Techniker wäre ein Physiker mit Diplom in Psychologie, er könnte sein Wissen von den mechanischen Kräften auf den Märkten mit dem menschlichen Verhalten kombinieren.

Sir John Templeton rät: „Kaufen, wenn's im Tunnel dunkel ist"

„Die meisten Menschen sind bereit, zu lernen, aber nur die wenigsten, sich belehren zu lassen." Winston Churchill

An der Wall Street galt Templeton jahrelang als König der Geldanlage. Im November 1954 gründete John Marks Templeton den Templeton Growth Fund. Wer vor 25 Jahren 10.000 DM im Templeton Growth Fund anlegte, würde per Dezember 1999 über 481.692 DM verfügen; durchschnittliche Jahresrendite 16,76 Prozent (bei Wiederanlage der Dividenden und Kursgewinne). Wer in den letzten zehn Jahren monatlich 300 DM in den Templeton Growth Fund angelegt hat, verfügt per Dezember 1999 über 94.384 DM; das entspricht einer jährlichen Rendite von 18,59 Prozent (bei Wiederanlage der Dividenden und Kursgewinne).

John Marks Templeton wurde am 29. November 1912 in Winchester, Tennessee geboren. Er erbte das geschäftliche Talent von seinen Eltern. Als Vierjähriger pflanzte er im Familiengarten Bohnen an, die er an den örtlichen Laden verkaufte. Da die Yale-Eliteuniversität vier Jahre Mathematikunterricht forderte, die Winchester High School aber nur drei Jahre auf dem Lehrplan hatte, überredete John vier Freunde zum Matheunterricht. Nun aber fehlte der Lehrer. John leitete den Unterricht und war gleichzeitig sein Schüler. Der Rektor war einverstanden. John Marks studierte an der Universität Yale und schloss 1934 als Zweitbester seines Jahrgangs ab. Danach studierte er Jura in Oxford, weil er Investmentberater werden wollte und ihn die rechtlichen und steuerlichen Bedingungen interessierten. Im Investmentgeschäft startete er bei dem Broker Fenner & Beanne, aus dem später Merrill Lynch Pierce Fenner & Smith Inc. wurde.

In den Vorlesungen über Volkswirtschaft kam Templeton zu dem Ergebnis, dass die Kursschwankungen nichts über den wahren Wert eines Unternehmens aussagten. Also machte er sich auf die Schnäppchenjagd (bargain hunting), um die wechselnden Unterschiede zwischen Unternehmenswert und Börsenkurs zu nützen: „Die Suche nach einem guten Investment ist nichts anderes als die Suche nach einem Sonderangebot." Er merkte, dass der Schnäppchenkauf die beste Anlagestrategie mit einer Sicherheitsstrategie war: „Wer ein Papier für die Hälfte oder ein Viertel des Wertes kauft, geht weniger Risiko ein als jemand, der den vollen Wert bezahlt."

Templeton entwickelte die quantitative Analyse (Grundlage sind Zahlen), er analysierte die nackten Zahlen eines Unternehmens. Damit wurde er zum Pionier eines neuen Investmentansatzes, der ihm zum Erfolg verhalf. Templeton suchte Aktien mit niedrigem KGV, schätzte die Ergebnisse in den nächsten fünf oder zehn Jahren – und bestimmte dann den Aktienkurs neu. Seine Fragen: Wie rentiert sich das investierte Kapital? Wie hoch liegt die Wachstumsrate? Diese Zahlen konnte er vergleichen. Die Analystengemeinde verwendete den qualitativen Ansatz (Grundlage sind Worte) und fragte: Ist das Unternehmen finanziell gesund? Handelt es sich um eine Wachstumsbranche? Ist das Management gut? Wie sind Konkurrenz und Marktstellung?

Templeton setzte auf einen langen Anlagehorizont: „Ich habe immer versucht, die Welt mit einem Horizont von 20 oder 25 Jahren zu sehen."

Seine Regel lautete: Kaufe nicht das, was die anderen kaufen. Kaufe das, was die anderen wegwerfen: „Wenn zwölf Wertpapieranalysten übereinstimmen, kann man sicher sein, dass die Entscheidung falsch ist. Denn ihre Meinung ist bereits in den Marktpreisen enthalten."

„Wer die gleichen Aktien kauft wie alle anderen, hat auch die gleiche Performance." Templeton änderte schon dann seinen Anlagestil, sobald ihm zu viele andere Anleger folgen: „Die meisten Anleger passen ihren Anlagestil nicht den Umständen an."

„Der einzige Investor, der nicht diversifizieren sollte, ist derjenige, der immer 100 Prozent richtig liegt." Seine Empfehlung: mindestens zehn Aktien zu halten. Wer Investmentfonds erwerben wolle, solle sich die 25 besten Fonds der vergangenen zehn Jahre heraussuchen und davon die drei kaufen, die nach Risikoneigung und Anlageziel am besten zu ihm passen: „Investment ist vom Charakter her so schwierig, dass man nicht erwarten kann, bestenfalls öfter als etwa zwei Drittel der Zeit richtig zu liegen."

John Marks Templeton gilt als der Altmeister einer globalen Anlagestrategie: „Wer über 20 oder 30 Jahre die besten Ergebnisse erzielen will, muss flexibel sein." Templeton war ständig und weltweit auf der Suche nach unterbewerteten Aktien. Templeton war einer der ersten großen Investoren nach dem Krieg in Japan. Er hatte sich ausgiebig mit der Geschichte, Tradition und der japanischen Mentalität beschäftigt. Er war überzeugt, dass das japanische Volk wieder auf die Beine kommen werde. Für die Länderauswahl stellte Templeton die Regel auf: „Investiere nicht in Ländern mit viel Sozialismus oder einer Regulierung der Wirtschaft. Die Wirtschaft hängt von einem freien Unternehmertum ab."

Kaufen, wenn's im Tunnel dunkel ist, war die Devise von Sir John Marks Templeton. Wer Aktien kaufen will, sucht in der Regel die Unternehmen und Branchen mit den besten Aussichten. Doch das ist falsch. Wer wirklich erfolgreich anlegen will, muss fragen: Wo sind die Aussichten am miserabelsten? Wo ist der Pessimismus, die Verzweiflung am größten? Es gibt nur einen Grund, dass eine Aktie zu Ausverkaufspreisen erhältlich ist: wenn der Pessimismus so ausgeprägt ist, dass alle verkaufen. Wenn Sie einsteigen, kaufen Sie zu attraktiven Kursen.

Templeton erzielte immer dann die besten Ergebnisse, wenn nach seiner Überzeugung der tatsächliche Wert eines Unternehmens höher war als der Börsenkurs: „Nur dann macht man ein echtes Schnäppchen."

Die Templeton-Maximen:

1. Der wichtigste Ratschlag: **„Sparen, Sparen, Sparen – der sicherste Weg, reich zu werden."**
2. **„Streben Sie nach dem höchstmöglichen Gewinn"** – Alles im Leben ist riskant, sagt Sir John Marks Templeton, Altmeister der

Investmentanlage. Aber es ist risikoreicher, sein ganzes Geld in nur eine Aktie zu stecken, als auf vier Aktien zu verteilen. Wenn Sie Ihr Geld langfristig anlegen, sollten Sie eines immer vor Augen haben: Ihr oberstes Ziel ist der höchstmögliche reale Gesamtgewinn nach Steuern.

3. **„Seien Sie offen für Neues“** – Halten Sie niemals an nur einer Anlageart oder Auswahlmethode fest. Bleiben Sie flexibel, aufgeschlossen und kritisch. Denn nur derjenige, der von gängigen zu unpopulären Wertpapieren und Auswahlmethoden wechselt, wird auch langfristige Spitzenergebnisse erzielen.
4. **„Folgen Sie nicht der breiten Masse“** – Wenn Sie die gleichen Wertpapiere kaufen wie alle anderen, dann erzielen Sie auch die gleichen Ergebnisse wie alle anderen. Es ist unmöglich, besser zu sein als die Mehrheit, wenn Sie nicht andere Wege gehen als die Mehrheit. Zu kaufen, wenn andere verkaufen, und zu verkaufen, wenn andere kaufen – das verlangt großen Mut, macht sich aber bezahlt.
5. **„Alles verändert sich“** – Baissemärkte sind zeitlich beschränkt. Haussemärkte aber auch. Gewöhnlich steigen die Aktienkurse bereits ein bis zwölf Monate, bevor der Konjunkturzyklus seinen Tiefpunkt erreicht. Umgekehrt ist es genauso. Denn liegt eine bestimmte Branche oder ein bestimmter Wert bei den Anlegern im Trend, dann erweist sich diese Popularität stets als vergänglich. Und ist das Interesse erst einmal verloren, kehrt es auch meist für viele Jahre nicht zurück.
6. **„Meiden Sie das Populäre“** – Wenn irgendeine Methode, Aktien auszuwählen, in Mode kommt, sollten Sie nicht zögern, von der modischen zu einer unpopulären Vorgehensweise zu wechseln. Denn wenn zu viele Anleger das Gleiche denken und tun, verliert jede Auswahlmethode und jedes Timing die Wirkung.
7. **„Lernen Sie aus Ihren Fehlern“** – „Dieses Mal wird alles anders.“ – Das ist einer der am teuersten bezahlten Sätze in der gesamten Börsengeschichte.
8. **„Kaufen Sie in pessimistischen Phasen“** – Haussemärkte entstehen aus Pessimismus, wachsen in Skeptizismus, reifen in Optimismus und sterben schließlich an Euphorie. Darum sind Zeiten des

größten Pessimismus die besten Zeiten, um zu kaufen. Und Zeiten des äußersten Optimismus sind die besten Zeiten, um zu verkaufen.

9. **„Suchen Sie nach Werten und Chancen“** – Zu viele Anleger orientieren sich an Prognosen und Trends. Konzentrieren Sie sich lieber auf die tatsächlichen Unternehmenswerte. Dann werden Sie auch die höheren Gewinne erzielen. Sie können auf dem Aktienmarkt nur dann ein Schnäppchen machen, wenn Sie das kaufen, was die meisten Anleger verkaufen.
10. **„Suchen Sie weltweit“** – Damit Sie nicht eines Tages feststellen, alles zur falschen Zeit aufs falsche Pferd gesetzt zu haben, sollten Sie diversifizieren. Suchen Sie weltweit nach guten Werten. Dann werden Sie auch mehr und bessere Schnäppchen finden als der, der seine Suche nur auf ein Land konzentriert. Schöner Nebeneffekt: Wenn Sie diversifizieren, streuen Sie außerdem das Risiko und erhöhen so die Sicherheit Ihrer Investition.
11. **„Niemand weiß alles“** – Ein Investor, der alle Antworten kennt, hat nicht einmal die Fragen verstanden.

Der **One-Dollar-Man:** Berühmt wurde der Börsenauftrag des damals 27-jährigen John Templeton im Jahr 1939 an seinen Broker Fenner & Benne, kurz vor Ausbruch des Zweiten Weltkrieges:

> „Kaufen Sie für mich für je 100 Dollar jede amerikanische Aktie, die weniger als 1 Dollar kostet.“

Der Broker hätte diesen Auftrag abgelehnt, wäre nicht Templeton kurz vorher Lehrling bei ihm gewesen. Templeton wollte alle niedrig notierenden Aktien erwerben, auch die von konkursreifen Unternehmen (Spekulationsstrategie: Konkurswerte/Mantelspekulation).

Templeton erhielt eine bunte Mischung von 104 Aktien, davon gingen 34 in Konkurs. Die übrigen 70 Werte vervierfachten nach vier Jahren ihre Kurse. Die 10.000 Dollar hatte er sich von seinem Chef geliehen. Templeton verkaufte für 40.000 Dollar – das war der Grundstock seines Vermögens und später seiner eigenen Firma.

1992 zog sich Templeton völlig aus dem Investmentgeschäft zurück. Er reichte den Stab weiter an Mark Holowesko und verkaufte das Unternehmen an die Franklin-Gruppe für 913 Millionen Dollar, den fünftgrößten amerikanischen Fondsanbieter. Die Franklin Templeton Gruppe betreut mit 4 000 Mitarbeitern an 22 internationalen Standorten über neun Millionen Anteilinhaber und mehr als 370 Milliarden US-Dollar. Die Templeton-Maximen gelten weiterhin.

Die John Templeton Stiftung

Um mehr Ruhe zu finden, verließ Templeton 1963 die USA und reduzierte seine Tätigkeit auf die Hälfte. Templeton wurde britischer Staatsbürger. Die englische Queen adelte ihn 1987. Sir John genoss sein Rentnerleben in einer schwer bewachten Wohnanlage in Lyford Cay, in der Nähe von Nassau auf den Bahamas. „Meine Frau und ich hatten uns schon früh ein Ziel gesetzt: im Alter einmal am schönsten Ort der Erde leben zu können."

Nach seinem Rückzug ins Privatleben gründete Sir John Templeton in Pennsylvania eine Stiftung. Das Templeton Foundation Programme of Prizes for Progress in Religion (Stiftung für Fortschritte in der Religion) vergab ihre Preise an Mutter Teresa, Billy Graham und Alexander Solschenizyn. „Ich habe immer geglaubt, dass nichts real ist außer Gott." Seine Mutter war eine eifrige presbyterianische Kirchgängerin.

In seinen Büchern *Weltweite Gesetze des Lebens: Zweihundert ewige spirituelle Prinzipien* und *Die demütige Annäherung* mixt der ehemalige Wall-Street-Broker Templeton die Lehren von Christus, Konfuzius und der Gründerin der Kosmetikfirma Mary Kay. Das ergibt Lebensweisheiten wie „Es ist nett, bedeutend zu sein, aber bedeutender, nett zu sein, und Liebe überwindet alles."

Die Medien beschäftigen sich mit der Rückkehr des Glaubens in die Wissenschaft. Das Nachrichtenmagazin *Der Spiegel* schrieb: Die Naturwissenschaft entdeckt Gott. Templeton fördert diese Forschungen von seinem Alterssitz auf den Bahamas aus. Er ist sicher, dass die Forschungen zum Ergebnis haben, dass die Welt eines Tages hundert Mal mehr über Gott entdecken wird, als wir bisher wissen.

Kontrastrategie: Gegen den Strom schwimmen

„Wenn man sich allein gegen den Strom stellt, wird man nass – sonst gar nichts.“ Andrej Kosyrew, ehem. russischer Außenminister

Die allgemeine Theorie der gegensätzlichen Meinung **(Contrary Thinking)** erfasst alle Lebensbereiche und dürfte ebenso alt sein wie die Menschheit. Immer gab es Personen, die sich Massenbewegungen entzogen oder gar entgegenstellten. Besonders an den Börsen tummeln sich Massen und hinterlassen mit Umsätzen und Kursen viel Zahlenmaterial über ihre Reaktionen. Darauf baut die Technische Analyse auf.

Die Vorarbeit leistete der Amerikaner Humphrey B. Neill, ein Journalist mit großem Interesse für die Wall Street. Er veröffentlichte seine Erkenntnisse 1954 in dem Buch *The Art of Contrary Thinking.* Zentrale Aussage: „Wenn jeder das Gleiche denkt, liegen mit hoher Wahrscheinlichkeit alle schief“, weil die Masse mit dem Herzen denke und übers Ziel hinausschieße. Neill untermauert dies mit der Tulpenspekulation in Holland im 17. Jahrhundert, der kurz darauf die Mississippi-Spekulation des Schotten John Law in Frankreich und die Südsee-Spekulation in England folgten. Neill fordert den Leser auf, anders zu denken als die anderen, mit dem Kopf eben, nur dann könne der Anleger Fehler vermeiden.

An der Börse gibt es eine **„Schweigespirale“:** Insbesondere in einer kleinen Gruppe wird ein Einzelner mit abweichender Meinung mundtot gemacht, oder er schließt sich aus Angst, nicht mehr für kompetent gehalten zu werden, der herrschenden Meinung an. Lutz von Rosenstiel, Ordinarius für Wirtschaftspsychologie an der Universität München, beobachtete diese Gruppenzwänge auch bei professionellen Investmentfonds-Managern und institutionellen Anlageberatern. Die Börse wird zu einem Tollhaus der Gefühle. Pessimismus wird ebenso wie Optimismus übersteigert. André Kostolany sagte dazu: „Man kann die Dummheit der Menschen gar nicht überschätzen.“

Bernard Baruch rät: „Handle nie wie die breite Masse.“ An der Börse sagt man: „Nur tote Fische schwimmen mit dem Strom.“ Neill machte seine Erfahrungen nach Enttäuschungen auf dem amerikanischen

Markt in den zwanziger Jahren, als jedermann glaubte, den Markt schlagen zu können. Neill hörte von 1 001 Methoden, dieses Ziel zu erreichen. Dabei hätten nicht die technischen Systeme versagt, sondern die Börsianer. Neill untersuchte auch die Charttechnik und kam zu dem Schluss, diese ließen sich immer so interpretieren, wie es gerade vorteilhaft erscheine. Wer in seinem Innersten Optimist sei, werde auch die Charts optimistisch deuten. Gewöhnlich falle die Entscheidung durch den Erzfeind Wunschdenken."

Humphrey B. Neill fasste seine Erkenntnisse in drei Thesen zusammen:

- Die persönliche Meinung hat nur geringen Wert, weil sie oft falsch ist.
- Charakterzüge wie Angst, Hoffnung, Gier und Wunschdenken sind so tief im Menschen eingegraben, dass sie keine Objektivität zulassen.
- Wer sich immer und unbeirrt auf seine Meinung stützt und verlässt, der wird auch zu seiner Meinung stehen – sei sie nun richtig oder falsch. Wer gibt schon gerne Irrtümer zu.

Neill erläuterte, dass die Meinung von Gruppen die allgemeine Meinung beeinflusst. Wer also eine gegensätzliche Meinung aufstellen will, muss darauf achten, welche Gruppenmeinungen in überregionalen Zeitungen und anderen Medien vorherrschen. Dort drückt sich die „herrschende Meinung" aus, und die Masse neigt dazu, den Meinungsführern zu folgen (Herdentrieb). Auch wer das Gespräch mit Menschen „auf der Straße" sucht, erfährt die herrschende Meinung (André Kostolany erwähnt den Taxifahrer).

Humphrey B. Neill hält es für außerordentlich wichtig, dass die Nachrichtenflut auch Hinweise darauf gibt, was von bestimmten Kreisen unternommen wird, damit die Öffentlichkeit etwas glaubt oder akzeptiert. Öffentlichkeit sei jedermann: die Eckensteher auf den Straßen, Geschäftsleute und Wirtschaftsführer.

Exzesse an den Börsen sind ein massenpsychologisches Problem, das die Technische Analyse mit den Stimmungsindikatoren erfassen will. Sie sind noch in voller Aktion und tragen dennoch bereits den Beginn einer Gegenbewegung in sich. Die Minderheit der Börsenteilnehmer („smart money"), die solche Exzesse richtig deutet und den Zeitpunkt der Umkehr bestimmt, kann darauf Anlageerfolge aufbauen. Aber sie steht gegen die Masse der Börsenteilnehmer, die einer Hausse oder Baisse ohne Ende nachläuft (herrschende Meinung). Die Schwierigkeit besteht darin, das eigene Denken so zu trainieren, dass es einen Gegenpol zur „herrschenden Meinung" bildet.

Eine Anlagestrategie nach der gegensätzlichen Meinung bringt dann die besten Ergebnisse, wenn sich ein Markt in einer extremen Situation befindet. Börsenspekulant Jesse L. Livermore hielt nichts von dieser Strategie: „Laut meinen eigenen Erfahrungen ist es unklug, gegen den Strom schwimmen zu wollen, d. h. sich einem deutlichen Gruppentrend zu widersetzen."

Kaufen, wenn die Kanonen donnern

„Ein internationaler Krisenherd ist eine Feuerstelle, bei der die einen die Kohlen liefern, die anderen die Zugluft." Carlo Franchi

Markante Beispiele für die Börsenregel „Bei Kanonen kaufen, bei Trompeten verkaufen"/Achetez aux canons, vendez aux clairons" gibt es in der Geschichte immer wieder. Oft reicht schon ein „Krieg der Worte". So spekulierte der Bankier Nathan Rothschild erfolgreich mit britischen Staatsanleihen, als er frühzeitig von der Niederlage Napoleons bei Waterloo erfuhr.

Ein Klassiker der US-Börsenliteratur gab nervösen Anlegern für unübersichtliche Börsen-Zeiten den Rat: Sie machen eine Tour durch feindliches Land, erhöhte Wachsamkeit ist gefordert, mitunter müssen Sie Terrainverluste in Kauf nehmen. Beobachten Sie das Massenverhalten, und lernen Sie daraus. In Extremsituationen niemals der Masse folgen.

Zu Höchstkursen kaufen?

„Es ist ganz einfach, an der Wall Street Geld zu verdienen. Alles, was man machen muss, ist kaufen, wenn die Kurse niedrig sind, verkaufen, sobald sie ansteigen, und dann den entsprechenden Gewinn einstreichen." Mark Twain

Der Schlüssel zum Anlageerfolg liegt in der guten Kombination von Anlageziel, dem persönlichen Anlagehorizont und in der disziplinierten Einhaltung der festgelegten Anlagestrategie.

Joe Granville entdeckte: „Sehr wichtig ist die Anzahl der Aktien, die neue Höchstkurse markieren. Das ist der verlässlichste Indikator zur Unterscheidung von Hausse- und Baisse-Perioden."

Wenn es doch nur so einfach wäre! Und was soll der Anleger tun, wenn der Aktienmarkt ständig auf Höchstkursen notiert?

Ein Anleger, der seit 1965 jedes Jahr einen Betrag von 1.000 Dollar in US-Aktien anlegte und dabei immer zum Jahreshöchststand kaufte, besaß im Jahr 1999 ein Vermögen von 325.000 Dollar. Der Anleger, der glücklicherweise immer zum Tiefstkurs einsteigen konnte, verfügt dagegen über 365.000 Dollar; das ist eine Differenz von weniger als ein Prozent pro Jahr. Kein Pechvogel steigt immer zum Höchstkurs ein, und niemand erwischt ständig den tiefsten Kurs. Bei guten Aktien ist jeder Tag ein Kauftag.

Die US-Fondsgesellschaft T. Rowe hat den amerikanischen Markt hinsichtlich des idealen Zeitpunktes untersucht. Rowe prüfte die Entwicklung des S&P-500-Index für die Jahre 1975 bis 1994. Wenn pro Jahr eine gleiche Summe angelegt wird, und zwar immer zu den Höchstkursen, die Dividendenerträge immer wieder angelegt werden, dann wird dennoch eine jährliche Wertsteigerung von 12,64 Prozent erreicht. Der Aktionär hat im Beispiel 1975 mit 2.000 Dollar begonnen, „mit Pech" immer zu Höchstkursen gekauft und besitzt Ende 1994 dennoch stolze 168.926,68 Dollar. Ergebnis: Es ist wesentlich wichtiger, immer einen gleich bleibenden Betrag anzulegen, als die Marktrenditen auszunutzen.

Cocktailpartys und der Trend

„Exklusivität ist ein Charakteristikum, das den Neureichen, der Highsociety und dem Stinktier eigen ist."
Austin O'Malley

Eine Cocktailparty wird aus Tradition und aus Mangel an Stühlen stehend abgehalten. Bei jeder Party findet man Partylöwen, Gelangweilte und Langweilige. Der Witzbold lacht über seine Scherze lauter als die Zuhörer.

Der Fondsmanager Peter Lynch entdeckte auf Cocktailpartys ein Marktbarometer: Niemand interessiert sich in der 1. Phase eines Marktaufschwungs für Aktien. Der Markt lag zu lange am Boden, niemand erwartet einen Aufschwung. Man redet lieber über Mode, Karies und Politik. Wenn zehn Leute lieber mit einem Zahnarzt über Karies reden als sich mit dem Manager eines Aktienfonds über Aktien zu unterhalten, ist es höchstwahrscheinlich, dass der Markt kurz vor seiner Erholung steht. In der 2. Phase sind die Kurse schon um 15 Prozent gestiegen, aber das interessiert niemanden. Die Partygäste bleiben nur einen Moment bei dem Fondsmanager stehen, nachdem er seinen Beruf genannt hat, um ihn über die Gefahren der Börse aufzuklären, bevor sie zum Zahnarzt weitergehen, um über die Gesundheitsreform und Karies zu reden. In der 3. Phase ist die Börse „talk of town", jetzt wird überall, auf Partys, im Büro, an der Bushaltestelle, nur über Aktien gesprochen. In der 4. Phase geben alle Hobby-Anleger dem Fondsmanager gute Ratschläge für die beste Geldanlage. Dann sind die heißen Tipps Gesprächsthema Nummer eins.

Peter Lynch fasst zusammen: „Wenn mir Freunde und Nachbarn sagen, welche Aktien ich zu kaufen habe, und ich mir hinterher wünsche, dass ich ihren Rat befolgt hätte, ist das ein untrügliches Zeichen für den bevorstehenden Börsenumschwung."

Kontrastrategie: Titelbild-Indikator / Zeitungen und Schlagzeilen

„Wer sich am Anfang seiner Sache zu sicher ist, wird am Ende oft von nagenden Zweifeln geplagt werden; wer aber zunächst bereit ist, gewisse Unsicherheiten zu akzeptieren, wird am Ende Gewissheit erlangen." Francis Bacon

Als **Kontraindikatoren** handelt man in den USA besondere Exzesse in kritischen Börsensituationen: die Rekordüberzeichnungen bei Börsenneulingen, die Aufmacher amerikanischer Magazine, die Meinungen und Stimmungen millionenfach verbreiten und zu einem Exzess führen können. Analyst Paul Macrea Montgomery untersuchte den Zusammenhang zwischen den Titelgeschichten großer Magazine und der Entwicklung des Aktienmarktes. Das Magazin *Time* titelte „Super-Yen" genau zu dem Zeitpunkt, als die Notenbanken von Washington und Tokio in einer konzertierten Aktion den Yen in die Knie zwangen, und *Time* ernannte Bill Clinton zum „Mann des Jahres", noch bevor er überhaupt etwas tun konnte. Das war schon drei Mal vorher einem bereits gewählten, aber noch nicht ins Amt eingeführten Präsidenten so ergangen – in all diesen Fällen reagierte der amerikanische Aktienmarkt zunächst negativ. In zwei Fällen startete die Börse etwas später zu einem Anstieg und ließ den Ausgangspunkt weit hinter sich. In seinem Buch *A Strategy for Daily Stock Market Timing* beschreibt **Joe Granville** im Jahr 1960 die Situation: „Wenn es für die Allgemeinheit offensichtlich ist, dann stimmt offensichtlich etwas nicht."

Wenn sich Börsenneulinge nach entsprechenden TV-Sendungen oder Titeln von Publikumszeitungen an der Börse engagieren, stellen sie oft fest, dass der günstigte Zeitpunkt bereits vorbei ist. Die Nachricht ist bereits Allgemeingut, für die Börse ist sie verbraucht. Amerikaner sagen „buy the rumor, sell the fact" (kaufen, wenn das Gerücht beginnt, verkaufen, sobald die Nachricht bestätigt wird).

Readers Digest erschien 1928, ein Jahr vor dem Börsencrash mit dem Titel „Jeder verdient es, reich zu sein". Das *Fortune Magazine* fragte im November 1966: „Why The Stock Market Acts That Way". Die Zeitschrift *Business Week* erschien am 13. August 1979 mit der Schlagzeile „TOD DER AKTIE – Die zerstörerischen Auswirkungen der Inflation auf den Aktienmarkt". Als so öffentlich vom Tod der Aktie geschrieben wurde, verkauften auch die Unentwegten und verschafften dem „smart money" günstige Möglichkeiten zum Einstieg. Der Aktienmarkt pendelte zwei Jahre lang und stieg dann um 300 Prozent. Am 15. August 1982 kam die *New York Times* im Wirtschaftsteil mit der Schlagzeile „Dark Days on Wall Street" heraus.

Am 28. Mai 1984 titelte Business Week: „SCHLECHTE ZEITEN FÜR DIE MÄRKTE DER STAATSANLEIHEN", und der Artikel schloss: „Den Anlegern bleibt nichts anderes übrig, als sich auf ein weiteres Kurstief bei ihren Anleihen einzustellen – was die angespannten Märkte für Staatsanleihen auf eine noch härtere Probe stellen dürfte." Der amerikanische Rentenmarkt aber erlebte eine Boomphase.

Business Week stellte am 21. Mai 1984 die Frage: „Sind Versorgungswerte überholt?" Wenige Tage später zog der Index der Versorgungswerte deutlich an. *Business Week* am 17. Dezember 1984: „Der Untergang der Minen". Dies war das Signal für den Kauf von Minenaktien. Eine Illustrierte kam am 24. Okober 1987 mit der Titelgeschichte „Börse: Optimismus durch stabileren Dollar" und gab als Prognose einen Kurs von 1,90.

Die Zeitschrift *Business Week* zeigte am 8. Oktober 1984 auf dem Titel einen Dollar als Rakete mit der Titelzeile „SUPERDOLLAR". In dem Artikel hieß es: „Er gestaltet die Weltwirtschaft neu – und könnte ein Jahrzehnt lang seinen Höhenflug fortsetzen."

Im Jahr 1987 stiegen die Aktien auf immer neue Höchstwerte, und *Business Week* beschrieb in der Ausgabe vom 6. Juli 1987 die allgemeine Stimmung mit dem Titel: „Aktien sind nach wie vor die beste Anlage". Der Artikel begann: „Den Anlegern stehen weiterhin gute Zeiten bevor. 1987 ist ein Jahr mit niedrigen Inflationsraten, stabilen Zinssätzen und vielen einträglichen Gewinnmöglichkeiten." Unter der Überschrift „Was gibt der Börse Auftrieb? Dicke, fette Gewinne" schloss die Zeitschrift: „Selbst bei weiterhin hohen Marktwerten besteht kein Grund zum Verkauf. Hohe Kurse sind das Kennzeichen eines Bullenmarktes. In einer Wirtschaft mit einem stetigen Wachstum und einer geringen Inflationsrate kann eine Haussephase noch jahrelang andauern." Wenige Wochen später kam es zu einem ersten Kursrutsch – dann folgte der Crash vom Oktober 1987.

Am 25. Dezember 1989 berichtete *Business Week* unter der Überschrift „Japans Investoren glauben, dass das Beste erst noch kommen wird“ und der Artikel schloss mit dem Satz: „Wie schon so oft in der Vergangenheit könnte Tokio auch dieses Mal die Skeptiker widerlegen.“ (Der Kaiserpalast in Tokio wurde teurer bezahlt als der Immobilienwert ganz Kaliforniens. Nur wenige Tage später erreichte der Nikkei-Index sein „All-Time-High“, im Februar 1990 kam der Zusammenbruch.)

Als es im September 1946 an der Wall Street zu einem Kurseinbruch von 20 Prozent kam, untersuchte die amerikanische Aufsichtsbehörde die Veröffentlichungen von 130 Brokern und 36 Beratungsdiensten in der Woche davor. Von den insgesamt 489 Börsenkommentaren waren 260 weiter positiv, 97 waren unsicher positiv, 74 riefen zur Vorsicht auf, 38 waren unschlüssig, und nur 20 waren auf Baisse gestimmt und rieten zum Verkauf.

In den USA befragt TV-Moderator Louis Rukeyser regelmäßig zehn bekannte Markttechniker, ob sie bullish, bearish oder neutral gestimmt sind. Seit Anfang 1990 waren die Markttechniker bis Ende 1990, Anfang 1994 und Ende 1994 extrem bearish eingestellt und gaben jeweils ein Verkaufssignal – immer am Tiefpunkt der Baisse. Wer auf den Sachverstand setzte, verkaufte zum tiefsten Kurs und verpasste die folgende Hausse. Anfang 1991, Anfang 1992 und im Sommer 1996 waren die Experten extrem bullish – die Börse legte jeweils nach einem Anstieg einen Zwischenstop ein und stieg danach nur noch wenig.

Umfragen des *Wall Street Journal* zur „herrschenden Meinung“ über Wirtschaft, Inflation und Zinsen unter amerikanischen Ökonomen erweisen sich regelmäßig als Irrtum. Was die Ökonomen zu erkennen glauben, hat das „smart money“ schon vorher gesehen und danach gehandelt.

Ralph Acampora ist ein Contrarian

Ralph Acampora, Leiter der Marktanalyse beim Investmenthaus Prudential Securities, ist ein Contrarian, ein Querdenker. Der Kursrückgang im Sommer 1998 habe ein größeres Ausmaß gehabt als der Crash von Oktober 1987, hat Ralph J. Acampora errechnet. Erst die

Rede von Alan Greenspan habe den Kursrückgang aufgehalten und den Trend umgedreht. Er sagt: „Für meine Prognosen beobachte ich drei Dinge: die Kursverläufe, die Umsätze und die Psychologie." Kostolany rät, Onassis modifizierend: Man darf der Tendenz nicht nachlaufen, man muss ihr entgegengehen. Der Analytiker Ralph Acampora setzt voll auf Charts: „Gerade hat die berühmte Warton School of Economics als erste Universität beschlossen, charttechnische Kursprognosemodelle zu erforschen. Weil die herkömmlichen Fundamentalmodelle nicht funktionieren."

Börsensendungen in Amerika sind überwiegend Unterhaltungsshows. „Auch die Finanzwelt und damit ihre Exponenten sind in Amerika längst Teil der Unterhaltungsindustrie geworden", sagt Acampora und weist auf die Gefahren hin, die dadurch entstehen: „Die Moderatoren dramatisieren und übertreiben. Die Berichte sind oft oberflächlich, und die Aussagen der Analysten müssen sich auf zwei bis drei kurze Sätze beschränken." Die Sendungen erreichen ein Millionenpublikum, und die Moderatoren werden über Nacht zu Stars. Acampora ist ein Showtalent: „Die Markttechnik ist eine trockene Materie, und da kann eine Prise Humor und Ironie bestimmt nicht schaden. Hauptsache ist, meine Botschaft wird verstanden." Ralph Acampora ist ständiger Gast beim US-Finanzsender CNBC. Die Bezeichnung „Guru" lehnt er für sich selbst ab, lieber ist ihm „Meisteranalyst".

„Die Märkte bewegen kann kein Analyst. Wenn jemand das von sich glaubt, dann überschätzt er sich gewaltig. Wenn die Märkte hin und wieder auf uns reagieren, dann waren wir allenfalls der Katalysator für eine überfällige Bewegung." Im Sommer 1995 stand der Dow Jones kurz vor der Marke von 4.800, da kam Acampora mit seiner Studie *Dow Jones 7.000* heraus, und die „Fachleute" schüttelten den Kopf – im Sommer 1997 erschien, beim Indexstand von 7.300, die nächste Studie „Dow Jones 10.000".

Acampora weiß, dass er Fehler macht. Entscheidend sei, einen Fehler schnell zu erkennen und sofort zu korrigieren. Kein Analyst könne immer alles wissen und ständig Volltreffer erzielen. Anleger sollten ihm nicht blind vertrauen: „Niemandem soll man blind folgen, das ist gefährlich. Erfolgreiche Investoren denken mit, nehmen unsere Argumente zur Kenntnis und entscheiden selbst. Es gibt keine Patentrezepte, die für alle gelten.“ Acampora ist kein reiner Chartist, seine Analysen erstellt er mit allen Elementen der modernen Markttechnik. Er analysiert jede Aktie, prüft die Branchen und erstellt dann seine Analyse des Gesamtmarktes: „Ich gehöre noch zur alten Schule der Markttechniker, die ohne Computer aufgewachsen sind und weiterhin einen großen Teil der Arbeit mit Bleistift und Maßstab erledigen.“

Ob sich die Markttechnik (Momentum, Relative Stärke, Marktbreite) für alle Anleger eignet, beantwortet Acampora ausweichend: „Es ist eine reizvolle, aber anspruchsvolle Materie. Wer Erfolg haben will, ob Profi oder Privatanleger, muss sich ständig mit ihr auseinander setzen.“

Acampora ist ein „Contrarian“, er macht das Gegenteil von dem, was die Masse macht. Seine jeweilige Markteinschätzung ist im Internet nachzulesen unter www. prusec.com/ralphcom.htm. Im August 1998 verkündete der überzeugte Bulle seinen Fans, er sei nun in das Lager der Pessimisten gewechselt, der Markt sei nun ein zyklischer Bär. „Auch ein Haussier soll hin und wieder negativ werden dürfen. Zu einem Major Bull Market, einer Superhausse, gehören auch heftige Korrekturen.“ Nach der amerikanischen Zinssenkung am 18. Oktober war der Bär dann wieder gestorben.

Acampora empfiehlt: „Ich glaube, der beste Weg, in den Internet-Sektor zu investieren, ist, sich jeweils einige Aktien von einer Auswahl der viel versprechendsten Firmen ins Depot zu legen.“

Börsen-Guru Ralph Acampora glaubt an einen Zusammenhang zwischen der Damenmode und dem Aktienmarkt und rechnet damit, dass die Damenwelt „kurz und kürzer“ tragen werde: „Ich werde einen Kilt tragen, wenn der Dow-Jones-Index nicht über 10.000 klettert“, verkündete er Mitte des Jahres 1998.

Zum **Euro** meint Ralph Acampora: „Ich bin der Ansicht, dass der Euro eine fantastische Sache ist und seit langem überfällig. Er wird einerseits Ihr Zusammenleben und -arbeiten in Europa wesentlich vereinfachen und andererseits Ihre Wettbewerbskraft uns gegenüber stärken.“

James B. (Jim) Rogers, Querdenker aus Prinzip

„Erst wenn auf den Titelblättern ‚Chaos in China' steht, ist es Zeit, asiatische Aktien zu kaufen." Jim Rogers

James B. Rogers Jr. ist ein Querdenker. „Warten Sie, bis Sie von Verzweiflung umgeben sind – und dann noch ein Weilchen. Wenn Sie achtsam genug sind, werden Sie spüren, wenn sich die Dinge wenden." Rogers folgt der Wall-Street-Herde nicht, er spekuliert gegen den Trend: „Ich kaufe Desaster und verkaufe Erfolgsgeschichten." Rogers ist Exzentriker und Contrarian, er glaubt, dass die Mehrheit immer falsch liegt und setzt dagegen.

Zwei Mal jährlich tagt die Expertenrunde des renommierten Anlagemagazins *Barron's*. Anfang 1987 warnte Jim Rogers als Einziger aus dieser Runde vor einem Crash. „Der Crash war das schönste Geburtstagsgeschenk, das ich jemals bekommen habe", denn daraus zog er einen Millionengewinn. „Es gibt nichts Schöneres, als Recht zu behalten, wenn jeder gesagt hat, du liegst falsch." Beim Roundtable 1997 setzten die versammelten Experten auf Aktien. Nur Rogers ging auf Gegenkurs und verkündete: „Ich kaufe alles, was man zum Frühstück braucht." Dazu zählen als Anlageschwerpunkte: Orangensaft, Getreide, Kartoffeln, Pfeffer, Schafwolle und Tee. Rogers glaubt an eine Erholung der Rohstoffpreise.

James B. Rogers stammt aus dem kleinen Ort Demopolis in den USA, dort wurde er am 19. Oktober 1942 geboren. Er bewies schon sehr früh Geschäftssinn, als Fünfjähriger verkaufte er Erdnüsse. Zusammen mit George Soros gründete James B. Rogers Jr. 1973 den berühmten Hedge-Fonds Quantum Fund. Als er sich nach zehn Jahren erfolgreicher Zusammenarbeit 1980 im Alter von 37 Jahren von George Soros trennte und die Wall Street verließ, war er um 14 Millionen Dollar reicher: „Das war mehr Geld, als ich gewusst hatte, dass es in der Welt gibt."

Danach ging er als Investment-Biker mit seiner damaligen Freundin Tabitha Estabrook zwei Jahre lang auf Weltreise und suchte per Motorrad auf 65 000 Kilometern nach Anlagechancen in sechs Kontinenten. Dafür kam er ins Guinness-Buch der Rekorde. Nach seiner Gewalttour über den Erdball bezeichnete ihn das Magazin *Time* als „Indiana Jones der Finanzen".

Seither kümmert sich Jim Rogers nur noch um sein eigenes Vermögen: „Ich bin in mehr als 30 Ländern der Erde investiert, in allen möglichen Dingen." Da verliert man leicht den Überblick: „Ich kenne meine Wertentwicklung nicht. Ich weiß nur, dass ich mehr als genug Geld habe, um meine Rechnungen zu bezahlen." Zwischen 1985 und 1990 verlor er eine Menge Geld mit Anleihen, als der Dollar fiel.

Rogers lehrt als Gastprofessor an der Columbia University und schreibt Kolumnen in Wirtschaftszeitungen. Er hat in seinem Haus keinen Fernseher, liebt das Radio und rät seinen Studenten zur Lektüre von Wirtschaftszeitungen.

James B. Rogers kauft Papiere, wenn sie ganz billig sind und sich niemand dafür interessiert. Dies gilt aber nur, wenn er Veränderungen spürt. Er setzt auf ein einfaches Prinzip: „Kaufe, wenn die Dinge sich ändern." Er denkt in Zeiträumen von zehn, 20 oder sogar 40 Jahren. Daraus kann durchaus der Zeitraum eines Menschenlebens werden.

Rogers sucht nach den großen Trends, er prognostiziert die Veränderungen und analysiert dann die einzelnen Aktien: „Ein erfolgreicher Anleger muss die Zahlen verstehen, die Bilanzen und die Steuererklärungen." Es ist sehr wichtig, unabhängig zu bleiben. Er hält keine Kontakte mit Brokern und Analysten, denn die agieren wie die breite Masse.

Anlagegrundsätze von Jim Rogers

- Kaufe das, was du kennst.
- Suche nach Werten, die man bisher vergessen hat. Der Anleger soll sich an Realitäten orientieren und vermeiden, der großen Menge nachzulaufen.
- Kaufe dann, wenn die Dinge sich ändern.
- Vermeide Verluste. Bei unklaren Fakten lass die Finger davon.
- Wenn Bullenmärkte in vollem Lauf sind, gehe besser aus dem Weg – oder du wirst getroffen.
- Die Hausse der Finanzwerte wie Aktien und Bonds geht zu Ende. Die Rohstoffe hingegen schließen ihren 20-jährigen Bärenmarkt ab und weisen für die nächsten Jahre das höchste Gewinnpotenzial auf.

- Wer seine Hausaufgaben vollständig macht, kann auch darauf rechnen, Glück zu haben.
- Die Gewinnchancen in den Märkten der Welt sind in den noch weitgehend unentwickelten und rohstoffreichen Ländern deutlich besser als in den wirtschaftlich und politisch verkrusteten westlichen Staaten.
- Du musst nicht immer investiert sein. „Einfach nur aus dem Fenster zu sehen, kann die beste Strategie sein."

Seine Anlage-Philosophie ist nicht immer gut verständlich, so wenn er rät: „Ziehen Sie nach Kalifornien."

1. Jim Rogers ist ein Shortseller: „Egal, wie die Märkte laufen, es gibt immer Highflyer, die zu hoch getrieben werden."
2. Philosophie von Rogers: „Wenn man in einem Investment erfolgreich war, sollte man sich weder von einem anderen noch von sich selbst unter Druck setzen lassen, sofort wieder zu handeln. Ich halte das für ganz gefährlich, da man vom Erfolg geblendet ist."
3. „Lernen Sie, düstere Stimmungen einerseits und ausgelassenen Jubel andererseits richtig einzuschätzen. Verkaufen Sie frühzeitig. Versuchen Sie nicht, exakt das Markthoch zu erwischen. Als Baron Rothschild einmal gefragt wurde, wie er reich geworden sei, antwortete er: ‚Ich verkaufe immer zu früh.'"
4. Zum Jahresbeginn 1998 prophezeite Rogers im *WirtschaftsWoche*-Interview: „Unerfreulicherweise wird die Börse in den USA zusammenbrechen. Vielleicht schon in den nächsten zwei Monaten."
5. „Ich würde lieber deutsche oder europäische Aktien als amerikanische Anteilscheine kaufen." Rogers: „Ich besitze Mark-Anlagen, weil ich der Überzeugung bin, dass der **Euro** scheitert. Wenn der Euro nicht kommt, wird es große Verluste überall auf der Welt geben".
6. Die Zukunft sieht düster aus: „Rohstoffe sind das Investment der Zukunft, die Inflation steht vor der Tür, Aktien und Anleihen werden ein Desaster erleben, der Dollar kollabiert."
7. „Wenn Sie in Nordamerika kaufen wollen, achten Sie auf Öl- und Bergbauwerte in Kanada. Ich bin für alle Rohstoffe, mit Ausnahme

von Gold, sehr optimistisch." Als Gewinner dieser Entwicklung sieht er die Regionen China, Asien und Lateinamerika.

8. Rogers setzt auf Optionen und Futures auf Agrarprodukte, aber er warnt: Wer die Hitze nicht verträgt, darf nicht in die Küche gehen.
9. Er setzt auf Teeplantagen und Farmland in Asien und Australien. Die in London notierte Plantation & General besitzt Plantagen rund um den Globus. Er rät zu Zertifikaten, die an Rohstoffpreisindizes gekoppelt sind.
10. „Die wirklich großen Investmentchancen muss man alleine herausfinden."

> Zwei Geschäftsleute treffen sich am Bahnhof. „Wohin fahren Sie?", fragt der Erste. „Nach Minsk", sagt der Zweite. „Nach Minsk, ja? Sie haben Nerven! Ich weiß doch, dass Sie mir erzählen, Sie führen nach Minsk, weil Sie wollen, dass ich glaube, Sie führen nach Pinsk. Aber es trifft sich nun mal, dass ich weiß, dass Sie wirklich nach Minsk fahren. Warum also lügen Sie mich an?"

Kapitel 8

Strategien der Pessimisten

„Der Pessimist ist der einzige Mist, auf dem nichts wächst“, meint Heiko Thieme

Jahr für Jahr wiederholt sich der Ablauf: Crash-Gurus warnen uns vor dem Super-GAU. In alter Zeit lieferte das Orakel von Delphi vieldeutige Prognosen der Zukunft, später übernahmen Börsen-Gurus und die Volkswirte der Banken diese Rolle (wenn Sie Ihre eigene Telefonnummer vergessen haben, der Volkswirt Ihrer Bank wird sie für Sie schätzen). Der Nationalökonom Thomas Robert Malthus (1766–1834; *Essay on Population*) sagte eine weltweite Hungerkatastrophe voraus, die Menschheit werde doppelt so schnell wachsen wie die Nahrungsmittel. In seiner Rechnung fehlten Kunstdünger, Pflanzenschutzmittel und Gentechnik.

In Großbritannien hatte Premierministerin Margaret Thatcher 1987 ihren dritten Wahlsieg errungen, und Prognostiker erinnerten an Nostradamus. Der französische Arzt Michel de Notredame (1503–1566) lebte vor 400 Jahren. Er sah ein Jahr, „in dem eine große Königin zum dritten Mal an die Macht kommt … und in diesem Jahr werden die Wälder zu fliegen beginnen … und es wird keinen Käufer mehr auf dem Markt geben!“

Nach Karl Marx und Friedrich Engels sollte der Kapitalismus zu einer wachsenden Kluft zwischen Arm und Reich führen und seinen eigenen Zusammenbruch herbeiführen. Der Sozialismus werde die Marktwirtschaft besiegen. Professor Barry Eichengreen stellt hierzu fest: „Die Geschichte lehrt uns, dass Finanzkrisen unvermeidbar sind. Solange es internationale Finanzmärkte gibt, lassen sich Krisen nicht verhindern.“ Eichengreen lehrt seit 1986 Volkswirtschaft und Politikwissenschaft an der Universität von Berkeley, Kalifornien.

„Jeder Profi ist einmal in seinem Leben ein Crash-Guru“, schreibt André Kostolany.

Crash-Prophet Roland Leuschel – „Sonntags nie“

„Je ratloser die Politiker den Problemen gegenüberstehen, desto mehr überträgt sich die Unsicherheit auf Währungen, Zinsen und Aktienkurse. Denn der Mensch kämpft härter für seine Zinsen als für seine Rechte.“
Napoleon Bonaparte

Aktien schwanken, daran haben sich die Anleger längst gewöhnt. Wenn sich aber ganze Märkte wie ein Jo-Jo-Spiel verhalten, macht sich Nervosität breit. Das ist die Stunde der Crash-Propheten und Pessimisten.

„Des Jahrhunderts größte Hausse geht zu Ende, fragt sich nur, wie und wie schnell. Einer, der sechs Jahre zuvor ihr Prophet war, ist Roland Leuschel – Trendmacher in *Wall Street Journal.* Leuschel war einer der wenigen, die diesen bisher größten Boom der Aktiengeschichte vorausgesagt haben, als die Fluchtwege des Geldes noch in den Beton führten“, schrieb *Der Spiegel.*

Roland Leuschel schrieb einen Bestseller über das Crash-Szenario: „Sonntags nie – am liebsten im Oktober“, der in mehreren Sprachen erschien, nachdem er bereits zu Beginn der 80er Jahre ein Buch mit dem Wirtschaftsberater des damaligen amerikanischen Präsidenten Ronald Reagan, Jack Kemp, in mehreren Sprachen und Auflagen herausbrachte, in dem er den damaligen Pessimismus anging. Das Buch hieß: „Die amerikanische Idee: Wachstum unsere Zukunft“. Darin wurde dringend eine Steuerreform nach amerikanischem Muster (Steuerhöchstsatz 35 Prozent) auch für Deutschland gefordert. Seit seinem Rückzug aus dem aktiven Geschäft als Direktor der Bank Bruxelles Lambert (heute ist er Ehrenpräsident der Bank) warnt Roland Leuschel als Privatier aus Portugal und aus Brüssel vor Kurskorrekturen. Im Falle von Japan, das 1989 die größte Börsenkapitalisierung der Welt repräsentierte (also höher als Wall Street war) behielt er mit seiner Prognose des Salami-Crashs Recht, denn seit 1989 befindet sich die japanische Börse in einer permanenten Baisse, aus der sie erst seit einigen Monaten herauszukommen scheint.

„Ein Pessimist ist ein Optimist mit Erfahrung!“, pflegt Roland Leuschel gerne zu sagen. Dass Roland Leuschel nicht gerne als Pessimist bezeichnet wird, ist klar, schließlich hatte er den Aktienboom der 80er Jahre vorausgesagt, und als der Crash 1987 kam, gründete er mit drei belgischen Börsenhändlern eine belgische Broker- und Asset-Management-Gesellschaft, die inzwischen auch in Luxemburg und der Schweiz Tochtergesellschaften hat und sehr erfolgreich arbeitet. Im Oktober 1996 hatte der Gouverneursrat der amerikanischen Notenbank die Befürchtung, der Wall Street drohe ein Verlust von zwei Dritteln seiner Werte, und Alan Greenspan warnte öffentlich vor der irrationalen Überschwänglichkeit. Außerdem gab es in der Russland-Krise und in der Wirtschaftskrise Asiens (Sommer 1997 bzw. Herbst 1998) deftige Kurskorrekturen an den Weltbörsen, die sich heute natürlich als Kaufgelegenheiten für langfristige Investoren herausgestellt haben.

Leuschel glaubt nach wie vor, dass die amerikanische Notenbank unter der Führung ihres „Godfathers“ Alan Greenspan mit einer sehr großzügigen aber auch verantwortungslosen Geldmengenausweitung die Krisen zwar gemeistert hat, aber die Stunde der Wahrheit demnächst schlagen wird. Zumal das Kreditvolumen auf Wertpapiere in den USA Ende 1999 höher war als im Jahr der Weltwirtschaftskrise 1929 und gleichzeitig die private Sparquote in den USA negativ wurde bzw. das Leistungsbilanzdefizit der Amerikaner die Rekordhöhen von 1987 erreichte.

„Japan ist noch lange nicht über den Berg, und im Falle einer Rezession in den USA können die südostasiatischen Länder und alle Emerging Markets in eine tiefe Depression stürzen. Für die nächste Krise stehen beim Internationalen Währungsfonds keine Mittel zur Hilfe mehr bereit und die Notenbanken besonders in den USA haben ihr Pulver verschossen.“

Sein Standard-Rat: Der gebürtige Pfälzer Roland Leuschel hat auch in der Börsenkrise immer 30 Prozent seines Vermögens in Aktien angelegt. Er empfiehlt, bis 5 Prozent der Mittel in einen Aktienfonds von Technologie-Aktien zu investieren, da ein Großteil der Gesellschaften, die heute Furore machen, morgen nicht mehr existieren werden. Leuschel ist und bleibt ein Verehrer der so genannten „Value Investments“ von Warren Buffett.

Seine eiserne Reserve hat Roland Leuschel in seiner eigenen Gesellschaft und in einer 30-jährigen Bundesanleihe angelegt: „Ich glaube an

> Am 20.3.1998 schließt der DAX erstmals über 5.000 Punkten, und schon am 13.7.1998 lässt der Xetra-DAX die Marke von 6.000 hinter sich – die Händler schlachten den „Marzipan-DAX". Bisheriger Höchststand mit 8.064 Punkten am 7. März 2000.
>
> Nach den weltweiten Kursstürzen im Oktober 1998 fällt der DAX auf seinen Tiefststand von 3.833,71.

die deflationären Tendenzen wegen der Globalisierung bzw. der neuen Kommunikationstechnologie. Wenn nach Abzug der Inflationsrate ein realer Zins von über 4 Prozent übrig bleibt, dann ist das eine gewaltige Kapitalrendite."

Roland Leuschel hat einen Standardwitz, den er immer wieder erzählt: „Was passiert, wenn der Weihnachtsmann, ein guter und ein schlechter Börsen-Guru gleichzeitig einen Zehn-Mark-Schein finden?" Dann setzt er die Pointe: „Der schlechte Guru hebt das Geld auf – denn die beiden anderen gibt es gar nicht."

Crash-Guru Joe Granville

„Warum wird nur immer wieder versucht, einen Zusammenhang zwischen der Wirtschaft und dem Aktienmarkt herzustellen? Wirtschaft hat nichts mit Timing zu tun … und Timing ist das A und O an der Börse."
Joe Granville

Die Geschichte der Wall Street ist voller Geschichten von Zauberern der Börse, die lange Zeit alles richtig machten, bis sie plötzlich vom Gipfel stürzten. Joseph E. Granville verhalf der Technischen Analyse an der Wall Street zum Durchbruch. Er begann seine Karriere 1957 beim Brokerhaus E.F. Hutton & Co.

Anfang der achtziger Jahre erschütterten seine Baisse-Prognosen den amerikanischen Aktienmarkt. Der Charttechniker sah zwischen 1975 und 1978 die Aufschwungphasen richtig voraus. Von da an setzte er auf Baisse und schuf sich einen legendären Ruf als ewiger Pessimist: In seinem *Granville Market Letter* sagte er immer wieder einen Sturz voraus, der schlimmer werde als 1929. „In einer Baisse spielen die Gewinne je Aktie keine Rolle."

„Das Unwichtigste an der Aktie ist ihr Name", behauptete der Börsenbriefherausgeber Joe Granville aus Kansas City, Missouri. Auf die Interviewfrage nach einem Wert aus *Granville Market Letter* antwortete er: „Sie sollten nie einen Techniker danach fragen, wer das Unternehmen ist und was es herstellt." Die Kaufempfehlung begründete Granville so: „Weil die Aktie von einer flachen Basis kam und dann der Umsatz ausbrach, und, nebenbei, wechselte das Unternehmen vor wenigen Tagen von der American Stock Exchange zur New York Stock Exchange."

In seinem Buch *A Strategy of Daily Stock Market Timing for Maximum Profit* beschreibt Granville die kurz-, mittel- und langfristigen Trends und wie man damit umgeht. Der wichtigste Indikator für die Unterscheidung von Hausse- und Baisse-Perioden ist für ihn die Anzahl der Aktien, die neue Höchstkurse erreicht haben. Granville erläutert: „Ein hervorragender Verkaufszeitpunkt ist dadurch gekennzeichnet, dass der Markt bei enormen Umsätzen abwärts geht, dann umdreht und nach oben schließt."

Wenn Joe Granville über Land reiste, waren die größten Säle gerade groß genug. Der Meister setzte sich an den Flügel und stimmte seine Fangemeinde beidhändig auf die Katastrophen-Szenarien ein. Sein Bekanntheitsgrad stand im umgekehrten Verhältnis zu seinen Leistungen. Aber er hat seinen Ruf verspielt. Granville ist ein „fallen angel". Sein Buch trägt, ihn Anlehnung an General Custer, den Titel *Granville's Last Stand.*[1)]

Granville entdeckte die „Volumen-Methode", bei der der Tagesumsatz einer Aktie zusammen mit dem Kursverlauf dargestellt wird: An Tagen mit steigenden Kursen verläuft das Volumen-Diagramm positiv, bei fallenden Kursen negativ.

1) General George Armstrong Custer unterlag 1876 in der Schlacht am Little Big Horn der Streitmacht der Sioux und Cheyenne unter den Häuptlingen Sitting Bull und Crazy Horse. General Custer tappte in die Falle.

Charts sind eine Glaubensfrage, André Kostolany beschreibt die Charttechnik so: „Als würde man einem Computer sagen: Ein Schiff ist 36 Meter lang, sieben Meter breit, hat eine Masthöhe von 15 Metern und einen Tiefgang von zehn Metern. Danach soll der Computer das Alter des Kapitäns ausrechnen.“ Und Kostolany fügt an: „Ich habe es mit meinem PC ausgerechnet, aber ich darf es nicht veröffentlichen – der Kapitän wäre beleidigt.“

Die britische Fondsgesellschaft und UBS-Tochter Phillips & Drew wartet seit Jahren sehnsüchtig auf den großen Crash. Ihr konsequenter Pessimismus brachte sie in den Leistungstabellen auf die Abstiegsplätze. Tony Dye, Chef der drittgrößten britischen Fondsgesellschaft, nimmt in der milliardenschweren Vermögensverwaltung eine Sonderstellung ein: Er ist ein 120-prozentiger Pessimist (die Sprecherin der Fondsgesellschaft nennt das „Value Investing“).

Seit Jahren wartet Tony Dye darauf, dass seine **Bärenphilosophie** aufgeht und ihm den großen Crash beschert. Dafür hält er viel Bargeld in der Reserve. Dann würde Tony Dye in den Hitlisten der Branche wieder ganz oben stehen.

Joe Granville erfand die Granville'schen Regeln

Die Technische Analyse macht das Kursverhalten in Chartbildern visuell erfassbar, zeigt also die menschlichen Reakionen auf bestimmte Gegebenheiten, wie Wettermeldungen, Ernteergebnisse, Bilanzergebnisse, volkswirtschaftliche Daten. Die Technische Analyse liefert ihren Anhängern eindeutige Signale für Kauf und Verkauf, und sie kann typisches Fehlverhalten beim Vorgehen an den Märkten aufzeigen.

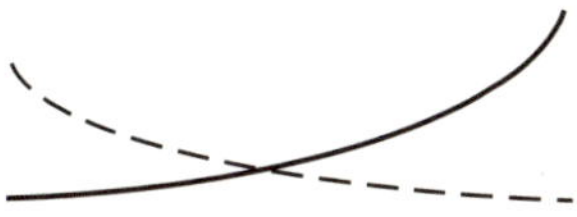	1 / KAUFSIGNAL Der Kurs steigt, aber die 200-Tage-Durchschnittslinie fällt und wird flacher. Da der Kurs die Linie vor dem Anstieg schneidet, kann mit einem weiteren Kursanstieg gerechnet werden.
	2 / KAUFSIGNAL Der Kurs liegt unter der 200-Tage-Durchschnittslinie und fällt, die Durchschnittslinie dagegen steigt an. Die Kurse dürften bald anziehen.
	3 / KAUFSIGNAL Der Kurs fällt auf die 200-Tage-Durchschnittslinie zu, dreht aber vor dem Schneiden und steigt mit ihr an. Die Kurse dürften weiter steigen.
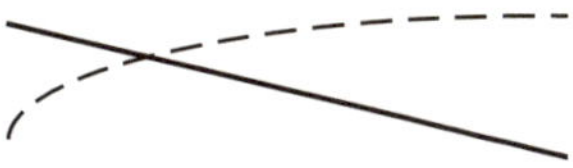	4 / VERKAUFSSIGNAL Der Kurs fällt, er schneidet die aufsteigende 200-Tage-Durchschnittslinie, die sich verflacht. Es muss mit einem Kurssturz gerechnet werden.
	5 / VERKAUFSSIGNAL Der Kurs steigt, die 200-Tage-Durchschnittslinie fällt. Der Kurs wird weiter fallen.
	6 / VERKAUFSSIGNAL Der Kurs bewegt sich auf die 200-Tage-Durchschnittslinie zu, biegt aber vorher ab. Kurssenkungen sind zu erwarten.
	7 / GEGENREAKTIONEN sind zu erwarten. Der Kurs liegt unterhalb der 200-Tage-Durchschnittslinie und fällt stärker als diese.
	8 / GEGENREAKTIONEN sind zu erwarten. Der Kurs liegt über der 200-Tage-Durchschnittslinie und steigt stärker als diese.

Quelle: Chartanalyse, Vorteilhafte Geldanlagen (v+G). Loseblattwerk. Haufe-Verlag, Heft 2/97, Gruppe 3/28, Freiburg 1978 ff.

Kapitel 9

Strategien der Gurus im Vergleich

„Intelligenz bestreitet neun Zehntel jeder Schlacht." Napoleon Bonaparte

Anlagestrategien für Privatanleger müssen sich mit geringem Aufwand umsetzen lassen. Portfoliostrategien der Privatanleger für den erfolgreichen Vermögensaufbau greifen natürlich auf Erfahrungen und Modelle des Portfolio-Managements zurück, bei dem große Vermögen für die Auftraggeber verwaltet werden. Der Anleger sollte die Methoden kennen, wenn er auch wegen der Mittel und der langsameren Reaktionen nicht alle Strategien übertragen kann. Und die Profis schneiden nicht immer besser ab.

James P. O'Shaughnessy: „What works on Wall Street"

„Ich habe keine Zeit, dicke Bücher zu lesen, nur dünne."
Elizabeth II., Königin des Vereinigten Königreiches

James P. O'Shaughnessy untersucht in seinem Buch *What works on Wall Street/Die besten Anlagestrategien aller Zeiten* alle bekannten Strategien anhand der Computeranalysen aus 45 Jahren amerikanischer Aktiengeschichte hinsichtlich Risiko, Flexibilität und Kontinuität der Erträge.

Der „Statistik-Guru" aus Greenwich, Connecticut, legte erstmals eine echte Langfriststudie der beliebtesten Langfriststrategien professioneller Marktteilnehmer über 45 Jahre vor. Erst durch die Kombination der leistungsfähigsten Computer mit der umfangreichen Datenbank von Standard & Poors Compustat konnte bei der Analyse von Strategien und Depots herausgefiltert werden, welche Grundlagen zu überdurchschnittlichen Ergebnissen führen und welche Strategien der Markt gnadenlos bestraft. Viele Strategien liefern bei kurzfristiger Betrachtung sehr gute Ergebnisse, fallen dann aber bei einer Langfristbetrachtung hinter den Index zurück. Viele der alten Börsenregeln erwiesen sich nach genauer Prüfung als falsch. O'Shaughnessy: „Die meisten Investmentstrategien sind Mittelmaß. Die Mehrheit, besonders jene, die für Investoren kurzfristig verlockend erscheinen, schlagen nicht einmal den

S&P-500-Index.“ O’Shaughnessy kommt nach seinen gründlichen Analysen zu dem Schluss, dass der Markt bestimmte Anlagestrategien belohnt und andere bestraft. Er legt in seinem Leitfaden dar, welche Strategien erfolgreich sind und welche nicht: Mit der besten Strategie wurden aus 10.000 Dollar von 1952 bis 1996 rund 8 Millionen Dollar (durchschnittlich 18 Prozent pro Jahr). Mit dem schlechtesten Anlageplan wurden in vier Jahrzehnten lediglich 3,3 Prozent pro Jahr erzielt.

O’Shaughnessy ist Präsident und Geschäftsführer der Investmentgesellschaft O’Shaughnessy Capital Management Inc. und Computerexperte. Er gilt als Statistiklegende und warnt davor, sich vom Glamour eines Wertes verleiten zu lassen und „stark überzogene Preise zu zahlen“. Jeder Anleger kann anhand der langfristigen Anlageergebnisse seine Strategie wählen und fundierte Entscheidungen auf der Grundlage verlässlicher Informationen umsetzen.

Wer auf Aktien mit hohem KGV setzt, spielt gefährlich. Wer ständig mehr als das 20fache des Gewinns je Aktie bezahlt, verschenkt auf lange Sicht Geld. Auch ein niedriges KGV ist keine Garantie für den Erfolg. Sehr oft erfährt der Anleger den Grund für die niedrige Bewertung kurze Zeit später, wenn die Gewinnschätzungen heruntergesetzt werden.

Die **Topstrategie** nach O’Shaughnessy ist eine Kombination von Kurs/Umsatz-Verhältnis und hohem Kurswachstum: die 50 Werte mit einem Kurs/Umsatz-Verhältnis pro Aktie von unter eins in den vergangenen 43 Jahren durchsuchen und die Werte mit dem höchsten Kurswachstum im Vorjahr kombinieren. Bei dieser Methode wurden aus 10.000 Dollar 8 Millionen Dollar von 1952 bis Ende 1996.

Fonds-Chef O’Shaughnessy entdeckte im Zahlengebirge aus vier Jahrzehnten amerikanischer Börsengeschichte ein kostbares Geheimnis: die **Zehn-Aktien-Strategie.** Jeder Anleger kann sie anwenden: Einmal im Jahr werden die Werte des S&P-500-Index nach der Börsenkapitalisierung gelistet, dann wird zu gleichen Teilen in die zehn größten Unternehmen investiert. Das System ist einfach, spart Zeit und Bankgebühren.

O’Shaughnessys Untersuchungen zeigten, dass hohe Dividendenrenditen als Erfolgsindikator von der Größe des Unternehmens abhängen. Wer das nicht beachtet, zahlt am Ende drauf. Wer in die 50 US-Werte mit den höchsten Dividendenrenditen investierte, blieb weit hinter dem Markt zurück. Wenn der Anleger diese Strategie aber nur auf die

30 hochkapitalisierten Dow-Jones-Werte anwandte, konnte er den Gesamtmarkt schlagen. Das gilt auch für den DAX. O'Shaughnessy schreibt dazu: „Einfache, disziplinierte Strategien, wie jedes Jahr die zehn Werte des Dow mit der höchsten Dividendenrendite zu kaufen, haben in den vergangenen 70 Jahren funktioniert – weil sie immun gegenüber Gefühlen sind."

Nach den Untersuchungen von James P. O'Shaughnessy ist die in der Wirtschaftswissenschaft viel diskutierte „Random-Walk-Theorie" falsch. O'Shaughnessy verlässt sich daher bei seinen Anlageentscheidungen nicht auf sein Gefühl, er vertraut seinen Computern: „Computermodelle haben keine Launen, keinen Streit mit ihrer Frau, keinen dicken Kopf von der Nacht zuvor." Manchmal muss man sich selber überlisten, „Selbstbindung" ist der Triumph des Verstandes über das Gefühl. Erfolgreich ist nur, wer eine klare Strategie verfolgt, die richtigen Papiere auswählt und die eiserne Disziplin besitzt, auch langfristig engagiert zu bleiben. André Kostolany rät: „Sie schlagen den Markt mit dessen ureigensten Mitteln: nämlich mit dem einfachen Verstreichen von Zeit."

Anlageempfehlungen von James P. O'Shaughnessy:

- Der vielversprechendste Weg zum dauerhaften Anlageerfolg ist die Kombination von Wachstums- und Substanzstrategien.
- Werte mit einem niedrigen Kurs/Umsatz-Verhältnis (Price-to-Sales-Ratio) bieten gute Aussichten, den Markt zu schlagen.
- Wenn Sie sich für Werte mit niedrigem KGV (engl.: PER) entscheiden, dann nehmen Sie große, bekannte Unternehmen.
- Die „Relative Stärke" schlägt den Markt dauerhaft.
- Blue Chips mit hoher Dividendenrendite schlagen den marktbreiten S&P-500-Index um den Faktor 4.
- Einer der größten Fehler ist es, die aktuellen Lieblinge des Marktes mit hohem KGV zu erwerben.
- Viele der meistgenannten Anlagestrategien funktionieren eigentlich nur theoretisch und nur bei kleinen Werten (Small Caps).
- Die Verlierer des letzten Jahres sind auch im laufenden Jahr die Verlierer.

Odysseus-Strategie von James P. O'Shaughnessy

Odysseus-Strategie: Der neue Stern am Firmament der Analysten, James O'Shaughnessy, rät zur Odysseus-Strategie und erläutert sie mit „sklavischem Durchhaltevermögen". Bei den verschiedenen Vergleichen war die Volatilität außergewöhnlich hoch. O'Shaughnessy folgert, dass es sehr schwierig sei, bei negativer Performance die gewählte Strategie eisern durchzuhalten: „Man sollte vorher sicher sein, dass man die Strategie verstanden hat, bevor man sich darauf einlässt."

Odysseus war König von Ithaka, verheiratet mit Penelope, mutig und eitel. Als er Agamemnon im Krieg gegen Troja beistehen musste, gewann er mit List. Die Heimfahrt des stolzen Königs aber wurde zur Irrfahrt zwischen Menschen fressenden Zyklopen, charmanten Zauberinnen, singenden Sirenen. Der stolze König Agamemnon und sein Bruder Menelaos ersuchten Odysseus um Beistand. Der Herrscher von Ithaka verließ Ehefrau Penelope und seinen neugeborenen Sohn Telemach, um in die Schlacht um Troja zu ziehen. Der Krieg dauerte zehn Jahre. Übermütig prahlte Odysseus, dass er den Sieg ohne Hilfe der Götter errungen habe. Sie zürnten und straften den Helden mit einer Odyssee über die Meere. Odysseus kettete sich selber an den Mast seines Schiffes, um dem verführerischen, aber todbringenden Gesang der Sirenen widerstehen zu können.

Entweder lässt sich der Anleger von der allgemeinen Euphorie mitreißen, oder die Angst vor einem Crash macht ihn handlungsunfähig. Wer sich eisern an ein bestimmtes Modell hält, vermeidet spontane Entscheidungen – die sind oft nachteilig. O'Shaughnessy meint: „Bei Investitionen in den Aktienmarkt ist der Anleger selbst sein größter Feind." Dass nur jeder fünfte Fondsmanager in den USA den Index schlagen kann, führt O'Shaughnessy auf mangelnde Disziplin zurück: „Menschliche Entscheidungen sind systematisch fehlerhaft und unzuverlässig."

André Kostolany weiß: „Nur zehn Prozent der Anleger machen wirklich Geld." Beste Gewinnchancen hat, wer unter den Aktien mit einem Kurs/Umsatz-Verhältnis unter eins die mit dem höchsten Kurswachstum in den letzten zwölf Monaten wählt. O'Shaughnessy schreibt: „Die meisten Investmentstrategien sind Mittelmaß. Die Mehrheit, besonders jene, die für Investoren kurzfristig verlockend erscheinen, schlagen nicht einmal den S&P-500-Index." O'Shaughnessy kommt zu dem Ergebnis: „Der Markt belohnt bestimmte Anlagestrategien, während er andere bestraft."

Gewinner bleiben Gewinner

„The Trend is your Friend." Börsenregel

Die Anhänger der Theorie effizienter Kapitalmärkte sehen keine Verbindung zwischen vergangenen Kursentwicklungen und der Zukunft. Eine andere Denkschule setzt auf die Aktien, die der Markt am meisten „zerrissen" hat: Das sind die **„Bottom Fishers"** (Fischen auf dem Grund). Sie sehen in den (negativen) Kursänderungen der Vergangenheit einen Grund zum Kauf.

Eine Aktie zu kaufen, nur weil sie den höchsten Gewinnzuwachs (im Vergleich zum Vorjahr) aufweist, ist eine Verluststrategie. Sehr oft schlägt das Pendel bei solchen Unternehmen im nächsten Jahr wieder in die andere Richtung. Konstantes Gewinnwachstum ist der Schlüssel zum Erfolg. Auch das Preismomentum ist ein ausgezeichneter Indikator: Werte mit unterdurchschnittlicher Kursentwicklung bleiben schlechte Investments. James P. O'Shaughnessy setzt auf Aktien, die eine relative Stärke zum Markt haben oder ein hohes Momentum aufweisen. Er untersuchte im Zeitraum 31.12.1951 bis 31.12.1995 die Entwicklung von Aktien mit der relativ besten Entwicklung gegenüber den Bereichen „Alle Aktien" und „Große Aktien". Ergebnis: **Gewinner bleiben Gewinner.**

Die Verlierer des letzten Jahres sind keine gute Kaufgelegenheit, sie sind historisch sogar die schlechtesten Aktien, die man kaufen kann. O'Shaughnessy untersuchte die These „Verlierer kaufen" nach den gleichen Regeln, und er schreibt sarkastisch: „Es soll Matratzen geben, unter denen sich das Geld besser entwickelt hat." **Peter Lynch** rät: „Investieren Sie in Unternehmen und nicht in die Börse an sich." Das Argument: „Sie ist schon so weit gefallen, sie kann nicht mehr tiefer fallen", zählt Peter Lynch zu den „dümmsten Dingen, die Leute über Aktien sagen".

Ergebnis von O'Shaughnessy: „Wenn finanzieller Ruin nicht Ihr Ziel ist, sollten Sie es unbedingt vermeiden, die Verlierer des Vorjahres zu kaufen."

Strategie: „Buy and hold" ist reine Nervensache

„Viele halten sich für langfristige Anleger, wenn sie Aktien am Neuen Markt drei Tage besitzen", kritisiert Kurt Ochner, Vorstand und Fondsmanager von Julius Bär.

In der Theorie stehen allen Anlegern alle Informationen jederzeit für Börsendispositionen offen und gleichzeitig zur Verfügung. Aber da gibt es den Geiz der Anleger, genügend Geld und Zeit für Informationen aufzuwenden, lieber verlässt man sich auf die Meinungen anderer. Wer es anders machen will, wertet Informationen aus und profitiert dann von den Fehlern der anderen, meint Kurt Schildknecht, der ehemalige Chef-Volkswirt der Schweizerischen Nationalbank. Eine der wichtigsten Tugenden im Geldgeschäft ist rationelles Handeln. Wer seine Anlageentscheidungen von Gefühlen leiten lässt, wird langfristig nicht erfolgreich sein.

Amerikanische Wissenschaftler wie Professor Eugene F. Fama aus Chicago prägten in der Vergangenheit das Denken ganzer Anlegergenerationen mit einer einfachen Botschaft: Börsianer verhalten sich völlig rational; beim Kauf oder Verkauf von Aktien kalkulieren sie alle bekannten Informationen, und sie lassen sich von der erwarteten Rendite leiten. Nach Professor Fama entspricht der Aktienkurs immer genau dem Wert der erwarteten künftigen Dividende. Danach spiegeln die Kurse jederzeit alle wichtigen Informationen wider. Famas Ratschlag für die Anleger: „Aktien kaufen und im Depot liegen lassen" (buy and hold).

Institutionelle Anleger betreiben eine ähnliche Strategie, wenn sie Aktien nicht aktiv verwalten. In langen Seitwärtsbewegungen empfiehlt sich aber der **„constant mix":** Bei steigenden Kursen werden Aktien verkauft (je nach Indexstand), und bei sinkenden Preisen wieder zurückgekauft. Der Aktienanteil bleibt relativ stabil.

Warren Buffetts Rat: Nur in solche Unternehmen investieren, die man genau untersucht hat und deren Geschäft man versteht. Hat man sich dann für ein Unternehmen entschieden, möglichst viele Aktien kaufen und lange halten. – **Peter Lynch** sieht das Timing skeptisch: „Ich habe bisher noch nicht viele Leute getroffen, die mit dem Markttiming eine Menge Geld verdient haben." Lynch rät: „Kümmere dich nicht um Marktbewegungen oder die Konjunktur." Bankier Rudolph Kaderli schreibt dazu: „Geschichten von erfolgreichem Dauerbesitz sind geeignet für Erbauungsbücher; sie dürfen kein Vorbild sein für eine Anlagestrategie." An der Börse sagt man: „Was du nicht verkaufen kannst, siehe als Investment an." Der britische Nationalökonom und Börsenspekulant Sir John Maynard Keynes formulierte kurz und knapp: „In the long run we are all dead." Auch für die Buy-and-hold-Strategie gilt: **Aktien immer im Auge behalten.** Werfen Sie immer ein wachsames Auge auf Ihre Werte, lassen Sie diese nicht unbeobachtet. Wenn ein Unternehmen den wirtschaftlichen Anschluss verpasst, kann es schnell abwärts gehen, wie bei AEG und Nixdorf.

Einstmals war die **AEG** (Allgemeine Elektrizitäts-Gesellschaft) ein stolzer deutscher Name (Motto: „Aus Erfahrung Gut"), ein Industrie-Gigant (178 000 Mitarbeiter, Umsatz 8,4 Mrd. DM). In praktisch jedem deutschen Haushalt gab es mehrere AEG-Geräte: erste elektrische Grubenlokomotive, flächendeckende Stromversorgung, AEG baute Autos und Schreibmaschinen (Marke Olympia), führte den Funkverkehr ein; bei den Olympischen Spielen 1936 in Berlin die erste elektronische Fernsehkamera, das erste deutsche Transistor-Radio (1956), die erste in Europa gebaute Groß-Rechenanlage (1959), das erste deutsche Atom-Versuchskraftwerk (1961), das PAL-Farbfernsehsystem.

Vorstände und Aufsichtsräte wechselten wie in der Bundesliga die Trainer. Das Management erkannte den Wert eigener Erfindungen nicht, z. B. Videorecorder und Großcomputer (erfolgreich unter Nixdorf). Am 9. August 1982 musste Vergleichsantrag gestellt werden. Am 20. September 1996 kam dann „die Stunde X" für die einst ruhmreiche AEG („Am Ende Gescheitert"): die Verschmelzung mit der Muttergesellschaft DaimlerBenz.

Nixdorf setzte auf kleine Kompakt-Computer am Arbeitsplatz. Damit konnte sich Nixdorf am Markt gegen die Großrechner von IBM und

Siemens durchsetzen. *Der Spiegel* schrieb 1986, mit Nixdorf sei Deutschland im Wettbewerb um die Computermärkte der Welt den Amerikanern und Japanern nicht mehr hoffnungslos ausgeliefert. Kurz nach seinem Tod auf der Hannover Messe 1986 fiel das Lebenswerk von Heinz Nixdorf auseinander und wurde zum verlustreichen Sanierungsfall. Gründe waren falsche Markteinschätzung und die immer schnellere Entwicklung in der Chiptechnologie.

In den USA waren „Nifty-Fifty-Aktien" ein auserwählter Kreis von erstklassigen großen Werten, auch „Wunderaktien" genannt. Viele Anleger fühlten sich mit diesen „Traumaktien" traumhaft sicher und schworen sich selbst, diese „Heiligen Kühe" niemals zu verkaufen. Allgemein nannte die Börse diese Werte auch „One Decision Stocks", d. h., man trifft nur eine Entscheidung für den Kauf, über einen Verkauf wird nie nachgedacht.

Strategie-Test des DAI: Buy-and-hold-Depot

Der Atomphysiker Albert Einstein rät uns: „Holzhacken ist deshalb so beliebt, weil man den Erfolg sofort sieht."

Der Aktienbesitz in Deutschland steigt, 8 Prozent der Bevölkerung besitzen Aktien, mittlerweile gibt es mehr als fünf Millionen Aktionäre. Die Aktie ist eine Anlageform mit einer langfristig hohen und zuverlässig erzielbaren Rendite. Die Bedeutung einer langfristig orientierten Aktienanlage zeigen diese Zahlen: Eine Anlage von 100.000 DM wächst in 25 Jahren auf ein Endvermögen von 600.000 DM. Ein Depot aus zufällig ausgewählten Aktien steigt in dieser Zeit auf 1,8 Millionen DM.

Wer sich als Privatanleger für die direkte Anlage in einzelne Aktien entscheidet und nicht auf Index-Zertifikate ausweicht, kann immer nur einen Teil des Gesamtmarktes in sein Depot aufnehmen. Für den Privatanleger spielt es daher eine wesentliche Rolle, dass er auch mit einem Depot, das nicht alle Aktien enthält, mit hoher Sicherheit eine sehr attraktive Rendite erzielt, die nur geringfügig vom Index abweicht. Das DAI (Deutsche Aktieninstitut e.V.) bildete für jedes Jahr zwischen 1971 und 1992 jeweils 30 zufällig zusammengestellte Buy-and-hold-Depots aus den DAX-Aktien und prüfte deren Entwicklung über Zeiträume von fünf bis 25 Jahren. Die Relative-Stärke-Depots bestanden jeweils aus fünf und aus acht DAX-Aktien, ebenso die Turn-around-Depots. Die im DAX enthaltenen repräsentieren 80 Prozent der Marktkapitalisierung aller deutschen Aktien.

Das DAI untersuchte drei Strategien, die sich auch für Privatanleger eignen, die sich nicht täglich viele Stunden mit ihrer Aktienanlage beschäftigen können. Bei der passiven Buy-and-hold-Strategie hält der Anleger an dem einmal ausgewählten Depot fest. Das Relative-Stärke-Depot setzt sich aus den besten DAX-Aktien des Vorjahres zusammen, und in das Turn-around-Depot kommen die DAX-Aktien, die im Vorjahr am schlechtesten abgeschnitten haben.

Anlagestrategie		**Anlagedauer**				
		5 Jahre	**10 Jahre**	**15 Jahre**	**20 Jahre**	**25 Jahre**
Buy and hold	**Rendite**	11,65 %	11,84 %	12,89 %	11,43 %	11,40 %
Relative Stärke	**Rendite**	14,69 %	15,86 %	16,84 %	14,75 %	13,77 %
Turn around	**Rendite**	13,26 %	13,43 %	13,42 %	12,55 %	12,28 %

Quelle: DAI. Rendite und Risiko von Aktiendepots aus DAX-Aktien, 1998.

Die passive Buy-and-hold-Strategie ist für den Privatanleger am einfachsten umzusetzen. Der Aufwand für die Auswahl ist gering, es wurden gleichgewichtete Zufallsdepots mit fünf und mit zehn Aktien gebildet (ein privater Investmentfonds). Ziel ist in der langen Frist die Indexrendite, damit gegenüber anderen Anlageformen eine Überrendite erzielt wird. Die jährlichen Durchschnittsrenditen lagen für jeden Anlagezeitraum und bei jeder Strategie über 11 Prozent. Die Durchschnittsrenditen der Depots mit fünf bzw. zehn Aktien unterscheiden sich kaum, das Risiko kann durch Verdoppelung der Aktienanzahl um 35 Prozent reduziert werden. Je länger der Anlagezeitraum und je breiter die Streuung, desto gleichmäßiger und zuverlässiger wird die mit Aktien erzielbare Rendite.

Strategie-Test des DAI: Relative-Stärke-Depot

„Es ist viel schwieriger, eine vorgefasste Meinung zu zertrümmern als ein Atom." Albert Einstein

Die **Relative Stärke** einer Aktie wird gewöhnlich im Vergleich zum Gesamtmarkt gemessen, möglich ist auch der Vergleich mit einer Branche oder mit anderen Aktien. Der Amerikaner J. W. Wilder verwendete in seinem Buch *New Concepts and Technical Trading Systems* (1978) erstmals den Index der Relativen Stärke. Chartanalysten bewerten eine ausgeprägte Relative Stärke von Aktien positiv und sehen darin Kaufsignale, wenn der allgemeine Markttrend dies unterstützt. Aktien mit ausgeprägter relativer Stärke versprechen in Aufwärtsbewegungen einen überdurchschnittlichen Kurszuwachs.

Die Strategie der Relativen Stärke ist anspruchsvoller und aktiver als die des Buy and hold. Das Depot aus fünf Aktien bringt auch nach Transaktionskosten eine höhere Rendite bei einem höheren Risiko. Hinter der Strategie der Relativen Stärke steht die Annahme, dass Aktien, die in der Vergangenheit überdurchschnittliche Renditen erzielt haben, dies auch in der Zukunft wiederholen werden.

Daher werden für die Auswahl die DAX-Aktien mit der besten Performance des Vorjahres ausgewählt. Jeweils zum Jahresende werden die Aktien mit der schlechtesten Performance verkauft und durch die besten Aktien des vergangenen Jahres ersetzt. So wird die Gleichgewichtung wiederhergestellt. Ist die Aktie mit der besten Performance bereits im Depot enthalten, dann tritt an ihre Stelle die Aktie mit der zweitbesten Performance.

Die Rendite der Relative-Stärke-Strategie liegt bei einem Depot mit fünf Aktien deutlich über dem Depot mit acht Aktien. Wer diese Strategie anwendet, kann durch eine geringere Zahl von Aktien den Erwartungswert der Renditen steigern und durch einen langen Anlagehorizont das Risiko deutlich senken. Die Strategie der Relativen Stärke ist eine sehr gute Anlageform, wenn Sie die angelegten Mittel längere Zeit nicht angreifen müssen.

Strategie-Test des DAI: Turn around

Die Strategie des Turn around ist aktiver als die des Buy and hold und bringt auch eine etwas höhere Rendite bei höheren Transaktionskosten. Dahinter steht die Überlegung, dass Aktien, die in der Vergangenheit eine schlechte Rendite erzielt haben, in Zukunft eine bessere Performance erreichen werden. Mögliche Gründe sind Nachholbedarf, Branchenrotation, Unternehmen, die nach einer Umstrukturierung wieder rentabel arbeiten. Dies sollte sich dann in den Aktienkursen zeigen.

In das Depot werden die fünf bzw. acht Aktien mit der schlechtesten Performance aufgenommen. Am Jahresende werden die rentabelsten Werte verkauft und durch die Werte mit der schlechtesten Rendite ersetzt.

Die Durchschnittsrenditen und deren Schwankungen sind höher als bei der Buy-and-hold-Strategie, aber geringer als bei der Strategie der Relativen Stärke, und das Schwankungsrisiko geht mit steigender Anlagedauer erheblich zurück. Diese Strategie eignet sich für Anleger, die ein Risiko nicht generell ablehnen und die Gelder nicht kurzfristig benötigen.

Strategie: Top 10 / Erfolgreiche Aktien von Jeffrey Applegate

„Es gibt hier zu Lande sehr viele Leute, die bereit sind, Reformvorschläge schon nach einer Woche totzureden."
Werner Müller, Bundeswirtschaftsminister

In jedem Jahr hat Chef-Stratege Jeffrey Applegate am 1. Juli seinen großen Auftritt, wenn er seine US-Aktienfavoriten für die nächsten zwölf Monate vorstellt. Seit 1949 veröffentlicht Lehman Brothers ein Musterportefeuille von zehn stark unterbewerteten Aktien, die den Markt schlagen sollen. In den vergangenen 50 Jahren schnitten die „10 Uncommon Values" in 37 Jahren erheblich besser ab als der S&P-Sammelindex. Wer 1949 in die „10 Uncommon Values" investierte, hat aus 100 Dollar Einsatz 253.000 Dollar gemacht (Wertsteigerung 253.000 Prozent; ohne Dividenden, ohne Transaktionskosten), im S&P-500-Index in der gleichen Zeit nur 9.200 Dollar (9.227 Prozent). Im letzten Jahr erzielten die „10 Uncommon Values" eine Wertsteigerung von 51,16 Prozent gegenüber dem S&P-500 von 21,07 Prozent. Wer vor 50 Jahren den Anlagevorschlägen mit 10.000 Dollar folgte und jedes Jahr umschichtete, besitzt heute ein Vermögen von 25 Millionen Dollar.

Das Depot von Jeffrey Applegate (alle Papiere werden auch in Deutschland gehandelt): AOL (Onlinedienst mit 19 Millionen Abos), AT&T (Telekommunikationsriese, Allianzen mit Kabelnetzbetreibern; Wachstumsaussichten 25 Prozent), Eli Lilly (Pharma), Microsoft (Computerindustrie, Software), Tyco International (Mischkonzern, Favorit 1998; alle Frankfurt), Firstar (Bank; Favorit 1998), Ford Motor (Auto), General Instrument (Telekommunikation), KLA-Tencor (alle Berlin), Intel (Chip-Industrie, Stuttgart).

Mit **POUNDS** (**P**erformance **O**f **U**nderlying **S**ecurities) von Lehman Brothers auf 10 Uncommon Values partizipiert der Anleger an der Kursentwicklung dieser zehn besonders kaufenswerten Aktien in einem Aktienkorb bis zum Verfalltag.

Das US-Wertpapierhaus Lehman Brothers startete Anfang 1999 mit dem „10 Uncommon EuroValues": ICI (WKN 860006, Chemie), Nokia (870737, Hightech), LVMH (853292, Luxusgüter), Siemens (723600), Accor (860206), Telefónica (850775, Telekom-Konzern Spaniens), Canal Plus (874543), BNP (887771), Allied Zurich (915553, Versicherung), AstraZeneca (886455, Pharma).

Strategie: Alles auf eine Karte setzen

Hartgesottene Spekulanten setzen auf nur eine einzige Karte: die Aktie aus der Liste der Top Ten mit dem zweitniedrigsten Kurs. Das sieht wie Zufall aus. Das System brachte in den letzten 25 Jahren eine um 50 Prozent höhere Rendite als die Top-Ten-Strategie. Mit der ruhigen Nachtruhe ist es bei der Strategie des „Alles oder ?" aber vorbei.

John C. Bogle – Mit einem Index kaufen Sie gleich den ganzen Markt

Für John Bogle, Gründer der nach dem Magellan zweitgrößten amerikanischen Investmentgesellschaft Vanguard, Valley Forge/Pennsylvania, unterscheidet sich der erfolgreiche Anleger vom weniger erfolgreichen durch die Charakterstärke. Der intelligente Investor beweise gesunden Menschenverstand bei realistischen Erwartungen, Geduld und Ausdauer. Gier und Angst würden Vermögensverluste nur verschlimmern.

John C. Bogle brachte die preiswerten Index-Fonds auf den Markt und veränderte damit die Investmentlandschaft. Das Kapital liegt bei den Fonds der Vanguard Group. Damit sind die Fondsinhaber de facto die Eigentümer. Das ist eine einmalige Konstruktion. 1996 übergab John C. Bogle die Verantwortung für das Tagesgeschäft an seinen Zögling John Brennan. John Bogle stammt aus der Schule von Benjamin Graham, predigte in zahlreichen Büchern und unzähligen Fernsehauftritten immer wieder seine These, dass Anleger Rendite verschenken, wenn sie in aktiv verwaltete Fonds investieren und ihre Depots häufig umschichten.

Der passive Geldanleger akzeptiert, dass der Markt stärker ist. Er versucht gar nicht erst, den Markt zu schlagen. Er kopiert den Markt einfach. Der Fondsmanager eines Index-Fonds hat nur noch die Aufgabe, Aktien nach der Indexgewichtung zu kaufen, ohne jede Barreserve. Der Fondsmanager kauft dann, wenn der Kleinanleger Fondsanteile erwirbt. Die Haftungsprobleme aus der Anlageberatung führen am Bankschalter zur Konzentration der Empfehlungen auf die großen Titel – de facto wird daraus eine Indexierung. Dieser Trend führt zur Überbewertung der großen Werte. Dagegen sind die mittleren und kleineren Aktien oft preiswerter und analytisch risikoärmer (Ausnahme: Neuer Markt).

Die internationale Depot-Streuung folgt diesem Trend. Aufteilungen nach Europa- bzw. Weltindizes bringen ein Übergewicht an Auslandswerten – und führen zu Problemen bei den Banken. Analysten bewerten nicht nur Vergangenheitswerte, sie informieren sich auch vor Ort in den Unternehmen und pflegen Management-Kontakte. Dies ist bei Inlandswerten einfacher.

Börsengehandelte **Index-Aktien** sind eine Anlagealternative zu den Index-Fonds. Es sind Anteile an einem Wertpapiervermögen, das einem Index entspricht. Index-Fonds mit „Turbo-Effekt“: Der Nova-Fonds der Fondsgesellschaft Rydex will durch entsprechende Engagements an den Terminmärkten den S&P-500-Index um 50 Prozent übertreffen. Der Ultra-OTC-Fonds von Pro-Funds will die jeweilige Wertentwicklung des Nasdaq-100-Index immer verdoppeln. 1998 erzielte der Fonds 185 Prozent Zuwachs.

Andere Fonds ermöglichen die Spekulation auf fallende Aktienkurse. Der Ursa-Fonds (nach dem lateinischen Wort für Bärin) von Rydex vollzieht die Wertentwicklung des S&P-500-Index spiegelverkehrt: Fällt der Index, steigt der Kurs. Der Ultra-OTC-Short von Pro-Funds gibt die Wertentwicklung des Nasdaq-100 spiegelverkehrt wieder und verdoppelt dies.

Wer **Index-Zertifikate** kauft, erwirbt mit einem Papier einen ganzen Aktienmarkt, und die Kurse des Papiers folgen genau dem Börsenindex – ob das nun Frankfurt, London oder New York ist. Ein Index-Zertifikat streut das Risiko automatisch und erspart dem Anleger das schwierige Geschäft des Stockpicking. Ein DAX-Zertifikat bildet die Performance der 30 deutschen Blue Chips im Verhältnis 1:1 ab. Mit einem S&P-500-Zertifikat hat der Anleger die Performance der wichtigsten US-Aktienwerte in seinem Depot.

Ein Index-Zertifikat streut das Risiko automatisch. Bei Index-Zertifikaten (rechtlich eigentlich Inhaber-Schuldverschreibungen) kann der Anleger nie aufs falsche Pferd setzen, er streut das Risiko über eine große Zahl von Aktien und entscheidet sich für eine passive Anlagestrategie: Eine Anlage wird sich immer wie der Markt entwickeln – nie besser und nie schlechter.

Inzwischen kann man Index-Zertifikate auf praktisch jeden Index der Welt erwerben. Bei ausländischen Indizes ist das Währungsrisiko (oder die Währungschance) zu beachten; einige Emittenten sichern das Risiko zusätzlich ab. Einige Zertifikate bündeln mehrere Indizes, wie das Top-5-Welt-Zertifikat der Commerzbank. Die in den USA sehr beliebten Spider, Webs und Diamonds ergänzen die Auswahlmöglichkeit.

Spider (Tickersymbol SPY) ist eine amerikanische Aktie, die sich aus den 500 Aktien des marktbreiten Standard & Poors Aktienindex zusammensetzt. Sie wird an der AMEX gehandelt und ist inzwischen die meistgehandelte Aktie Amerikas. Mit einem Spider ist der Anleger auf unbegrenzte Zeit an den 500 größten US-Unternehmen beteiligt – er hat quasi alle Eier in einen Korb gelegt.

Webs (Netze; World Equity Benchmark Shares) sind Anteilscheine auf ausländische Aktienindizes. **Diamonds** sind Webs auf den Dow-Jones-Index der 30 Spitzenwerte (Ticker DIA = Dow Jones-Deposite Receipts).

„Index-Fonds" sind eine Alternative zur Direktanlage. Sie können, abhängig von der Managementleistung, besser oder schlechter als der Index abschneiden. Eine Garantie dafür gibt es nicht, und Fondsmanager arbeiten nicht für ein Butterbrot. Index-Fonds sind in den USA sehr erfolgreich und weiter auf dem Vormarsch.

Will der Anleger von steigenden Aktienkursen profitieren, kann er entweder selbst Einzeltitel auswählen oder die Auswahl einem Fonds übertragen. Die erste Strategie setzt Börsenkenntnisse voraus, bei der zweiten muss der Sachverstand des Fondsmanagements bezahlt werden. Bei der dritten Strategie wählt eine Bank bestimmte Aktien aus und bildet daraus ein Aktienkorb-Zertifikat – die Bezeichnung gibt meistens gleich die Zielrichtung an: **Aktienkorb-Zertifikate** auf Bankwerte, Chemietitel oder Internet und Internet-Technologien. „Mit einem Index-Zertifikat auf den Deutschen Aktienindex DAX erwirbt der Anleger einen Anspruch auf Teilhabe an der Wertsteigerung dieses Index", erklärt Wolfgang Müller, Bereichsleiter Vermögensverwaltung bei der SGZ-Bank. Der Erfolg ist abhängig von den im Index enthaltenen Einzelwerten und deren Gewichtung im Index (von der Marktkapitalisierung bestimmt, weniger von Erfolgsfaktoren).

Der spekulative Anleger handelt kurzfristig, lässt sich auch von Emotionen beeinflussen, steigt aus und wieder ein – beim Aktienkorb-Zertifikat ist dagegen strategisches Kalkül notwendig, die Korbwerte müssen einen Querschnitt durch die Branche bieten, die Technologieführerschaft haben, Marktführer sein und konsequent das Shareholder Value umsetzen.

Die **Indexoption** weist einen großen Vorteil auf: Mit einem Optionskontrakt (DAX-Call oder DAX-Put) kann der Investor auf die künftige Entwicklung der 30 deutschen Blue Chips wetten. Das breite Laufzeitangebot von einem Monat bis zu zwei Jahren erlaubt eine genaue Anpassung an den persönlichen Anlagehorizont.

Wer es spezieller und etwas aktiver haben möchte, kann unter zahlreichen Zertifikaten auf einzelne Branchen oder auf Aktienkörbe wählen. „Indizes sind im Grunde nichts anderes als Aktienkörbe", stellt Portfoliomanager Holger Sahner von der SGZ-Bank fest. Er empfiehlt: „Mit Zertifikaten auf Aktienkörbe können Anleger die Vorteile von Index-Zertifikaten mit denen von Investmentfonds kombinieren." Index-Zertifikate auf Indizes und auf Aktienkörbe stehen für die Strategie **„Buy and hold"**.

„Das Investieren nach Index ist das Eingeständnis, dass man sich nicht für fähig hält, ein besseres Resultat zu erzielen als ein Börsenindex als solcher ausweist, nach der Devise: ‚If you can not beat the market, join it.'"
Bankier Dr. Rudolph Kaderli

Kapitel 10

Die Börse, der Trend und die Psychologie der Anleger

„Selbst der Kunde ist intelligenter als alles, was ‚Intel inside' hat."
Nicholas Negroponte, Chef des Media Lab am Massachusetts Institut of Technology, über den Stand der Computertechnik

Es gibt keine endgültige Formel zur Bestimmung von Marktwerten. Ein Dutzend Experten wird zu zwölf verschiedenen Ergebnissen kommen. Ja oft würde gerne ein jeder von ihnen schon ein paar Augenblicke später sein Urteil aufgrund einer veränderten Lage revidieren, wenn man ihm noch einmal Zeit zum Nachdenken ließe. Börsenkurse werden nur teilweise von Bilanzen oder Gewinn- und Verlustrechnungen bestimmt. Menschliche Hoffnungen und Ängste, Habgier, Ambitionen, höhere Gewalt, Erfindungen, eine angespannte Finanzlage, Wetterbedingungen, Entdeckungen, Modeerscheinungen und unzählige weitere Ursachen, die nicht alle aufgezählt werden können, ohne nicht eine Einzige auszulassen, spielen eine weitaus größere Rolle", schreibt Gerald Loeb in „Erfolgreich durch den Investment-Dschungel".

„Denn der Großteil dieser Leute ist nicht mit dem Erstellen optimaler Langzeitprognosen über die wahrscheinliche Rendite einer Anlage während deren gesamter Laufzeit beschäftigt, sondern hauptsächlich damit, Änderungen in der herkömmlichen Bewertungsgrundlage etwas früher als die allgemeine Öffentlichkeit vorauszusehen", stellte der auf dem Börsenparkett erfolgreiche britische Nationalökonom **Sir John Maynard Keynes** fest.

Der geduldige Anleger lässt seine Anlage reifen und sieht ihr dabei zu. Das tägliche Auf und Ab an den Börsen geht an die Nerven. Angebot und Nachfrage allein sind keine ausreichenden Erklärungen für die großen Kursschwankungen. Die klassische Kapitalmarkttheorie weiß auf die wichtigsten Fragen keine zufrieden stellende Antwort: Was führt zu den starken Schwankungen der Aktienkurse, ohne dass sich die Rahmenbedingungen geändert hätten? Warum kommt es auch über längere Zeiten immer wieder zu erheblichen Über- oder Unterbewertungen? Wodurch entstehen spekulative Blasen, die an Massenhysterie und nicht an rationales Verhalten erinnern? Modelle und Formeln können diese Fragen nicht lösen. Da Kurse Ertragserwartungen abbilden, geht man davon aus, dass einige Marktteilnehmer mehr Informationen als andere haben.

Behavioral Finance, wie sich Anleger verhalten

„Ein Dummkopf hat mehr Einfälle, als ein Weiser vorhersehen kann."
Joseph Conrad

Im Mittelpunkt der Behavioral Finance, der Wissenschaft vom typischen Anlegerverhalten, steht der Mensch mit seinen Ängsten, seiner Gier und dem Herdentrieb: „The trend is your friend." Die Kunstgestalt Homo oeconomicus ist in der Wissenschaft ein alters- und geschlechtsloses Individuum ohne kulturelle Identität, das alle Marktinformationen besitzt und immer vollkommen rational handelt. **Professor Reinhard Selten:** „Bisher hat man ein viel zu grobes Bild des Menschen gezeichnet. Der Mensch orientiert sich nicht allein am wirtschaftlichen Erfolg, sondern interessiert sich auch für die Auswirkungen auf andere." Der britische Schatzkanzler und Premierminister Sir Winston Churchill war auch als Anleger sehr eigenwillig und impulsiv. So kaufte er „Simmons"-Aktien allein wegen des Werbeslogans „Auf einer Simmons-Matratze kann dir nichts schief gehen".

Wäre der Anleger ein Homo oeconomicus, dann würde er vor jeder Entscheidung alle Anlagealternativen durchkalkulieren, er besäße ein bestens gestreutes und risikoloses Depot und würde seinen Nutzen maximieren. In der Realität entscheidet der Anleger „menschlich" und handelt oft irrational. Beispiele: Der Anleger kauft lieber eine heimische Aktie als ein ausländisches Papier, weil sie ihm vertrauter ist. Die Behavioral Finance deckt irrationales Verhalten auf und verhilft so den Anlegern zu einer besseren Strategie. Denn wer systematische Fehler der anderen früh erkennt, kann dies für sich Gewinn bringend umsetzen. Die Selbstüberschätzung ist bei Männern stärker ausgeprägt als bei Frauen.

Der britische Nationalökonom **Sir John Maynard Keynes** brachte dies auf die kurze Formel: „Um die Zukunft der Aktie einzuschätzen, müssen wir die Nerven, Hysterien, ja sogar die Verdauung und Wetterfühligkeit jener Personen beachten, von deren Handlungen diese Geldanlage abhängig ist." Der Kölner Wirtschaftsprofessor **Günther Schmölders** behauptete, dass die Kauflust der Bevölkerung nicht vom Einkommen abhängt, sondern von der Luftfeuchtigkeit.

Die Kursentwicklung ist oft nicht das Ergebnis tatsächlicher Ereignisse, sondern der Vermutungen der Anleger über den künftigen Kursverlauf. Von **Bernard Baruch** stammt die Erkenntnis: „Schwankungen auf dem Aktienmarkt sind nicht das Resultat ganz bestimmter Ereignisse, sondern vielmehr Ausdruck menschlicher Reaktionen auf diese Ereignisse, d. h., sie geben die individuelle Meinung von Millionen Männern und Frauen über die zukünftigen Auswirkungen dieser Ereignisse wieder. Infolgedessen wird der Aktienmarkt in erster Linie von Menschen geprägt." **André Kostolany** schreibt dazu: „Im Allgemeinen sorgen Neuigkeiten nicht für neue Kurse, sondern die Kurse sorgen für neuen Gesprächsstoff. Dies gilt für Paris, London und New York. Bei Börsenschluss sucht jeder nach einer Erklärung für eine Kursabweichung oder Trendänderung, an die zwei Stunden zuvor noch keiner im Traum gedacht hätte."

Gewinner zu früh verkauft – Verlierer zu lange gehalten

„Das Investieren in Aktien ist eine Kunst und keine Wissenschaft", schreibt Peter Lynch, der erfolgreichste Fondsmanager. In Tests an den Universitäten Kiel und Aachen stellten die Forscher fest, dass die Testpersonen Aktien im Aufwärtstrend zu **früh** verkaufen und Aktien im Abwärtstrend zu **lange** halten. Wissenschaftler der Universität Mannheim untersuchten 10 000 zufällig ausgewählte Depots und stellten fest, dass Aktien mit bescheidener Wertentwicklung viel zu lange in den Depots der Anleger bleiben. Aktien im Gewinnbereich werden zu früh verkauft, Aktien im Verlustbereich dagegen zu spät. Von Gewinneraktien trennen sich die Anleger leichter, sie wollen ihre Gewinne nicht wieder verlieren. Die Verlustaktien bekommen immer noch eine Chance, den historischen Einstandskurs wieder zu erreichen. Ein innerer Widerwille verhindert den Verkauf.

Die Psychologen Daniel Kahneman und Amos Tversky von den Universitäten Princeton und Stanford befassen sich mit der Risikobewertung der Anleger. Sie kommen zu dem Ergebnis, dass erwartete Verluste doppelt so schwer gewichtet werden wie erwartete Gewinne. Das erklärt hohe Preise für Geschäfte der Risikoabsicherung, wie Optionen. Verluste werden aber leichter ertragen, wenn man sich in guter Gesellschaft weiß. Das gilt besonders für Marktteilnehmer mit hoher Fachkompetenz. Kahneman und Tversky testeten Anleger mit der Frage: Sie bekommen Geld geschenkt: Sie müssen sich entscheiden, ob Sie mit Sicherheit 85.000 Dollar geschenkt bekommen oder ob es mit 85-prozentiger Wahrscheinlichkeit 100.000 Dollar sind. Die Mehrzahl der Testpersonen entschied sich für die 85.000 Dollar. In einem zweiten Test wurde das Spiel umgedreht, es sollte geprüft werden, ob sich die Anleger immer risikoscheu verhalten: Es kommt ein Verlust auf Sie zu, dieser Verlust kostet Sie mit Sicherheit 85.000 Dollar oder mit 85-prozentiger Wahrscheinlichkeit sogar 100.000 Dollar. Die Testkandidaten entschieden sich für die kleine Chance von 15 Prozent, die ihnen blieb. Im ersten Test verhielten sich die Investoren risikoscheu, im zweiten risikofreudig, obwohl es in beiden Fällen um den gleichen Betrag ging. Geht es um Gewinne, fährt man gerne die volle Ernte ein. Börsenregel: „An Gewinnmitnahmen ist noch keiner gestorben." Das Anlegerverhalten ist darauf gerichtet, Gewinne zu realisieren und Verluste mit der Hoffnung laufen zu lassen. Von 100 Konten, die heute bei einem Broker eröffnet werden, bestehen nach einem Jahr nur noch 20, sie wurden geschlossen, weil das Geld weg war.

Noch Anfang der 70er Jahre war festzustellen, dass die meisten Profis auch bei rückläufigen Kursen voll engagiert blieben oder höchstens 10 Prozent Liquidität besaßen. Sie empfahlen weiterhin, Aktien zu kaufen, und handelten auch danach. Was jeder normale Mensch tut, wenn ihm ein Schnellzug entgegenkommt, nämlich ausweichen, gibt es auch an der Börse. Wenn die Kurse zu fallen beginnen, gilt es zu verkaufen, und erst wenn sie tief sind, gilt es wieder zu kaufen. Dabei spielt auch die Börsenerfahrung eine Rolle, dass Aktien-Favoriten, die sich in den vergangenen drei Jahren schlechter als der Index entwickelten, in den dann folgenden drei Jahren erheblich besser abschnitten.

Denken Sie daran: „Ein Optimist ist ein Mensch, der ohne Geld in der Tasche im Restaurant Austern bestellt und hofft, von den gefundenen Perlen die Zeche bezahlen zu können." (Ugo Tognazzi, ein italienischer Komiker)

Cyber-Gurus trommeln für eine digitale Welt / Chip, Chip, Hurrah!

„Das Internet spaltet die Menschen in ‚User' und ‚Loser.'"
Birgit Breuel, Expo-Chefin

Wir erleben eine Orgie der Spekulation, und immer mehr Menschen stürzen sich in die Euphorie. TV-Sender berichten rund um die Uhr von den Weltmärkten, Tageszeitungen und Finanzmagazine bringen in Millionenauflage Spekulationstipps. Selbst in Fitnesszentren und Restaurants verliert der Mensch in keiner Sekunde den Monitor mit den Börsenberichten aus dem Auge. Spaziergänger tragen den Walkman am Gürtel, er piepst bei Kursausschlägen.

Der Telekosmos ist der unerforschte Kontinent der Zukunft. Er beginnt gleich hinter Ihrem Bildschirm. Darin kreist täglich eine Datenmenge um den Globus, die größer ist als das gesamte Wissen der Menschheit im 19. Jahrhundert. Das Motto der Zukunft heißt: Nur wer vernetzt ist, existiert wirklich. Der Boom nährt sich selbst. Jeder neue „Internet'ter" steigert die Bedeutung des Netzes als politischer, wirtschaftlicher und kultureller Raum der Zukunft. Das Netz ist die Projektionsfläche für Ängste, Wünsche und Visionen. Es wird die Gesellschaft verändern – und niemand weiß, in welche Richtung. Selbst der Papst und Pater Anselm vom Kloster Andechs fanden schon den Weg ins Netz, ein sicheres Zeichen für eine Zeitenwende. Utopisten wollen im Netz eine direkte Telekratie sehen, die den Einzelnen an jeder Entscheidung beteiligt. In den USA hat der nächste Präsidentenwahlkampf schon begonnen, er wird im Internet ausgetragen. Auf den Seiten www.georgebush.com und www.algore.com und werden Propagandatexte ausgetauscht. Eine Gesetzesänderung wird auch Wahlkampfspenden per Kreditkarte ermöglichen.

Die **Revolution aus dem Netz** ist schon da. In der Wirtschaft werde es durch Übernahmen und Fusionen immer größere Gebilde geben und daneben viele neue Existenzgründungen. Das Internet nehme großen Einfluss auf den Einzelhandel (e-Commerce), auf Banken, Broker (Online-Handel), Finanzdienstleister und Versicherungen. Gewinner werden diejenigen sein, die sich schnell anpassen und dem Megatrend anschließen. **Cyber-Gurus** schwärmen von einem Mega-Markt in der Digitalwirtschaft. **Trend-Gurus** sehen eine neue Weltwirtschaftsordnung auf uns zu rollen – gnadenlos und global, und voller Chancen. Ein Technologiestratege des Chip-Produzenten Intel sagt bis zum Jahr 2014 eine 1000fache Steigerung der Speicherkapazität von Chips voraus. Das Netz kann als digitaler Bypass ganze Organisationen einfach umgehen: Wo heute noch ein Arbeitsplatz für einen Menschen ist, reichen morgen ein Chip und ein Kabel.

Weltweit sind mehr als 100 Millionen Menschen online, bald soll die Milliarde erreicht sein, und eine Kettenreaktion treibt die Entwicklung noch schneller voran: Je mehr Privatpersonen und Unternehmen sich in die elektronische Wertschöpfungskette einklinken, desto schneller steigt die Nachfrage nach Waren und Dienstleistungen – ein „Web-Bewerb". Das US-Marktforschungsunternehmen Forrester sieht ein „Hyperwachstum" mit einer jährlichen Steigerungsrate von 70 Prozent im Einzelhandel. Prognosen:

- 25 Prozent der privaten Aktienorders werden in den USA online abgewickelt.
- 11 Prozent aller privaten Reisen werden in vier Jahren über das Netz gebucht.
- Der US-Buchverkauf wird sich bis 2003 zu 18 Prozent auf das Netz verlagern.
- In Deutschland würden schon heute 10 Prozent ihr Auto online kaufen.
- 9 Prozent der deutschen Bankkunden greifen bereits online auf ihr Konto zu.
- Mit dem Internet sind viele Anleger heute besser informiert als ihre Berater.

Es gibt starke Parallelen zwischen der industriellen Revolution des 19. Jahrhunderts und der Entwicklung des Internet. Das zeigt die Studie *The Impact of the Internet Economy in Europe,* die Cisco Systems finanzierte und das britische Marktforschungsunternehmen Henley Centre verfasste: Rasche und tief greifende gesellschaftliche Veränderungen und dominierende Namen werden produziert, denen der Benutzer vertraut (Deutschland: Mercedes-Benz; Niederlande: Philips; Frankreich: Danone).

Adam Bird von der Unternehmensberatung Booz Allen & Hamilton stellte fest, dass die Bedeutung der Marken im Netz der Netze sehr hoch ist: „In den Köpfen der Kunden ist nicht Platz für beliebig viele Player innerhalb einer Produktkategorie."

Nach einer Studie der Beratungsgesellschaft Roland Berger & Partner wird der Abstand zwischen den Besten einer Branche und dem Rest immer größer. Wettbewerbsvorteile von einst verschwinden im Web. Die Standleitungen des Internet machen den teuren Einkaufspassagen in den Innenstädten ernsthafte Konkurrenz. Sie sind jederzeit schnell und bequem zu erreichen, immer hell erleuchtet und bieten eine Fülle von zusätzlichen Informationen, Preisen und Vergleichen: **Cyberspace statt teurer City-Lage.**

Alle Blasen (Bubbles) platzen irgendwann

„Spekulanten mögen unschädlich sein wie Luftblasen auf einem steten Strom der Unternehmungslust. Aber die Lage wird ernst, wenn die Unternehmungslust zur Luftblase in einem Strudel der Spekulation wird."
John Maynard, Baron Keynes

Seit die Wissenschaft sich mit den hohen Volatilitäten am Aktienmarkt und den Ursachen beschäftigt, taucht immer wieder der Begriff der „Bubbles" auf: nicht begründbare Preisabweichungen, die aus sich selbst erfüllenden Erwartungen entstehen. Sie entstehen durch psychologische Vorgänge wie den Herdentrieb. Erklärungen für die Bubbles gibt es bisher nicht.

Die bisher angelegten Analyseverfahren, Fundamental-Analyse und Technische Analyse, ließen die Börsenpsychologie außen vor. Dies war ein Fehler. Die Psychologie spielt eine große Rolle. In den Bubbles drückt sich aus, dass die Anleger im Zeitablauf unterschiedliche Einstellungen zum Risiko haben, daraus ergeben sich unterschiedliche Risikoprämien, die auch die Kapitalmarkttheorie nicht vollständig erfassen kann.

Alle Blasen platzen irgendwann. Sie blähen sich so lange auf, bis sich alle daran gewöhnt haben und kaum jemand mit dem Platzen rechnet. HSBC Securities London hat das Phänomen der Bubbles in den achtziger und neunziger Jahren an den Börsen in Japan, Mexiko, Spanien und Großbritannien untersucht und dabei einige typische Kriterien für das Entstehen entdeckt: ein starkes Wachstum der Geldmenge, ein rasant steigender Anteil des Wertes von Finanzanlagen am Bruttoinlandsprodukt, eine Erhöhung des Leistungsbilanzdefizits und eine starke Steigerung bei der Verschuldung der privaten Haushalte. HSBC sagt voraus, dass die Blase auf dem US-Markt wahrscheinlich unter dem Druck steigender Zinsen platzen werde, dann könne der Aktienmarkt um 30 Prozent fallen und im Jahr 2001 in eine Rezession übergehen. Wenn eine Blase platze, sei eine „weiche Landung“ ausgeschlossen.

Rulebreaker – Narren setzen auf Internet-Aktien

„Nichts wird in Zukunft mehr so sein, wie es mal war, als die ‚rule-maker die Regeln entwarfen, die ‚rule-taker‘ sie anwendeten und die ‚rule-breaker‘ sie brachen.“ Kenneth Lay, Chef des Energiekonzerns Enron Corp./USA

Professor Reinhard Selten hält es für notwendig, einige „Spielregeln“ im Spiel der globalen Wirtschaft zu ändern. Missstände sollten beseitigt werden, die Macht der Banken sei zu groß, mehr Aktionärsnähe sei nötig. Der junge Amerikaner David Gardner sagt: „Alle großartigen Unternehmen beginnen, indem sie Regeln brechen.“ Seine **„Keksdosenregel“:** „Wer zuerst ohne Zögern reingreift, gewinnt am meisten.“

An der Wall Street stehen die Brüder David und Tom Gardner gegen eine ganze Armee etablierter Analysten, wenn es um die Bewertung der Internet-Werte geht, denn sie stellen konventionelle Investmentweisheiten in Frage und verkünden ihr Motto: „Lernen, Spaß haben und dabei reich werden.“ Sie bauten ihren Anlegerservice „Motley Fool“ (www.fool.com; wörtlich: bunt zusammengewürfelt, Narr) zu einem einflussreichen Anlageforum und Internet-Informationsdienst aus, den jeden Monat 17 Millionen Nutzer ansteuern und den 130 Zeitungen abdrucken – unter ihrem Markenzeichen: der Narrenkappe.

Die Botschaft der beiden närrischen Brüder: Anleger sollten nicht auf die vermeintlichen Experten hören, sondern ihre eigenen Anlageentscheidungen treffen. Besonders in den neuen Technologien sei dann das Ergebnis besser, wenn nicht nach dem traditionellen Kurs/Gewinn-Verhältnis bewertet werde: „Speziell bei Gesellschaften, die etablierte Regeln brechen und mit Konventionen Schluss machen, kann man nicht dieselbe Messlatte anlegen."

Die Brüder Gardner veröffentlichen ein Musterdepot: „Rulebreaker Portfolio" der Motley-Fool-Favoriten, das sensationelle Ergebnisse zeigt: In den vergangenen fünf Jahren erzielten sie 940 Prozent Rendite, durchschnittlich 70 Prozent pro Jahr. „Wenn die so genannten Experten vor Übertreibung bei einem Wert warnen, werde ich hellhörig", sagt David Gardner.

„AOL, Yahoo und Amazon.com haben es geschafft, eine neue Marktidee oder Technologie erfolgreich umzusetzen. Aber der eigentliche Test für sie wird sein, wie effektiv sie Marken etablieren und managen", erläutert Raymond Perrier von Interbrand. Die bekanntesten Internet-Marken liegen ziemlich weit hinten: AOL auf Rang 35 (mit Hochgeschwindigkeitszugang zum Internet via Satellit), Yahoo auf 53 und Amazon.com auf Rang 57. Das wird sich schnell ändern.

Nach Ralph J. Acampora handelt es sich bei AOL um eines der wenigen „richtigen" Unternehmen im Internet-Geschäft, das sogar schon Gewinn mache. Amazon.com stieg seit September 1997 um 1 700 Prozent. Gründer und CEO Jeff Bezos macht mit „Zshop" aus dem Buchhändler einen weltweiten Marktplatz. Mit dem neuen Unternehmenskonzept des Online-Shopping-Spezialisten Amazon.com werden eine Vielzahl von Händlern mehr als 500 000 verschiedene Produkte verkaufen. AOL ist mit 80 Milliarden Dollar mehr wert als die Ford Motor Corp., der zweitgrößte Industriekonzern der Welt (70 Mrd. Dollar) oder der Medienkonzern Walt Disney. Der Netzwerk-Spezialist Cisco erreicht einen Börsenwert von 172 Milliarden Dollar und hat den Konzern IBM überrundet.

Der führende Internet-Analyst der New Yorker Investmentbank Merrill Lynch, Henry Blodget, verweist auf die Urlaubszeit, in der in den Büros, Schulen und Universitäten weniger Menschen anzutreffen seien. Gerade dort aber werde das Internet am meisten genutzt. Blodget geht davon aus, dass nach einer Marktbereinigung nur zehn wirklich große Unternehmen mit weltweiter Bedeutung übrig bleiben werden.

Wer sich langfristig in Internetwerten engagieren wolle und zwischenzeitlich auch schwächere Kurse in Kauf nehme, sollte sich nach den Empfehlungen von Blodget auf die Marktführer American Online (AOL), Yahoo und Amazon.com konzentrieren: „Diese Unternehmen besitzen eine gute Führungsmannschaft und eine auf der ganzen Welt bekannte Marke. Wir sind uns sicher, dass sie die bevorstehende Marktbereinigung überstehen werden.“ Zu AOL sagt Internet-Analyst Henry Blodget: „Wenn es ein Unternehmen schafft, auf der ganzen Welt über alle denkbaren Medien einen Zugang zum Internet bereitzustellen, dann ist es AOL.“ Die weiteren Werte dieser Zehnerliste werden wohl zuerst nur die institutionellen Kunden des Brokerhauses erfahren.

Peter J. Canelo, Morgan Stanley Dean Witter, sagt: „Zu den interessantesten US-Aktien zählen Hightech-Werte. Sie sind das Beste, was Amerika zu bieten hat.“ Wer nur auf eine Internet-Aktie setzt, betreibt reines Glücksspiel.

Edward Yardeni, der Guru mit perfektem Internet-Auftritt

Der aus Israel eingewanderte Edward Yardeni ist Chefökonom der New Yorker Investmenttochter der Deutschen Bank, der Deutschen Morgan Grenfell. Edward Yardeni ist promovierter Ökonom, Nobelpreisträger zählten zu seinen Lehrern. Die Anleger-Zeitschrift *Barron's* schreibt über den Hellseher der Wall Street: „Kein anderer hat im vergangenen Jahrzehnt das Gesamtbild besser verstanden.“ Yardeni schreibt: „Der Markt ist wie eine Seifenoper. Man muss nicht jede Folge sehen, um zu wissen, wie die Geschichte ausgeht.“

Yardeni erwarb sein Verständnis für die Technik in Silicon Valley, sein Vater war Computerprogrammierer in Kalifornien. Dann studierte er Informatik und machte seinen Doktor bei James Tobin, dem Nobelpreisträger für Wirtschaft. Doc Ed steht im Scheinwerferlicht und fördert seinen Ruf selber kräftig durch eine viel gelobte kostenlose Internet-Seite www.yardeni.com, ein Zentrum der wichtigsten Wirtschaftsinformationen des globalen Datennetzes. Yardenis Marktkommentar ist ebenso im Originalton zu hören wie seine persönlichen Kinokritiken. Er bietet Links zu Datenbanken, zur US-Zentralbank, untermalt mit Melodien seines Lieblingskomponisten von Frédéric Chopin. Seine Internetseite wurde bereits mehrfach ausgezeichnet. Für deutsche Anleger schreibt Ed Yardeni regelmäßig im Wirtschaftsmagazin *Capital* (E-Mail: Geld@capital.de).

Yardeni sah frühzeitig die Chancen der Informationsgesellschaft und den wachsenden Einfluss der Baby-Boomer-Generation, die ihre Altersrente mit Aktien absichert. Edward Yardeni sah den Dow Jones für das Jahr 2000 bei 10.000 Punkten, für das Jahr 2005 sagt er einen Index von 15.000 voraus. Die Folgen der Asienkrise sieht er viel dramatischer als Abby Cohen. Zu den Gefahren durch Hedge-Fonds sagt er: „US-Notenbankpräsident Alan Greenspan hat kürzlich gesagt, so etwas komme in freien Märkten vor. Ich teile diese Ansicht nicht. Die Aufsichtsbehörden müssen durchgreifen. Sie dürfen nicht zulassen, dass einige reiche Spekulanten die Märkte durcheinander wirbeln. Die Zustände im LTCM-Fund sind das sichtbarste Zeichen der Finanzexzesse der neunziger Jahre, die von Gier geprägt sind.“

Die Breite des Marktes ist für ihn eine magische Grenze: „Die Breite des Marktes ist bereits schlecht und verschlechtert sich weiter.“ Yardeni zieht die tägliche Zahl der Verlierer von den Gewinnern ab, rechnet das Ergebnis zum Vortageswert hinzu und bildet daraus eine Kurve. Die ist schon seit längerer Zeit stark rückläufig.

Yardeni sah in dem zur Jahrtausendwende drohenden Computercrash große Gefahren für Wirtschaft und Börse, und sein Strategiepapier trug die Überschrift: „Ökonom prophezeit für 1999 einen Einbruch am Aktienmarkt um mehr als 30 Prozent“ – und er schrieb dazu: „Die Tage des Bullenmarktes in den USA sind gezählt.“ Yardeni glaubt, er habe mit Hilfe eines Computers den „Greenspan-Code“ knacken können. Der US-Chefökonom Ed Yardeni sieht in dem Beitritt Chinas zur Welthandelsorganisation symbolisch den Fall der Chinesischen Mauer. China stellt sich dem internationalen Wettbewerb. Der globale Handel dehnt sich noch weiter aus, der Wettbewerb wird noch intensiver, Produktivität und Innovationen werden sich weiter verbessern und die Preise weiter niedrig halten.

Yardeni sieht eine gewaltige Finanzkrise, die in fünf Akten auf uns zurollt:

- Der 1. Akt begann im Sommer 1997 mit der Finanz- und Wirtschaftskrise in Ostasien. Viele Analysten meinten damals, die Auswirkungen auf den gesamten südostasiatischen Raum werden sich in Grenzen halten. Dann aber dehnte sich das Chaos doch auch auf Japan und Südkorea aus. „Wenn China sich auf das Deflationsspiel einlässt, wird es mit Leichtigkeit gewinnen, ganz Südostasien begraben und Japan gleich noch mitnehmen." Da glaubte man immer noch, der Supertanker Lateinamerika werde auf Kurs bleiben, selbst bei einer Rezession in Asien. Es kam zu einem ersten scharfen Kurseinbruch an der Wall Street, und die folgende Erholung brachte neue Rekordstände. Die Analysten verbreiteten die Meinung, Asien spiele keine nennenswerte Rolle für die Wirtschaft und den Aktienmarkt Amerikas.
- Im 2. Akt weitete sich die Asienkrise auf Japan und Russland aus. Die Aktienmärkte brachen erneut ein. Es kam zur Beinahe-Katastrophe des Long Term Capital Management und anderer international agierender Hedge-Fonds. Die amerikanische Zentralbank und weitere Notenbanken kamen den Märkten mit Zinssenkungen zu Hilfe. Das brachte Erleichterung, die Aktienkurse zogen wieder an. Es entstand „Kaufpanik", dies zeigte sich insbesondere beim explosionsartigen Anstieg der Internet-Werte. Nach Yardeni glaubten die Anleger, die „Neue Wirtschaft" werde die „Yahoo-Wirtschaft" sein.
- Der 3. Akt laufe zurzeit ab und stehe im Zeichen einer Verschlechterung der wirtschaftlichen und finanziellen Lage in Brasilien und erfasse ganz Lateinamerika. Noch bestehe die Gefahr, dass die Aktienmärkte erneut einbrechen.
- Der 4. Akt bringt eine Rezession in Westeuropa. Yardeni ist Skeptiker: „Als Ökonom macht mich der Euro persönlich sehr nervös, aber das ist keine offizielle Position der Deutschen Bank."
- Der 5. und letzte Akt spielt dann wieder in Amerika und stürzt das Land in eine Rezession.

Eine Rose.com für einen neuen Namen

„Alle Verallgemeinerungen sind gefährlich, sogar diese."
Alexandre Dumas der Ältere

Die US-Wissenschaftler Michael Cooper, Orlin Dimitrov und Raghavendra Rau von der Purdue University in Indiana untersuchten in ihrer Studie *A Rose.com by Any Other Name* Kurse und Umsätze von 50 kleineren US-Unternehmen, die zwischen Januar 1998 und März 1999 eine Namensänderung in Richtung Internet bekannt gaben (fantasy.com, Bluff@goldgrube.net oder einfach „Internet"). In den fünf Tagen vor und fünf Tagen nach der Ankündigung stieg der Börsenkurs durchschnittlich um 125 Prozent. Wurde der Zeitraum weiter gefasst auf 30 Tage vor und 30 Tage nach der Ankündigung, stiegen die Kurse im Durchschnitt um 184 Prozent, gemessen am Russell-2000-Technologieindex (beim Amex Inter@ktive Internet Index 144 Prozent). Im Zeitraum von 60 und 90 Tagen konnten die Wissenschaftler Kurssteigerungen von 201 Prozent bzw. 214 Prozent messen.

Diese Kurssteigerungen erwiesen sich als einigermaßen dauerhaft. Die Umsätze stiegen ebenfalls deutlich an. Der „dotcom"-Effekt ist unabhängig von den tatsächlichen Aktivitäten im Internet, er tritt auch dort auf, wo die Unternehmen nur am Rande mit dem Web zu tun haben. Die Kurssteigerungen fielen umso deutlicher aus, je drastischer die Namensänderung vorgenommen wurde. Fundamentale Daten spielen kaum eine Rolle. Dies spricht für eine Internet-Hysterie („Irrational Bubble").

Alan Greenspan verglich die Internet-Hausse mit einer Lotterie. Für einige Unternehmen sei das Internet eine Goldgrube, viele andere aber würden aufgeben müssen. Kurs-Schwankungen gehen immer in beide Richtungen. Durch die hohe Volatilität (Kursschwankungen) der Internet-Titel sieht die US-Börsenaufsicht SEC ernste Gefahren für Online-Anleger. **Arthur Levitt,** Chef der US-Börsenaufsicht SEC, warnte Anleger, die Neuemissionen billigst erwerben wollten und ein viel zu hohes Risiko eingehen würden, wenn die neuen Papiere schon in den ersten Handelsminuten um mehrere Hundert Prozent explodieren. Dabei hätten sich zahlreiche Investoren finanziell ruiniert.

Arthur Levitt warnte vor Übertreibungen genau an dem Tag, als das Auktionshaus eBay um 37 Prozent emporschnellte. Damit stieg der Firmenwert um 3,3 auf 12,2 Milliarden Dollar innerhalb weniger Stunden. Das Web-Auktionshaus ist noch meilenweit von Gewinnen entfernt, wird an der Börse aber schon ebenso hoch bewertet wie die Deutsche Lufthansa. Levitt warnte, der Online-Handel steige und könne schnell aus den Fugen geraten, vor allem der mit Internet-Werten, und den Anlegern schwere Verluste bringen: „Geschwindigkeit und einfache Abwicklung eines Aktiengeschäfts sollten bei Anlegern nicht zur falschen Einschätzung einer Aktie führen und zu häufige und zu unüberlegte Transaktionen auslösen." Professor Burton Malkiel von der Princeton University warnt: „Anleger, die allem, was mit .com endet, nachjagen, müssen schon bald erhebliche Verluste einstecken."

Die SEC wird mit Beschwerden überhäuft. Nach SEC-Chef Levitt wären viele Beschwerden zu vermeiden, „würden die Investoren ihre Hausaufgaben machen, ehe sie Aktien kaufen".

Levitt erinnert an die drei **goldenen Investmentregeln:**

1. Informiere dich über die Aktie, die du kaufen willst.
2. Beachte die fundamentalen Bewertungen (Gewinne, KGV, Produkte und Service des Unternehmens).
3. Ermittle dein Risiko. Levitt fordert die Anleger auf, immer ein Kurslimit anzugeben und kreditfinanzierte Käufe nur nach gründlicher Prüfung der Vor- und Nachteile einzugehen.

Professorin Susan Watts und Flüster-Zahlen im Internet

„Heute ist die Utopie vom Vormittag die Wirklichkeit vom Nachmittag."
Truman Capote, amerikanischer Schriftsteller (1924 – 1984)

Einstmals war es ein besonderes Privileg der VIP-Kunden, von ihren Brokern frühzeitig von Analysen zu erfahren. Im Informationszeitalter steht dieses Privileg jedermann mit PC und Telefonanschluss offen. Im Internet-Zeitalter sind die an der Wall Street umlaufenden Gerüchte über die bevorstehenden Quartalsergebnisse der Unternehmen zum wichtigsten Einflussfaktor der Börsenkurse geworden. Tausende von Analysten geben ihre Gewinnerwartungen bekannt. An der Wall Street wird jedes Unternehmen an diesen Konsensuserwartungen gemessen. Viele Anleger greifen auf umlaufende Gewinnprognosen und Gerüchte zurück, wenn keine anderen Daten verfügbar sind. Zahlreiche Studien haben aber ergeben, dass die Prognosen sehr ungenau sind, mit Prognosefehlern von teilweise 40 Prozent.

Die großen Unternehmen stehen bisher fest zu den Wall-Street-Analysten. Sie tragen dazu bei, mit niedrigen Gewinnschätzungen die Erwartungen niedrig zu halten. Wenn der Termin für die Veröffentlichung der Quartalszahlen näher rückt, machen viele Unternehmen Druck auf die Analysten der Investmenthäuser, damit diese ihre Gewinnerwartungen im Vorfeld der Bekanntgabe senken. Die Unternehmen reden ihre Aussichten herunter, und die Analysten wiederholen, was ihnen die Konzerne sagen. Die Analysten tragen aber auf zwei Schultern. Den großen Kunden, Investmentfonds und Pensionsfonds, nennen sie ehrlichere und damit höhere Zahlen.

Erzielt ein Unternehmen höhere Gewinne als erwartet, hat das positive Auswirkungen auf den Kurs. Ziel ist es, den Markt mit positiven Zahlen zu überraschen und damit der eigenen Aktie Auftrieb zu geben: „Viele Analysten stecken mit den Gesellschaften unter einer Decke. Sie spüren den Druck der Unternehmen, die ja auch Kunden der Investmentbanken sind", beschreibt Kelly Black, Vorstandschefin des Internetdienstes Streetiq.com.

Kleinere Analysten-Unternehmen, wie EarnigsWhispers.com, bringen Bewegung in dieses Spiel mit gezinkten Karten. Die Web-Analysten wissen, was alle wissen. Sie nehmen die Zahlen, die mehr oder weniger von den Unternehmen vorgegeben wurden, und peppen sie auf. Da die Zahlen der Web-Analysten zuverlässiger sind als die der Wall-Street-Analysten, braucht sich der Investor nur in das Internet einzuklinken.

Studien zeigen, dass es sich lohnt, auf Gerüchte zu hören. Die Professorin Susan Watts von der Krannert School of Management der Purdue University in Indiana untersuchte die Flüsterzahlen („Whisper Numbers"): „Die Analystenprognosen sind in der Tendenz durchweg zu pessimistisch, die Gerüchte sind zu optimistisch, aber sie liegen viel dichter am tatsächlichen Gewinn." Daraus entwickelte Professorin

Susan Watts eine **Anlagestrategie:** Sind die Gewinnschätzungen in der Gerüchteküche höher als die Konsensuserwartungen, dann sollten die Aktien fünf Tage vor Bekanntgabe der Zahlen gekauft und rechtzeitig wieder verkauft werden. Mit dieser Strategie kann der Anleger den Index aushebeln. Auch der längerfristige Investor, der solche Kurzfrist-Spekulationen nicht liebt, fährt mit der Strategie erfolgreich: „Das Resultat zeigt, dass der Aktienkurs sich an den Gerüchten ausrichtet und nicht umgekehrt", hat Professorin Watts herausgefunden.

Random-Walk-Theorie – Jeder Kurs entsteht nur zufällig

„Die Hoffnung ist eine Anleihe auf das Glück." Joseph Joubert

Die Theorie effizienter Kapitalmärkte geht davon aus, dass Aktienkurse um den „richtigen" Preis schwanken. Bei Markteffizienz im strengen Sinne entsprechen die Kurse immer den inneren Werten. Kursveränderungen treten nur dann ein, wenn es neue kursbeeinflussende Informationen gibt. Danach haben nur künftige Informationen Einfluss auf die Kurse. Zukünftige Informationen können gute oder schlechte Nachrichten bringen, der Neuigkeitswert entscheidet. Wenn aber nur künftige Informationen Einfluss auf die Kurse haben, dann lässt sich keine Kursvorhersage treffen, da unbekannt ist, wie diese Nachrichten auf die Kurse wirken werden. Also folgen die Kurse einem Zufallspfad (Random Walk). Die Random-Walk-Theorie verneint zwingende Gesetzmäßigkeiten an der Börse und empfiehlt Gewinn bringende Alternativen zusätzlich zur Wertpapieranlage. Dann bringen weder Fundamental-Analyse noch Technische Analyse einen messbaren Nutzen für den Anleger.

Die **Random-Walk-Theorie** sagt, dass Börsenkurse nach dem Zufallsprinzip entstehen und daher nicht aufgrund von Beobachtungen vergangener Börsenzeiten vorhergesagt werden können; die Kurse beschreiten Zeitpfade, die random walks ähnlich sind (zufallsbedingte Kursentwicklung). Die Kursverläufe sind unabhängig davon, ob das Börsengeschehen von kühl kalkulierenden Anlegern oder von Zufallseinflüssen geprägt wird. Die Theorie widerspricht der Technischen Analyse. Die Anhänger sind überzeugt, dass Informationen über vergangene Börsenkursänderungen die Prognose künftiger Kursentwicklungen nicht verbessern. Wirtschafts- und Börsenprognosen haben drei gefährliche Feinde: Statistik, Bilanzen und theoretische Postulate, stellt André Kostolany fest.

Zahlreiche Tests konnten keine Beweise für oder gegen diese These erbringen. Ein Kritikpunkt richtet sich darauf, dass die Schwankungen der Aktienkurse wesentlich größer sind, als die bekannt gewordenen fundamentalen Informationen dies rechtfertigen würden. Würde niemand mehr Fundamental-Analyse betreiben, würden sich die Aktienkurse dennoch nicht in Richtung ihres inneren Wertes bewegen.

Der amerikanische Professor Burton G. Malkiel beschreibt in *A Random Walk down Wall Street* den Unterschied: „Die Technische Analyse umfasst die Herstellung und Interpretation von Aktien-Charts. Daher werden ihre Anhänger, eine kleine, aber engagierte Sekte, Chartisten genannt. Sie stöbern in der Vergangenheit von Aktien herum, studieren ihre Preisbewegungen und das Volumen und suchen nach Hinweisen, in welche Richtung sich der Kurs bewegen könnte. Die meisten Chartisten sind der Überzeugung, dass der Aktienmarkt nur zu 10 Prozent von der Logik, zu 90 Prozent jedoch von der Psychologie regiert wird. Im Allgemeinen sind sie auf die Wolkenkuckucksheim-Schule abonniert und sehen den Sinn des Börsenspiels darin, vorauszusehen, wie sich die anderen Mitspieler verhalten.“ Der Wissenschaftler Adam Smith nennt die Charts „Fußspuren im Sand“.

Börsenkurse und der Zufall: Ein Affe gewinnt

„Je planmäßiger die Menschen vorgehen, desto wirksamer trifft sie der Zufall.“ Friedrich Dürrenmatt

Professor Burton G. Malkiel von der Princeton University schreibt: „Bis jetzt ist noch kein wissenschaftlicher Beweis dafür erbracht worden, dass die Gesamtperformance professionell verwalteter Portefeuilles besser gewesen wäre als das Ertragsergebnis willkürlich ausgewählter Portefeuilles.“ Was er von Börsenanalysten halte, die aus den

Kursen der Vergangenheit auf die Zukunft schließen wollen, wurde Professor Walter Krämer von der Universität Dortmund gefragt. Seine Antwort: „Das ist Kaffeesatzleserei. Im Prinzip ist es Wurst, welche Aktien Sie kaufen. Es gibt da den Dart-Index: Werfen Sie sechs Wurfpfeile auf eine Ausgabe des *Handelsblatt* und kaufen Sie die getroffenen Aktien. Die meisten Börsenberater werden Ihnen keinen besseren Tipp geben können." Dart Throwing nennt man den Sport in den Pubs von London, man spricht auch von Dartisten.

Der demokratische Senator Thomas McIntyre demonstrierte das Motto „Dummheit schlägt Mittelmaß". Im US-Senat diskutierten die Senatoren im Ausschuss für Börsen und Banken über die Wertpapiergesetzgebung. Senator McIntyre heftete ein Exemplar des *Wall Street Journal* an die Wand und zielte mit einigen Wurfpfeilen. Die zufällig getroffenen US-Aktien wurden notiert. Ergebnis: Das „Dart-Depot" erzielte bessere Ergebnisse als alle Investmentfonds. In den USA siegten Dartwerfer gegen professionelle Geldmanager. Den Profis gelang ein Gewinn von 12 Prozent – die Dartwerfer kamen auf ein Plus von 38 Prozent – sie hatten einen Glückstreffer mit 174 Prozent. André Kostolany schreibt dazu: „Durch Zufall kann man oft die glücklichsten Dummheiten begehen."

„Man geht so weit, zu behaupten, dass man das Federbolzenwerfen auch ruhig einem Schimpansen überlassen könne. Die Möglichkeit, nach einem künftigen Nonvaleur zu werfen, ist gering." Eine Zeitung in Stockholm übergab an fünf erfahrene Börsen-Profis je 10.000 Kronen zur Spekulation. Sie wählten ihre Aktien mit großer Sorgfalt aus. Um den Reiz zu erhöhen, holte man als weiteren Mitstreiter den Schimpansen Ola dazu. Der traf seine Auswahl schnell und mit Dartpfeilen und siegte durch einen Volltreffer.

Kaderli berichtet von einem weiteren Affen-Experiment: „Ein von der Redaktion des *Forbes Magazine* nach der Random-Walk-Methode zusammengesetztes Portefeuille **(Monkey Business)** von 28 Aktien wies eine Kurszunahme von 70 Prozent auf, gegenüber dem Dow Jones von 15 Prozent. Gut Glück war also dabei."

Beim *Wall Street Journal* tritt immer wieder ein Affe gegen erfahrene Fondsmanager an. Ein US-Broker wollte im Jahr 1999 einen neuen Index für Internetwerte schaffen. Aus einer Liste mit 133 US-Internetwerten wurden mittels Dartpfeilen zehn Werte ausgewählt – von einem Schimpansen. Die Zeitschrift *Forbes* stellte 1967 ein Dart-Portfolio aus 21 Aktien zusammen. Nach 17 Jahren wurde der Test abgeschlossen: Das Dart-Depot war 370 Prozent besser als der Marktdurchschnitt und weit erfolgreicher als jeder Portfoliomanager. Professor Burton Malkiel von der Princeton Universität sagt dazu: „Die Vorhersage von Finanzdaten scheint eine Wissenschaft zu sein, die die Astrologie respektabel aussehen lässt."

Börsenkurse und der Einfluss von Sonne und Mond

„Wie lange haben die Hunde den Mond angebellt, ohne dass er sein Schweigen gebrochen hätte." Gerhart Hauptmann

Nachrichten aus der Zukunft waren schon immer gefragt – und wasserdichte Weltbilder. Zahlreiche amerikanische Unternehmen haben Verträge mit Astrologen, die als „kosmische Berater" geführt werden, und Reuters veröffentlicht astrologische Börsenprognosen. Der Feldherr Wallenstein fragte seinen Sterndeuter Giovanni Baptista Seni vor jeder Entscheidung. Die Präsidentengattin Nancy Reagan holte sich Rat von einer Wahrsagerin, bevor sie den Präsidenten beriet. Im alten Griechenland holte man sich Rat bei Pythia, jener Priesterin beim Orakel von Delphi. Die Dame gab immer Antwort, aber es war nicht so einfach, festzustellen, wohin der Weg führen sollte. Kursauskünfte vom Orakel hätten sich dann vielleicht so angehört: „Die künftigen Kurse stehen in den Sternen."

John D. Rockefeller, einer der reichsten Männer der Welt, beklagte sich darüber, dass er diese Sehergabe nicht besitze. Eine Prognose über die Straßenverhältnisse in 100 Jahren hätte zu Beginn unseres Jahrhunderts wahrscheinich gelautet, wir alle würden in Pferdemist ersticken.

Der Astronom Johannes Kepler (Schrift *Mysterium cosmographicum" – Geheimnis des Weltbaus*) schrieb vor 400 Jahren: „Am sichtbaren Himmel geschieht nichts, was die Kräfte der Erde und Natur nicht auf verborgene Weise spüren."

Der große Gelehrte, Physiker und Mathematiker **Isaac Newton** (1643–1727) konnte beweisen, dass die irdischen Naturgesetze auch für die Himmelskörper gelten. Die Erkenntnis allein sagt aber noch nicht, wie man sie umsetzen kann; Newton spekulierte mit den Mississippi-Aktien des Aufschneiders John Law und verlor 20.000 Pfund – nach heutiger Rechnung mehr als eine Million Dollar. Newton musste erkennen: „Ich kann zwar die Bahn der Gestirne auf Zentimeter und Sekunde genau berechnen, aber nicht, wohin eine verrückte Menge einen Börsenkurs treiben kann."

Das Planetensystem ist dauernd der Anziehung der Sonne und der Planeten unterworfen; es besteht aus neun Planeten, 31 Monden, 50 000 Planetoiden, zahllosen Kometen, Meteoren und Sternschnuppen. Der Mond beeinflusst durch seine Massenanziehung auf die Wasserhülle der Erde Ebbe und Flut; alles, was lebt, kann beeinflusst werden, viele Menschen schlafen bei Vollmond schlecht, sind reizbar und machen mehr Fehler. Ein Termin für wichtige Entscheidungen im ersten oder zweiten Mondviertel hat größere Erfolgsaussichten, Vollmond begünstigt die Kriminalität, Einflüsse auf Chemie und Biochemie sind noch nicht erforscht.

Der Soziologe und Philosoph **Theodor W. Adorno** untersuchte um 1950 die astrologischen Beiträge der *Los Angeles Times* und stellte fest, dass hier mit einigem Erfolg versucht wurde, jedem Leser in seinen persönlichsten Bereich hineinzureden, ohne dafür etwas anzubieten, was sich an einen einzelnen Menschen wenden konnte. Das Geschick werde von einem übermächtigen Wesen gelenkt, und der Leser könne aus den Zeilen erfahren, wie seine kosmischen Aktien stünden. „Der Leser selbst spielt den Part des Kindes, während der Erwachsene in ihm, das Ego, diesem Kind als erfahrener Freund, beruhigend eher als drohend, zuspricht", schrieb Adorno.

Arch Crawford – Sterndeuter der Börse

„In deiner Brust sind deines Schicksals Sterne." Friedrich von Schiller, „Die Piccolomini"

„Mars regiert die Stunde." Friedrich von Schiller, „Wallensteins Tod"

Astrologen-Guru Arch Crawford ist der Star unter den Sterndeutern der Börse. Die Gestirne und kosmischen Kräfte haben Einfluss auf unser Verhalten. In den USA empfehlen Spezialisten, sich an der Börse oder beim Lottospiel vom Biorhythmus oder von den Sternen inspirieren zu lassen.

Crawford berechnet die Einflüsse der Sterne und Planeten auf das Erdenleben und die Börse. Das Tageshoroskop z.B. vom 29. Oktober 1998 las sich so: „Venus in äußerer Konjunktion mit der Sonne. Der Maya-Kalender würde sagen, dies ist ein ‚schlechter Tag'."

Jeder Anlageprofi wird bestätigen, dass wesentliche Teile des Börsengeschehens von Psychologie bestimmt werden: „Die Sterne drängen, aber sie zwingen nicht." Viele Menschen glauben an ihr Horoskop, und mancher schläft bei Vollmond schlecht. Crawford sagt: „Die ‚Heiligen Drei Könige' konnten Christi Geburtsstätte anhand eines planetarischen oder horoskopischen Charts herausfinden."

Crawford kann von einem Tag zum nächsten seine Vorhersagen völlig umkrempeln. Sein Motto: „Man sollte die Richtung des Windes kennen, wenn man segeln will, und wenn es zu regnen beginnt, sollte man einen Schirm mitnehmen." Arch Crawford bekennt: „Im Kreis von Wissenschaftlern respektiert niemand meine Arbeit, doch an der Wall Street ist das anders. Dort zählt nur, wer in der Vergangenheit richtig lag, nicht mit welchen Mitteln er das geschafft hat." Das *Wall Street Journal* berichtet regelmäßig über Crawfords Prognosen, im Wirtschaftsfernsehen CNBC ist er häufiger Gast, und die Anleger-Bibel *Barron's* nannte ihn den bekanntesten Astrologen der Wall Street.

Crawford sagte den Crash von 1987 wenige Wochen vorher richtig voraus: „Unser langfristiges Signal ist wie in Stein gemeißelt. Sehen Sie zu, dass Sie bis zum 28. August aus allen Aktien ausgestiegen sind. Wir erwarten danach einen gewaltigen Crash." (*Crawford-Perspektiven* 8. August 1987)

Am 28. Juli 1990 schrieb Crawford: „Die Bedeutung der Formation des ‚großen Kreuzes' für die Ereignisse auf der Erde kann gar nicht hoch genug eingeschätzt werden. Der astrologische Chart ähnelt dem von Tschernobyl, hat aber noch mehr Feuer – sicher eines der wichtigsten Daten dieses Jahrhunderts. Die Beteiligung von Mars und Pluto deuten auf Gewaltanwendung und gewaltige Explosionen hin. Dieser Aspekt setzt am 2. August ein und endet am 12. August." – Am 2. August griff Sadam Hussein das Scheichtum Kuwait an.

Die angesehene US-Bewertungsagentur Hulbert's Financial Digest bewertet alle US-Börsenbriefe und setzt Crawfords Börsenbrief *Crawford-Perspektiven* im letzten 5-Jahres-Zeitraum auf den ersten Platz und schreibt dazu: „Einen Ratgeber auszuschließen, nur weil seine Methoden nicht ‚respektabel' (im Sinne der Börsenfachleute) scheinen, ist äußerst fragwürdig. Es würde uns nicht wundern, wenn mehr Geld damit verloren würde, herkömmlichen ‚respektablen' Anlageempfehlungen zu folgen. Die Performance ist das Einzige, das wirklich zählt! Crawfords Börsenbrief verdient es deshalb, ernst genommen zu werden, was immer man auch von der Astrologie hält." Arch Crawford sagt: „51 von 100-mal Recht haben genügt."

Crawfords Anlagegrundsätze:

1. Crawfords Börsenbrief ist eine Kombination aus Technischer Analyse und Astrologie mit Bezügen auf Mondphasen und Sonnenflecken, Konjunktionen und Oppositionen von Planeten. Crawford untersucht den Einfluss jedes einzelnen Planeten bei seinem Gang durch die Häuser des Tierkreises, ein modernes Computerprogramm hilft dabei. Leitmotiv von Crawford ist, dass sich auch die Heiligen Drei Könige von einem Stern leiten ließen.
2. „Vor Galileo glaubte niemand daran, dass der Mond die Gezeiten auslöst, ausgenommen alte Weiber und Matrosen. Gut, dass die Seeleute nicht mehrere Jahrhunderte vor Galileos Beweis verstreichen ließen, bevor sie zu segeln versuchten", meint Arch Crawford.

Arch Crawford sieht den Goldpreis in den Sternen

„Geld allein macht nicht glücklich. Es gehören auch Aktien, Gold und Immobilien dazu.“ Danny Kaye, amerikanischer Schauspieler

Gold galt lange Zeit als Anlagemöglichkeit für Krisenzeiten. Dafür nahm man in Kauf, dass Gold keine Zinsen trägt. Goldbarren im Keller haben eine beruhigende psychologische Wirkung. Auf lange Sicht lohnt sich eine Anlage in Goldbarren nicht. Gold ist und bleibt unberechenbar. Es ist nur aufwendig zu transportieren und muss sicher gelagert werden. Im Goldparitätensystem von Bretton Woods galt nach der Abwertung der US-Währung der offizielle Gold-Preis von 35 US-Dollar je Feinunze einheitlich für Währungs- und Warengold bis zum 15. August 1971 (ab Dezember 1971 38 Dollar, ab Februar 1973 42,22); der gespaltene Goldmarkt begann am 14. März 1968, als der Goldpool seine Tätigkeit einstellte und der Zusammenhang zwischen amtlichen und freien Preisen aufgegeben wurde: Das Währungsgold blieb preisgebunden, Warengold konnte sich nach Angebot und Nachfrage richten.

Der IWF gab 1976 den offiziellen Goldpreis von 42,22 US-Dollar für Währungsgold auf. Die Goldspekulation begann und der Goldpreis erreichte sein All-time-high mit 875 US-Dollar für eine Unze (31,14 Gramm) – diesen Stand erreichte er nie mehr. Der Kilobarren kostete mehr als 50.000 Mark.

Der griechische Dichter Pindar schrieb: „Gold ist ein Kind des Zeus.“ Der sagenhaft reiche König Krösus ließ als Erster Goldmünzen prägen – und wurde noch reicher. König Midas (in der griechischen Mythologie) hatte bei dem Gott des Weines Dionysos einen Wunsch frei: Alles, was er berühre, solle sich in Gold verwandeln. Alles um ihn herum wurde zu Gold: Bäume, Blumen, Obst, Brot und Wasser. Er drohte durch seine Habgier zu verhungern – er war reich, aber glücklich war er nicht. Midas musste den Gott bitten, ihn von dem Geschenk zu befreien. Um wieder essen und trinken zu können, badete Midas auf Befehl des Gottes im Fluss Paktolos, der seitdem Gold führte. Dagobert Duck badete allmorgendlich im Pool aus Talern und bekam Porenverstopfung durch Goldstaub.

Die Notenbanken der Welt tragen schwer an dem Goldschatz von 27 000 Tonnen. Anfang 1999 haben die elf europäischen Zentralbanken Goldreserven im Wert von 6 Milliarden **Euro** an die EZB übertragen, das sind 15 Prozent der gesamten Reserven der EZB. Eine Stellungnahme zum Goldverkauf gibt es von der EZB bislang nicht. Die Notenbanken von Belgien und den Niederlanden verkauften in den vergangenen Jahren Teile ihrer Goldbestände, die Briten werden auch die Hälfte ihres Londoner Schatzes, mehr als 415 Tonnen, versilbern. Es wird befürchtet, dass auch der Internationale Währungsfonds und die Schweiz verkaufen werden.

Börsen-Guru **Arch Crawford** war zum Aktionärsforum extra aus den Staaten angereist und erklärte den Zuhörern im September 1996, dass er in den Sternen eine berauschende Konstellation gesehen habe: Noch im gleichen Monat werde der Goldpreis richtig loslegen und bis auf 800 Dollar pro Unze durchmarschieren.

Wer eine Goldanlage sucht, fährt besser mit Goldmünzen wie Krüger-Rand und Maple Leaf, deren Preise sich am Goldkurs ausrichten. Der Preisrückgang wird dazu führen, dass unrentable Zechen stillgelegt werden müssen und Goldminen-Aktien fallen. Im südafrikanischen Minensektor sind die Gewinnungskosten mit 246 Dollar je Feinunze besonders hoch. Spekulative Anleger fahren mit Gold-Warrants besser. Schweizer Bankiers raten nun, nur 5 Prozent des Vermögens in Gold anzulegen, vor zehn Jahren rieten sie zu 15 bis 25 Prozent. „Gold sollte man für Zahnbehandlungen verwenden und sonst nichts“, meint Ralph J. Acampora. Der n-tv-Fernsehjournalist und gelernte Broker Markus Koch rät: „Gold können Sie Ihrer Frau schenken, aber nicht für die Anlage verwenden.“

Kapitel 11

Legen Sie Ihre eigene Strategie fest

„Wer nicht weiß, was er selber will, muss wenigstens wissen, was die anderen wollen." Robert Musil

Die Wirtschaftswissenschaften suchen die Wirklichkeit zu erklären, meist mit komplizierten mathematischen Modellen. In den letzten Jahren gingen die Nobelpreise für Wirtschaftswissenschaften nicht mehr an in Ehren ergraute Professoren für weltfremde Forschungen, sondern an junge Professoren für „wichtige Fragen dieser Welt".

US-Präsident Ronald Reagan nahm die Wirtschaftswissenschaftler nicht ernst: Das Spiel „Trivial Pursuit" nur für Ökonomen müsse bei 100 Fragen 3 000 Antworten enthalten. Das wichtigste Beratergremium des Präsidenten, der Council of Economic Advisers, bestand während seiner zweiten Amtszeit aus lauter Fachfremden. Ökonomen wurden nur gering geschätzt, dies drückt auch folgende Geschichte aus: Ein Heißluftballon kommt vom Kurs ab und wird vom Wind hin und her getrieben. Nach stundenlanger Irrfahrt sehen die beiden Wanderer der Lüfte weit unter sich einen einsamen Wanderer und rufen ihm zu: „Wo sind wir?" — Antwort: „Ihr seid in einem Ballon." Darauf sagt der eine Ballonfahrer zum anderen: „Eine genaue Antwort, formal in Ordnung und absolut wertlos. Der Mann muss Ökonom sein." – Präsident Bill Clinton besetzte das Gremium wieder mit bekannten Wirtschaftswissenschaftlern, einige Minister sind anerkannte Ökonomen. Bei Bundeskanzler Gerhard Schröder sitzen Professoren in der Expertengruppe „Bündnis für Arbeit". Schröders Denkfabrik sucht nach Wegen aus der Arbeitslosigkeit.

Das Angebot an Anlagen ist riesengroß: Weltweit gibt es mehr als 15 000 börsennotierte Unternehmen, an den US-Börsen werden rund 8 600 Aktien notiert, in Kanada 2 473, in Großbritannien 2 200, Euroland bietet weitere 3 445 und die Schweiz 499. Wer in deutschen Investmentfonds anlegt, steht vor einem schier unübersichtlichen bunten Blumenmeer von über 1 300 Produkten; unterteilt nach Fonds mit nicht begrenzter Laufzeit, mit begrenzter Laufzeit, Geldmarktfonds, Anlagezielfonds und Immobilienfonds. Bei den Fondsgruppen wird unterschieden nach: Aktienfonds nach Schwerpunkten, Rentenfonds nach Anlageschwerpunkten und gemischte Fonds. Wer in Optionsscheinen investieren will, hat die freie Auswahl unter 12000 Scheinen. Wer glaubt, dies alles als Amateur überblicken und bewerten zu können, überschätzt sich mit Sicherheit.

Die **individuellen Verhältnisse** müssen geprüft werden: Alter, Beruf, Einkommen und Vermögen und steuerliche Situation. Legen Sie Ihr Anlageziel fest, und schreiben Sie es auf. Die Kapitalmärkte schwanken, Ihre Anlagestrategie sollte nie schwanken.

Anlageberatung: Führen Sie mehr als ein Beratungsgespräch, holen Sie mehrere Angebote ein, fragen Sie nach Gebühren und Steuern. Rat vom Fachmann holen, dann aber allein entscheiden. Erst informieren – dann investieren. Expertenrat von **Bernard Baruch:** „Ich lernte, dass man auf der Suche nach Faktoren kühl und leidenschaftslos sein muss wie ein Chirurg, und wenn man die Faktoren erkannt hat, kann mit Vertrauen gegen den Willen oder die Launen jener angekämpft werden, von denen man annehmen sollte, dass sie es besser wissen müssten."

Welche **Anlageerwartungen** haben Sie, und welche stehen davon im Vordergrund: Sicherheit, Ertrag, Wertbeständigkeit, Liquidität? Es gibt keine Anlagemöglichkeit, die alles gleichzeitig bietet. Wer Ihnen das verspricht, ist ein Betrüger. Am Anfang einer erfolgreichen Geldanlage stehen Optimismus und Geduld, Pioniergeist, Mut und Logik. Die schlimmsten Feinde des Anlegers sind Unwissenheit, Furcht, Hoffen und Gewinnsucht.

Die **Anlagedauer** sollte möglichst langfristig sein. Legen Sie nur die Gelder in Aktien an, die Ihnen für einen längeren Zeitraum (mindestens 5 Jahre) zur Verfügung stehen, die Sie nicht kurzfristig benötigen (erfahrungsgemäß müssen Sie sonst zu ungünstigen Kursen verkaufen). Je größer der Aktienanteil in dem Depot sein soll, desto länger sollte auch der Zeithorizont gewählt werden. Eine bewährte Anlageregel lautet „100 minus Lebensalter".

Nicht verzetteln. Konzentrieren Sie Ihre Kräfte auf die wichtigsten Aktien, nehmen Sie nur die wichtigsten Informationen auf,und kaufen Sie nicht zu viele Werte. **Bernard Baruch** warnt: „Eine Illusion vieler Leute ist, dass sie glauben, alles Mögliche gleichzeitig tun zu können: Aktien kaufen und verkaufen, in Grundstücken spekulieren, ein Geschäft führen, Politik betreiben. Wenige Menschen können mehr als eine Sache gleichzeitig."

Konjunktur und Zinsentwicklung beachten. Haben Sie ein wachsames Auge auf die Zinsentwicklung: Fallende Zinsen führen zu steigenden Aktienkursen. Peter Lynch schreibt: „Es wäre sehr wichtig, zu wissen, wie sich die Zinsen entwickeln oder wann die Wirtschaft in eine Rezession gerät. Nur: Niemand weiß das vorher."

Unternehmen und Branche vorher genau ansehen. Über den Anlageerfolg entscheidet die richtige Auswahl der Papiere und die Geduld, die eigene Strategie auch langfristig durchzuhalten. Sehen Sie sich das Unternehmen genau an (Marktstellung, Jahresergebnisse, Zukunftschancen, Management). Der Wall-Street-Banker **Bernard Baruch** riet: „Ehe du Wertpapiere kaufst, stelle alles über die Gesellschaft fest, über ihre Leitung und ihre Konkurrenten, über ihre Gewinne und über ihre Aussichten." Börsenratschlag des erfolgreichen amerikanischen Anlegers **Warren Buffett:** „Kaufe nur Unternehmen, in die du dein gesamtes Geld anlegen würdest, deren Aktien du mindestens zehn Jahre halten willst. Finde heraus, wie ein Unternehmen seinen Gewinn erzielt. Lerne das Geschäft kennen. Nur so ist die Zukunft vorhersehbar."

Nicht auf Tipps hören. Hören Sie nicht auf Tipps, Gerüchte oder brandheiße Empfehlungen. **Bernard Baruch** warnt: Hüte dich vor Friseuren, Kellnern und vor jedem, der dir vertrauliche Informationen oder Tipps zuteil werden lässt. Schon in der Bibel warnte der Prophet Jeremias: „Hüte sich jeder vor seinem Freunde und traue sogar dem Bruder nicht, denn es gibt keinen Bruder, der nicht betrügt."

Vermeiden Sie hastige und **emotionale Entscheidungen.** Sie brauchen ausreichend Geduld, damit sich die Anlage entwickeln kann. Der US-Analyst **James P. O'Shaughnessy** *(Die besten Anlagestrategien aller Zeiten)* rät: Anleger sollten sich wie Odysseus an den Schiffsmast festbinden, um den Sirenenrufen (Tipps und Gerüchte an der Börse für das „schnelle" Geld) besser widerstehen zu können und streng bei ihrer Anlagestrategie zu bleiben. Wenn Sie auch nur leise Zweifel an einem Geschäft haben, dann lassen Sie es.

Anlagekonzepte für Anlegertypen

„Um ein großes Vermögen zu machen, bedarf es einer gehörigen Portion an Mut und der adäquaten Menge an Vorsicht.“
Nathan Mayer Rothschild

Es gibt keine einheitliche optimale Kapitalanlage für alle. Entscheidend sind immer die persönlichen Einstellungen und Ziele des Anlegers. Das magische Zielviereck setzt sich zusammen aus: Rentabilität, Risikoverständnis, Liquidierbarkeit (Verwertungsmöglichkeit) und Verwaltbarkeit. Man muss kein Finanzexperte sein oder das Ohr ständig am Markt haben, um das Beste aus dem turbulenten Marktgeschehen zu machen. Rufen Sie sich bewährte Ratschläge ins Gedächtnis, und handeln Sie danach. **Rendite** oder *Rentabilität* ergibt sich aus Erträgen und Kosten. **Sicherheit** und *Risiko* einer Kapitalanlage sind besonders wichtig. **Liquidität** oder *Verwertbarkeit* meint, wie schnell eine Kapitalanlage in Bargeld umgewandelt werden kann. Damit hängt auch die *Verwaltbarkeit* einer Anlage zusammen: Inhaberaktien sind leichter zu handhaben als Namensaktien, Inlandswerte u. U. leichter als Auslandswerte, Blue Chips leichter als Werte mit geringer Liquidität.

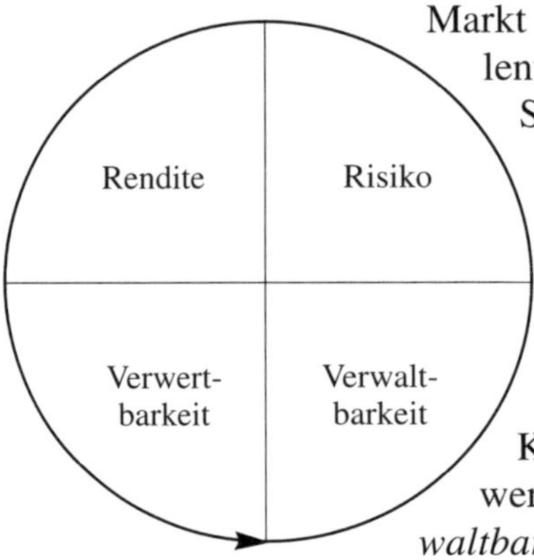

Von einem ungeduldigen Aktionär bedrängt, warum nur ausländische Gesellschaften wie die IOS so hohe Gewinnversprechen machten, antwortete Bankier **Hermann Josef Abs:** „Ich kann Ihnen auch 25 Prozent pro Jahr versprechen, wenn Sie in vier Jahren auf die Rückzahlung verzichten.“

Anlegertypen und Informationsverhalten

In ihrer Doktorarbeit zum Informationsverhalten untersuchte Karin Stüfe die Veränderungen im Spektrum der Geldanlagemöglichkeiten seit Beginn der 90er Jahre und die wachsende Informationsmenge. Das in früheren Jahren bestehende Informationsdefizit der Privatanleger gegenüber den Profis wird durch die neuen Medien und Informationstechnologien aufgeholt. Technologiewerte platzen vor Wachstum aus den Nähten. Eine Befragung von 525 deutschen Privatanlegern ergab fünf Typen von Privatanlegern:

- Der vorsichtige Anleger; er ist an vertrauenswürdigen Informationen interessiert (32 Prozent),
- der informierte Anleger orientiert sich an Beratungen (28 Prozent),
- der renditebewusste Anleger; dieser orientiert sich an Printmedien (20 Prozent),
- der nur wenig informierte Privatanleger, der sich nach der Bankberatung entscheidet (15 Prozent) und
- der anspruchsvolle Anleger, der aktiv nach Informationen sucht (5 Prozent).

Die Untersuchung geht davon aus, dass das Geldvermögen weiter wachsen wird und das Informationsangebot steigt. Ein Teil der Privatanleger wird seine Aktivitäten zur Beschaffung von Informationen in Zukunft deutlich erhöhen, der andere Teil wird dagegen seine eigenen Aktivitäten herabsetzen und die Entscheidungen auf Dritte übertragen.

Von dem Börsen-Guru **André Kostolany** sagte man, er beziehe seine Informationen nur aus zwei Quellen: vom Taxifahrer und aus der *International Herald Tribune.*

Anleger werden manipuliert: „Eins und eins ist mehr als zwei“

„Man kann sich auch an offenen Türen den Kopf einrennen.“ Erich Kästner

Die US-Wirtschaft ist auf dem Wege zur Vollbeschäftigung, und viele Unternehmen verwalten die Pensionssparprogramme ihrer Mitarbeiter und leisten einen eigenen Beitrag dazu. Das Volumen des 401k-Programms ist bereits auf 1,3 Bill. Dollar gestiegen. Nach einer Untersuchung von Morgan Stanley Dean Witter & Co. greifen die großen Investmentfonds in die Verwaltung der Gelder ein: Die Mittel konzentrieren sich auf Fidelity Magellan und Vanguard Group. Zu Beginn des 401k-Pogramm lag die Verantwortung bei den Firmen in den Händen der Personalabteilungen, geht aber immer mehr auf die Finanzabteilungen über.

Splitting-Effekt: „Eins und eins ist mehr als zwei." Diversifizieren/streuen lautet der erste Grundsatz einer erfolgreichen Vermögensanlage. Die Frage: „Welchen Anteil Ihrer Ersparnisse wollen Sie in Aktien anlegen, welchen Anteil in Renten?", wird jeder Anleger nach Anlagehorizont und Risikoeinstellung anders beantworten. Der Aktienanteil steigt, der Anteil der Renten sinkt, wenn genauer nachgefragt wird: „Wie viel legen Sie in deutschen Aktien an, wie viel in ausländischen Werten, und welcher Anteil entfällt auf Rentenwerte?" Bei der Frage wurde nur die Kategorie „Aktien" aufgeteilt, der Rentenanteil müsste also gleich bleiben. Mit der Manipulation der Fragestellung steigt aber der Aktienanteil, der Rentenanteil sinkt.

Die US-Wissenschaftler Shlomo Bernatzi und Richard Thaler untersuchten 1998 insgesamt 170 Rentenvorsorgepläne von Unternehmen im Volumen von 50 Milliarden Dollar daraufhin, wie stark die Portfolio-Entscheidung von der vorgegebenen Auswahlmenge beeinflusst wird. In derartige Defined Contribution Saving Plans werden derzeit mehr als 1.000 Milliarden Dollar investiert, nach Schätzungen des US-Department of Labor. (Diese Form der Altersvorsorge wird auch in Deutschland steigen.)

Die Mitarbeiter können ihre Auswahl aus einer kleinen Zahl von Aktien- und Rentenfonds selbstständig treffen, in die der Arbeitgeber die Beiträge anteilig investiert. Bernatzi und Thaler stellten fest, dass der Aktienanteil steigt, je größer der Aktienanteil an der Auswahlmenge ist.

Als Grund nennen Bernatzi und Thaler die „naive Streuung". Die Anleger wollen ein gut diversifiziertes Depot bilden und verteilen daher ihre Anlage auf alle angebotenen Fonds, verstehen aber das Konzept der Diversifikation nicht richtig und wenden die **„naive Regel"** an: Das Kapital wird in gleichen Teilen auf alle Möglichkeiten aufgeteilt. Die krassen Unterschiede werden beim Vergleich deutlich:

TWA		**University of California**	
dürfen wählen aus Fonds	investieren in	dürfen wählen aus Fonds	investieren in
Aktien 1 Aktien 2 Aktien 3 Aktien 4 Aktien 5	75 %	Aktien 1	34 %
Renten 1	**25 %**	**Renten 1** **Renten 2** **Renten 3** **Renten 4**	**66 %**

Mitarbeiter der Fluggesellschaft TWA können unter fünf Aktienfonds und einem Rentenfonds wählen. Ergebnis: 75 Prozent wurden in Aktien investiert. Die Angestellten der Universität von Kalifornien haben einen Aktien- und 4 Rentenfonds zur Auswahl. Ergebnis: Sie legen nur 34 Prozent in Aktien an. Beweis für „naive“ Portfolio-Entscheidungen.

Dr. Thomas Langer und Professor Dr. Martin Weber von der Universität Mannheim (Behavioral Finance Group) stellen daher die Frage, ob es sinnvoll ist, die Verantwortung für die private Altersvorsorge in die Hände der Betroffenen zu legen. Schon die Aufspaltung einer Kategorie auf mehrere Möglichkeiten lasse diese wichtiger und wertvoller erscheinen. Langer und Weber führen als Beispiel an, der Kundenberater bzw. seine Bank könnten ein Interesse am Vertrieb von Rentenfonds haben. Dies ließe sich durch Manipulation der Fragestellung steuern.

Reinhard Selten hilft bei Entscheidungen mit der Spieltheorie

„Alles, was sich lohnt, trägt das Risiko zu versagen in sich. Ich muss jeden Tag neue Wagnisse eingehen. Mir wäre es lieber, ich bräuchte es nicht, aber das Leben lässt uns keine andere Wahl. Was man im Leben wirklich haben möchte, das bekommt man niemals, ohne irgendein Risikō einzugehen.“
Der erfolgreiche amerikanische Unternehmer Lee Iacocca.

Der amerikanische Medienkritiker Neil Postman behauptet: „Nichtleser sind dümmer“, und von Bertolt Brecht stammt die Erkenntnis: „Geldleute lesen gründlicher als Buchliebhaber. Sie wissen, welche Nachteile aus flüchtiger Lektüre entstehen können.“ Die Welt vollständiger Informationen geht davon aus, dass jeder Akteur den gesamten **Entscheidungsbaum** bildhaft vor sich sieht. Der Reiz des Schachspiels liegt aber gerade darin, dass – trotz einer begrenzten Zahl von Grundzügen – die unberechenbare Vielfalt der weiteren Züge die vollständige Abbildung des Entscheidungsbaumes unmöglich macht. Es besteht also **Spielraum** für opportunistisches Verhalten der Akteure und Mitspieler. Das ist der Motor der **Evolution,** dadurch wird der **Informationstod** der Wirtschaftsgesellschaft verhindert.

Bei Kapitalanlagen hat man ständig mit der Unsicherheit zu rechnen, dass Abweichungen von geplanten Größen auftreten. In diesem Sinne ist Unsicherheit auch ein Risiko; erstens die nicht messbare Ungewissheit künftiger Entwicklungen, ein Risiko im weiteren Sinne. Zweitens als Risiko im engeren Sinne, mit dem objektive oder subjektive Wahrscheinlichkeiten des Eintretens gemessen werden. Die Vielfalt der Informationen, die Querverbindungen zwischen den einzelnen Märkten und die Reaktionen der anderen Marktteilnehmer verlangen von allen Teilnehmern an diesem Kreislauf immer schnellere Entscheidungen, mit der wachsenden Gefahr von Fehlern. Hier hilft die Theorie der Spiele des Nobelpreisträgers Reinhard Selten:

– *Entscheidungen unter Gewissheit:* Die Ereignisse und Abläufe werden als vorgegeben vorausgesetzt, d. h., es besteht weitgehende Gewissheit bzw. Sicherheit hinsichtlich der Daten und Auswirkungen.

- *Entscheidungen unter Risiko:* Der Entscheidende kann Wahrscheinlichkeiten für das Eintreffen von Ereignissen angeben, sodass der Erwartungswert bestimmt werden kann.
- *Entscheidungen unter Ungewissheit:* Dem Entscheidenden liegen keine Informationen darüber vor, wie wahrscheinlich ein Ereignis eintrifft (wie in einem Spiel). Bei Brettspielen und Ballspielen kennt jeder Mitspieler jede Möglichkeit; bei Kartenspielen und bei Wettbewerbssituationen in der Wirtschaft und an der Börse muss man aber unter Ungewissheit entscheiden.

Warum ist ein Flugzeug voller Passagiere einem einzigen Entführer hilflos ausgeliefert? Wenn alle Passagiere gemeinsam handeln würden, hätten sie gute Aussichten. Der Entführer verhindert die Solidarisierung. Wer allein etwas unternehmen wollte, riskiert sein Leben, für posthumen Ruhm. Als Chruschtschow auf dem 20. Parteitag der Kommunistischen Partei erstmals die Säuberungen Stalins anprangerte, rief ein Zuhörer, wie er sich damals denn verhalten habe. Chruschtschow forderte den Fragesteller auf, er solle aufstehen und sich zu erkennen geben. Aber niemand stand auf, das ganze Plenum schwieg. Darauf sagte Chruschtschow: „Sehen Sie, genau das habe ich damals auch getan."

Bei *strategischer Unsicherheit* werden in der Theorie der Spiele für jede vollkommen rationale Entscheidung alle künftigen Verhaltensweisen der Gegenseite berücksichtigt. Handelt auch die Gegenseite vollkommen rational, wird die Vorwegnahme der Gegenreaktion logisch unmöglich. Die Akteure werden wegen ihrer vollkommen rationalen Handlungsweise handlungsunfähig.

Professor Reinhard Selten hat sein Geld aus dem Nobelpreis für die Spieltheorie konservativ angelegt: Festverzinsliche, Geldmarktfonds und Immobilienfonds. In Deutschland sei die Zeit gekommen, Häuser zu kaufen. Es gebe einen regelmäßigen Zehnjahreszyklus auf dem Immobilienmarkt, und der sei ganz unten angekommen. Selten warnt aber davor, dies als Regel einfach zu übernehmen: „Ich bin kein Guru."

Börsen-Professor Kostolany: „Aktien kaufen und Schlaftabletten"

„Reich muss man nicht sein, aber unabhängig." *André Kostolany*

Für André Kostolany ist die Geldwirtschaft so wichtig wie die Luft zum Atmen. Bedauerlich wäre es, wenn das Zeitalter des Spekulanten mit Nase à la Kostolany abgelöst würde von der Herrschaft der Computerprogramme mit stop-loss-order. Welche Geldgeschichten hätten die uns schon zu erzählen?", schreibt der frühere Bundesbankpräsident Karl Otto Pöhl im Vorwort eines Kostolany-Buches. Sein „heimlicher Traumberuf" war der des Journalisten. Für sein Buch *La Paix du Dollar* schrieb der damalige französische Außenminister Robert Schuman das Vorwort.

Als Anerkennung für seine schriftstellerische Tätigkeit ernannte ihn Präsident Charles de Gaulle zum Ritter der Ehrenlegion. Seine zwölf Bücher wurden in acht Sprachen übersetzt und zwei Millionen Mal verkauft. Kostolany sagte von sich, Ungarisch spreche er mit dem lieben Gott, Französisch mit seinen guten Freunden, Englisch mit den Bankiers und Deutsch mit seinen Schülern – und alle vier mit den Damen.

André Berthollomew Kostolany war Deutschlands bekanntester Börsenspekulant. *Die Zeit* nannte ihn den Börsen-Voltaire. Kostolany wurde am 9. Februar 1906 als Sohn eines reichen Industriellen in Budapest geboren. Er verstarb am 14. September 1999 in Paris im Alter von 93 Jahren und wurde in seiner Geburtsstadt beerdigt. Seit 75 Jahren ist der Kosmopolit an allen Börsenplätzen der Welt zu Hause. André Kostolany ist ein großer Musikliebhaber. Er wollte Musiker oder Kunsthistoriker werden, aber der Vater schickte den jungen Mann zu dem erfolgreichen Pariser Börsenmakler Adrien Perquel in die Lehre. Damit legte Kostolany den Grundstein für seine finanzielle Unabhängigkeit. „Schon mit achtzehn Jahren habe ich an der Börse Paris mit Optionen gehandelt."

Nach dem Ende des Ersten Weltkrieges musste er 1919 vor einer kommunistischen Regierung nach Wien fliehen. Zwanzig Jahre später musste der Katholik Kostolany erneut fliehen, diesmal aus seiner neuen

Wahlheimat Frankreich in die Vereinigten Staaten, wo er sich die amerikanische Staatsbürgerschaft erheiratete. Kostolany arbeitete als Makler, danach als Berater und dann nur noch als Spekulant für eigene Rechnung und auf eigenes Risiko. Kostolany glich das fehlende Studium der Ökonomie durch seine reiche Lebenserfahrung und sein sicheres Gespür für zukünftige Entwicklungen mehr als aus. Im Rentenalter startete Kostolany eine zweite Karriere in der Fiduka Depotverwaltung, zusammen mit Gottfried Heller. Der Börsenaltmeister hat in 75 Börsenjahren alle großen Stürme miterlebt, den von 1929 ebenso wie 1987 und 1989. Kostolany verlor in seinem langen Börsenleben rund 20-mal sein ganzes Vermögen und gewann es wieder zurück. In den dreißiger Jahren verlor Kostolany ein Vermögen, weil ein Insidertipp falsch war. Dass auch mit Anleihen Gewinne zu erzielen sind, bewies Kostolany vor Jahrzehnten. Er kaufte eine französische Dollar-Anleihe nach der Franc-Abwertung zu einem sehr günstigen Kurs, weil niemand für möglich hielt, dass sie in Dollar zurückgezahlt werde. Bei Verhandlungen mit der Nationalbank entdeckte er, dass eine Regelung vorbereitet wurde, und er gab den Tipp an einen Freund weiter. Die Anleihe wurde in Dollar zurückgezahlt. Kostolany gewann, und der Freund schenkte dem Musikfan einen Bechstein-Flügel.

Bereits im Jahr 1993 empfahl er: „Kaufen Sie russisches Altpapier in Paris. Wenn die Russen nach dem Fall der Mauer an die internationalen Kapitalmärkte zurückkehren wollen, müssen sie die alten Zarenanleihen bedienen.“ Wer Kostolany folgte, verdiente sehr gut.

Den Ruf des Spekulanten hielt er in Vorträgen und in seinen Büchern hoch: „Finanzminister werden kann ich nicht. Bankier sein will ich nicht, Spekulant, das bin und bleibe ich.“ Kostolany, der Spekulant, schrieb: „Der Spieler möchte einen schnellen Schnitt machen, von heute auf morgen. Er folgt den Tipps, die herumgeflüstert werden, begnügt sich mit kleinen Gewinnen und handelt wie beim Roulette. Anders dagegen der Spekulant. Er ist nicht auf kurzfristige Gewinne erpicht, sondern rechnet mit großen Schwankungen, manchmal Jahre, bis sich seine Vorstellungen bestätigen.“

„Ein Börsenspekulant, der in seinem Leben nicht wenigstens zwei Mal pleite war, ist der Bezeichnung Spekulant nicht würdig“, behauptete André Kostolany. Er zitiert seinen Onkel: „Man kann sein Vermögen auf drei verschiedene Arten verspielen: am schnellsten mit Roulette, am angenehmsten mit Frauen, am dümmsten an der Börse.“ Sein Geschäftspartner Gottfried Heller stellt fest: „Kostolany kam als Börsenprofessor von der Praxis zur Theorie, er sammelte seine Erfahrungen mit eigenem Geld.“

Kostolany beschrieb seine Anlagephilosophie selbst: „Die Meinung der Spekulanten reicht nur bis zu den nächsten zehn Minuten und höchstens sechs Stunden weit. Ich jedoch mache mir Gedanken über die kommenden Jahre. Beim Autofahren darf man nicht auf die Motorhaube schauen. Man muss den Kopf heben und in die Ferne schauen. Das gilt auch für die Börse.“ Kostolany dachte immer „à la longue“, kurzfristige Spekulationen seien nur etwas für Zitterer. Es lohne sich nicht, auf Kursrückgänge an den Börsen zu warten: „Wer den Dollar nicht hat, wenn er fällt, hat ihn auch nicht, wenn er steigt.“ Wer von einer Anlage überzeugt sei, dürfe nicht zittern und auf günstige Einstiegschancen warten. Er solle einfach kaufen.

Für Kostolany hat die Börse ihre eigene Mathematik: **2 + 2 = 5 – 1.** Er entwickelte eine Börsenformel, die auf den ersten Blick aus einem akademischen Lehrbuch stammen könnte:

$$T = G + P$$

Die Börsentendenz **T** ist die Summe von Geld (**G;** an den Markt drängende Liquidität) und psychologischen Faktoren (**P;** „Psychologie ist eine Wissenschaft, die mit sehr viel Fingerspitzengefühl betrieben werden muss, ja, sie ist fast eine Kunst.“). Auf die Frage, was ihm am meisten Freude bereite, antwortete Kostolany: „Die größte Freude ist es für mich, Recht zu bekommen mit meinen Prognosen an der Börse, in der Wirtschaft oder in der Politik.“ Kostolany liebte teuren, Wein, gutes Essen, glanzvolle Konzerte und schöne Frauen.

Börsen-Uraltmeister André Kostolany verspottete das moderne Börsenzeitalter: Von Charts hielt er nichts, volkswirtschaftliche Prognosen nannte er totalen Blödsinn. Sein Lebensrat lautete: „Allzu viel Information verwirrt nur.“ Kosto riet dem Anleger, sich von Banken fern zu halten, die eigene Aktienbestände halten. Mit den Golden Boys der Finanzwelt hatte der Altmeister nicht viel im Sinn. An der Börse wurde schnelles Geld gemacht, aber Gott sei Dank genauso schnell auch wieder verloren. Kostolany verglich die rasante Entwicklung der modernen Finanzinstrumente mit Erfahrungen aus den Zwanzigern. An jeder Straßenecke wurden aus Kaffeehäusern Banken gemacht. Damals sagte man: Die normalen Zeiten kommen wieder, wenn aus den Banken wieder Kaffeehäuser werden. Heute werden normale Börsenzeiten wiederkommen, wenn die Golden Boys Staubsauger verkaufen. Kostolanys Rat mit den Schlaftabletten tauchte als Strategie „Buy and hold“ wieder auf.

Der „Börsen-Professor“ hielt seine Vorlesungen am liebsten am Kaffeehaustisch („Ich lehre nicht, ich erzähle.“) und schrieb über den Homo speculator. Seine Vorträge vor Studenten hielt er kostenlos. Seine monetären Moritaten über seinen „Börsenzoo“ enthalten oft mehr Weisheit als die Statements der Finanzprofis.

André Kostolany gibt keine Börsentipps. „Es gibt wichtigere Dinge im Leben als Geld: Gutes Essen, feine Weine, Musik, schöne Autos. Und hübsche Frauen. Der einzige Tipp, den ich Ihnen geben kann: Genießen Sie das Leben. Denken Sie mal über Aluminium-Aktien nach.“

Erfolgstipps von André Kostolany: „Geld, Geduld und Glück“

„Mein Herz liegt links, mein Kopf rechts, und meine Brieftasche ist schon längst in Amerika.“

Börsenkenner André Kostolany rät beim Aktienkauf zum **Siebenschläfer-Prinzip:** „Wahlen abwarten, dann in der Apotheke Schlaftabletten und erstklassige deutsche Aktien kaufen und sich auf die **Bärenhaut** legen. An der Börse immer à la longue denken. Zwischendrin darf man nicht erschrecken, wenn die Kurse auch mal absacken. Schlafen und sich nicht um Sturm, Blitz und Donner draußen kümmern. Sie werden sehen, in vier Jahren wachen Sie als reicher Mann auf.“ Die meisten seiner Aktien, darunter sind auch deutsche Werte, hielt Kostolany 40 Jahre lang.

- **Strategie 1:** Kaufen Sie Aktien breit gestreut, und halten Sie diese so lange, bis Sie sie schließlich auf einem Höchststand des Marktes wieder verkaufen möchten. Wichtig ist, **was** gekauft wird.
- **Strategie 2:** Investieren Sie jedoch nicht alles auf einmal, sondern strecken Sie die Anlagezeitfrist zeitlich in die Länge. Wichtig ist, **wie** gekauft wird. Er behielt immer „a bisserl Cash“, wenn mal wieder ein kleiner Crash kommt.

Kostolanys Themen waren die drei großen G – Geld, Geduld und Glück. Seine Liebe zur Musik drückt sich auch in dieser kleinen Geschichte aus: „An einer Uni fragte mich vor langer Zeit einmal ein wissbegieriger Studiosus: ‚Hätten Sie gerne, dass Ihr Sohn Spekulant wäre?‘ Meine Antwort: ‚Hätte ich nur einen Sohn, würde der Musiker werden. Den zweiten würde ich zum Bildhauer oder Maler ausbilden, den dritten zum Schriftsteller oder Journalisten. Der vierte allerdings müsste Spekulant werden: Einer muss die drei anderen armen Brüder schließlich ernähren.‘“

Risiken sind Stolpersteine auf dem Weg zum Erfolg

„Stets äußert sich der Weise leise, vorsichtig und bedingungsweise.“
Wilhelm Busch

Landläufig versteht man unter Risiko die Wahrscheinlichkeit von Vermögensverlusten („Muss ich damit rechnen, dass mein Geld verloren geht?“). Die Finanzwelt versteht unter Risiko dagegen die Größe der Kursschwankungen. Und die können, je nach Markt, sehr unterschiedlich ausfallen: Die Kurse an amerikanischen Börsen schwanken weniger als in Tokio, Standardwerte bewegen sich nicht so heftig auf und ab wie Nebenwerte, ein Totalverlust tritt bei kleinen Werten eher ein als bei großen.

Vor der Bewertung spezieller Kriterien sind die wirtschaftlichen Zusammenhänge zu betrachten, denn sie können zu erheblichen Veränderungen der Vermögenswerte führen (Warren Buffett: „Risiken entstehen, wenn man nicht weiß, was man tut.“). Basisrisiken sind:

- Konjunkturrisiko
- Inflationsrisiko
- Länder- und Transferrisiko
- Währungsrisiko
- Liquiditätsrisiko
- Volatilität (Schwankungsbreite)
- Psychologisches Marktrisiko
- Kreditrisiko bei Wertpapierkäufen
- Steuerliche Risiken
- Einfluss von Nebenkosten auf die Gewinnerwartung
- Trübe Stimmung.

Die Capital Asset Pricing-Theorie unterteilt das Aktienrisiko:

- in das allgemeine Marktrisiko, das für alle Aktien gilt; die Gefahr eines Börsen-Crashs; und: Wieweit macht eine Aktie die Marktbewegungen mit? Hat die Aktie ein hohes Risiko, dann reagiert ihr Kurs überdurchschnittlich;
- die besonderen Unternehmens- und Branchenrisiken und die Eigenbewegungen der Aktie.

Diese Risiken können durch Aufteilung des Depots auf Aktien verschiedener Branchen weitgehend reduziert werden.

Wer das Risiko scheut, sollte Aktien kaufen

„Verständige Leute kannst du irren sehen, in Sachen nämlich, die sie nicht verstehen." Johann Wolfgang von Goethe

Traditionell gilt bei Anlegern und Anlageberatern die Regel: Aktien eignen sich nur für den, der das Risiko liebt. Wer ängstlich ist und um sein Geld fürchtet, sollte sich vor Aktien hüten und dafür besser Anleihen erwerben.

Die traditionelle Empfehlung ging auf die Erfahrung zurück, dass in der Vergangenheit die Renditen auf Aktien (Dividenden und Kursveränderungen) viel stärker schwankten als Anleiherenditen. Zum Ausgleich für das höhere Risiko erhielten die Aktienbesitzer höhere durchschnittliche Renditen. Dementsprechend sollten risikofreudige Anleger einen größeren Teil ihres Vermögens in Aktien halten und risikoscheue Investoren einen großen Bogen um den Aktienmarkt machen. Diese Regel gilt nicht mehr.

Die amerikanischen Ökonomen Niko Canner von McKinsey, Gregory Mankiw von der Harvard University und David Weil von der Brown University kommen in einer Untersuchung zu einem ganz anderen Ergebnis: Je mehr der Anleger das Risiko scheut, desto höher sollte der Aktienanteil an seinem Depot sein. Die Ökonomen zeigen in ihrem Artikel in der *American Economic Review,* dass die Risiken der einzelnen Anlageformen nicht getrennt gesehen werden dürfen. Für das Portfolio als Ganzes muss stattdessen die bestmögliche Kombination von hohen Erträgen und geringem Risiko gefunden werden. Dabei gehören nicht nur Aktien und Renten zum Vermögen, sondern auch Bargeld (Münzen und Geldscheine im Portemonnaie, Sparguthaben und Geldmarktanlagen). Dieses Geld ist frei von Risiko.

Nach der ökonomischen Theorie kann der Anleger seiner persönlichen Einstellung zum Risiko mit einem hohen oder niedrigen Bargeldbestand am besten entsprechen. Wenn der Anleger diese Entscheidung getroffen hat, dann sollte das Verhältnis von Aktien zu Anleihen, unabhängig von der Risikopräferenz, immer gleich sein. Die Ökonomen machen darauf aufmerksam, dass sich in der Vergangenheit die Renditen von Bargeld und Anleihen im Gleichklang entwickelten. Sie ziehen daraus den Schluss, dass risikoscheue Anleger mit einem hohen Bargeldanteil nur wenige Anleihen in ihr Depot aufnehmen sollten. Sonst würde die Gefahr von Zinsänderungen für das Gesamtvermögen zu groß. Dagegen könne der risikofreudige Investor, der nur einen geringen Bargeldbestand halte, ohne Bedenken Anleihen erwerben.

Ratschlag von **Professor Sharpe:** „Sie müssen Ihre Risiken streuen zwischen verschiedenen Anlageformen, über verschiedene Länder, bei Aktien zwischen kleinen und großen Titeln, Substanz- und Wachstumswerten usw. So kommen Sie zu einem effizienten Portfolio." In ihrem „Börsenbild und Anlagespiegel" kommt die Deutsche Bank zu dem Ergebnis, dass in einem längerfristigen Vergleich die Aktie immer der Anlage in Anleihen und Festgeld überlegen ist. Das Ergebnis sieht immer gleich aus, für den Zeitraum seit 1955, seit 1982 und auch seit 1988. Auch in den wirtschaftlich schwierigen 70er Jahren mit den kritischen Phasen der heftigen Ölpreisveränderungen und der Lohn-Preis-Spirale erzielte die Aktie eine Rendite von 13,5 Prozent – gegen 7,5 Prozent bei Bundesanleihen und nur 6,5 Prozent in Festgeld. Aus 10.000 DM wurden in zehn Jahren in Bundesanleihen 21.600 DM, in den Aktien des DAX stolze 33.400 DM.

Strategie: 100 –/+ Lebensalter

„Es irrt der Mensch, solang er strebt." Johann Wolfgang von Goethe, „Faust"

Mit steigendem Lebensalter sieht der Anleger in der Aktie nicht nur eine Gewinnchance, er sucht auch Freizeitbeschäftigung und Selbstbestätigung. Die Psychologie des Aktionärs wird mit „Buy and hold" beschrieben. Man macht das Geld nicht nur mit dem Kopf, sondern auch mit dem Sitzfleisch, sagen die Börsianer.

Die wahre Rendite risikoreicher Anlagen ist nicht bekannt. Darin liegt ein zusätzliches Risiko, je länger der Anlagehorizont angelegt ist. Nach Nobelpreisträger Professor Paul Samuelson (Nobelpreis 1970) soll man, unabhängig vom Alter, **immer den gleichen Anteil** riskanter Werte halten.

Eine Faustregel für den Aktienanteil sagt: **100 minus Lebensalter.** Je jünger der Anleger, desto höher sollte der Aktienanteil sein, der Anlagehorizont kann weiter gesteckt werden; bei zunehmendem Alter wird dann der Sicherheitsaspekt immer mehr an Gewicht gewinnen. Mit zunehmendem Alter sinkt die Risikobereitschaft.

Die Ökonomen Niko Canner, Gregory Mankiw und David Weil widersprechen auch dem Argument, junge Leute sollten einen hohen Aktienanteil halten, der erst im Laufe der Zeit zugunsten von Anleihen verringert wird. Begründet wird das damit, das Leistungspotenzial des Menschen habe einen engeren Bezug zu Aktien als zu Anleihen.

Heiko Thieme sagt zum Lebensalter: „Hier gibt es die Formel: 100 Prozent minus Alter der jeweiligen Person. Demnach sollte ein 20-Jähriger also 80 Prozent seines Vermögens in Aktien haben, ein 60-Jähriger immerhin noch 40 Prozent, den Rest in Anleihen oder Bargeld." Chart-Doktor Hans-Dieter Schulz empfiehlt: „Nach 30 Prozent Kursrückgang wieder kaufen und die Regel, 100 minus Lebensalter' berücksichtigen."

„Je jünger man sich fühlt, desto mehr kann man in Aktien investieren. Wenn man sich also mit sechzig noch wie vierzig fühlt, dann können auch 60 Prozent in Aktien investiert werden. Dies ist eine meiner großen Lebensweisheiten", bekennt Heiko Thieme.

Höherer Aktienanteil mit höherem Lebensalter – Professor Michael Brennan von der Universität Kalifornien empfiehlt, mit zunehmendem Alter den Aktienanteil an der Altersversorgung zu erhöhen, da dieses Risiko bei kürzerer Laufzeit des Engagements immer unwichtiger werde.

Rockefellers Gesetz: Höherer Ertrag für mehr Risiko

„Gewinn ist Segen, wenn man ihn nicht stiehlt."
William Shakespeare

To take a chance" sagen die Angelsachsen, wenn sie etwas riskieren. Eine Aktie soll Ertrag bringen und den Inflationsbuckel überstehen. Nach der modernen Anlagetheorie ist ein Anleger nur dann zu einer risikoreicheren Anlage bereit, wenn der erwartete Ertrag eine Prämie abwirft, die dem höheren Risiko entspricht. Dieser Kernsatz wird „Rockefellers Gesetz" genannt: Eine risikoreichere Anlage muss eine höhere Rendite abwerfen, die dem höheren Risiko entspricht. Dies ist in unserem Wirtschaftssystem die gleiche Überlegung wie beim Unternehmer: Auch der wird nur dann in Produktionsanlagen und Maschinen investieren, wenn der erwartete Ertrag höher ist als der Zins am Kapitalmarkt. Dieser Risikozuschlag ist der unternehmerische Anreiz.

Die verschiedenen Modelle der Wirtschaftswissenschaftler sollen erklären, welche Rendite bei welchem Risiko erwartet werden kann. Mit Varianzen oder Standard-Abweichungen werden die Schwankungsbreiten der Erträge einzelner Aktien oder des Gesamtmarktes statistisch beschrieben. Erfahrungsgemäß „gehen Aktien mit dem Markt". Darauf baut das **Marktmodell** (Indexmodell) auf, eine Weiterentwicklung des Modells von Professor William Sharpe, das die Kursentwicklung einzelner Aktien in Abhängigkeit von der allgemeinen Markttendenz sieht. Das Marktmodell beschreibt den statistischen Zusammenhang zwischen dem Ertrag einer Aktie und dem Ertrag eines Index bzw. eines Markt-Portefeuilles. Nach dem Marktmodell beeinflussen zwei Faktoren den Markt und die Volatilität:

- *Unsystematisches Risiko (titelspezifisch):* Faktoren mit Einflüssen auf das einzelne Unternehmen (Schwankungen der einzelnen Aktie). Diese lassen sich durch Diversifizierung weitgehend „ausbalancieren". Grundlage dieser Überlegungen: von einer riskanteren Aktie erwartet der Anleger einen höheren Ertrag als von einer risikoärmeren.
- *Systematisches Risiko:* Faktoren mit Einflüssen auf den Gesamtmarkt: politisches Umfeld, Marktpsychologie (Schwankungen des Gesamtmarktes). Daher entscheidet die allgemeine Marktentwicklung (des Index) über den Portfolio-Ertrag.

Wie riskant ein Investment wirklich ist, können weder Banker, Finanzberater noch Anleger vorher genau sagen, schreiben Niklas Siebenmorgen und Martin Weber in einer Studie. Die Untersuchung der Universität Mannheim „Wie Anleger unsichere Renditen einschätzen" zeigt, dass das Risiko einer Anlage nicht nur von objektiven Kriterien abhängt, sondern auch von der subjektiven „Risikowahrnehmung" des Anlegers. Der vermögende Privatkunde sieht in der riskanten Anlage eine Chance auf einen möglichen Gewinn, der Kleinsparer dagegen eine Bedrohung seiner Existenz. Anlageberater haben dafür zu sorgen, dass der Kunde das Risiko realitätsnah wahrnimmt, um langfristig optimale Anlageentscheidungen treffen zu können.

Zur Untersuchung der Risikowahrnehmung wurden 240 Testpersonen befragt. Ergebnisse: 1. Wie der Kunde das Risiko wahrnimmt, hängt davon ab, ob der Anlageberater wortreich erklärt (Risiko wird unterschätzt) oder Grafiken (unterschätzt) einsetzt; setzt der Anlageberater beide Mittel ein, wird die Risikounterschätzung noch verstärkt. 2. Bei bestimmten Anlageformen vermuten Anleger ein höheres Risiko als tatsächlich vorhanden (z. B. Auslandsaktien). 3. Je nach Kulturkreis wird Risiko unterschiedlich verstanden. Chinesische Studenten sind risikofreudiger als ihre europäischen oder amerikanischen Altersgenossen. Erklärung hierfür ist die „Kissenhypothese“: Bei Verlust können sich Chinesen auf die Familiengemeinschaft verlassen.

Zu einer realistischen Einschätzung kam es dann, wenn neben der verbalen Information eine Kurve der Jahresrenditen eingesetzt wurde. Die Testpersonen glaubten, der Kauf eines einzigen Aktienwertes wäre weniger riskant als ein Aktiendepot, das sich am DAX orientiert. Anleger neigen zum „Home Bias“: Deutsche Aktien gelten als weniger riskant als internationale Werte. Aktienkäufe auf Kredit werden unterschätzt.

Nobelpreis für die beste Depotmischung

„Auch die Bretter, die man vor dem Kopf trägt, können die Welt bedeuten.“
Werner Finck

Der Wirtschaftswissenschaftler Harry M. Markowitz stellte fest, dass in Anlagen mit hohen Gewinnchancen auch höhere Risiken stecken. Er entwickelte Instrumente, mit denen der Anleger sein Vermögen unter Berücksichtigung des erwarteten Ertrages und möglichst geringer Risiken „optimal“ anlegen kann. Harry Markowitz geht davon aus, dass der Anleger bei gleichem Ertrag immer ein geringeres Risiko anstrebe.

Vordenker Markowitz wies nach, dass die gesamte Depotzusammensetzung nicht zu einem durchschnittlichen Risiko der einzelnen Werte führt, sondern dass das gesamte Depotrisiko durch die Mischung erheblich niedriger liegt. Für seine Pionierleistung auf dem Gebiet der Vermögensanlage wurde Professor Markowitz 1990 mit dem Nobelpreis für Wirtschaftswissenschaften ausgezeichnet. Viele Privatanleger handeln nach wie vor emotional, Profis dagegen gehen bei der Vermögensanlage rational vor und arbeiten mit den mathematischen Modellen von Harry Markowitz.

Die waagerechte Linie zeigt die erwartete Rendite, die aufsteigende Linie das ansteigende Risiko. In dem Risikobereich liegen alle möglichen Depotzusammensetzungen; dabei wird angenommen, die Rendite sollte nicht unter 5 Prozent liegen und das Risiko dürfte 250 Pro-

Optimale Wertpapiermischung nach Markowitz

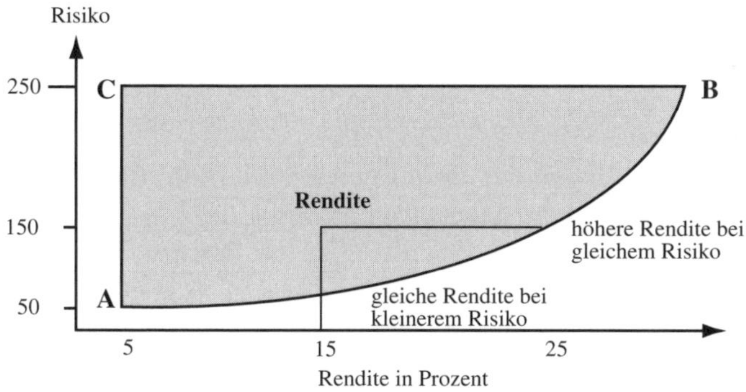

zent nicht übersteigen. Die Kurve zeigt dem Anleger, wie verschiedene Papiere mit unterschiedlichem Risiko eine maximale Rendite erbringen. Jeder Punkt auf der Kurve zeigt ein optimales Depot: das bei gegebenem Risiko eine höchste Anlagerendite oder bei gegebener Rendite ein geringstes Risiko enthält. Wer eine höhere Rendite erzielen will, muss dafür auch ein höheres Risiko eingehen. Die verschiedenen Papiere eines Depots müssen in der Gewichtung der Risiken zueinander passen.

Das Risiko lässt sich aber nicht durch immer weitere Wertpapiere auf null senken. Professor **Eugene Fama** wies nach, dass bei der zufälligen Auswahl von 15 aus 50 Wertpapieren durch das Hinzufügen weiterer Papiere das Risiko nicht verringert werden kann. Sein eigenes Depot ist einfacher aufgebaut, Markowitz streut das Risiko über Aktien aus verschiedenen Ländern und Branchen, Anleihen, Immobilien und Bargeld.

Aufbauend auf den Ideen von Harry Markowitz, entwickelte **William Sharpe** (Nobelpreis 1990: „… für Pionierarbeit in der Investitions- und Finanzierungstheorie“), Begründer der modernen Kapitalmarkttheorie, in den 60er Jahren für den Zusammenhang zwischen Risiko und Ertrag das Capital Asset Pricing Modell (CAPM): Danach soll der Anleger nur Anteile am Marktportfolio halten, die er mit risikolosen Anlagen mischt. Sharpe hält Fundamentaldaten wie die Unternehmensgröße und das Verhältnis von Aktienkurs zum Buchwert für wesentlich aussagekräftiger.

William Sharpe stellte 1964 fest, der einzelne Kapitalanleger könne durch Kreditnehmen oder -geben selbst darüber entscheiden, welchem Risiko er sich aussetzt, und er könne sein Risiko bei Aktien möglichst gering halten. Sein Capital Asset Pricing-Modell (Preisbildungstheorie für Finanzvermögen) wurde die Grundlage der modernen Preistheorie der Finanzmärkte.

Nach Feststellungen der Deutschen Bank erhöht derjenige Anleger sein Risiko, der nicht auch die Möglichkeiten der Übersee-Märkte ausnutzt. Die richtige Mischung vermindert die Risiken: Beim Verhältnis von 1:1 bei deutschen und europäischen Aktien sinkt das Risiko um ein Viertel.

Die ausgefeiltesten Analysemethoden und die modernsten Computerprogramme können nicht alle Fehler verhindern bei der Länderaufteilung, bei der Wahl der Branchen, der Unternehmen, der Gewichtung der Währungen und beim Timing. Beim Schach kann der gute Spieler den Ausgang durch Denken und Handeln bestimmen. Im Spielcasino regieren Glück und Zufall. Beim Skat braucht man Können und gute Karten, wie an der Börse.

Nicht alle Eier in einen Korb

„Aktionäre in der pharmazeutischen Industrie rechnen Gallen- und Nierensteine zu den Halbedelsteinen." Robert Lembke

Die alte Bauernregel „Nicht alle Eier in einen Korb legen" nahm das Ergebnis wissenschaftlicher Untersuchungen schon lange vorweg. An dieser Stelle streiten sich zwei Schulen: Ist die Konzentration besser oder die Diversifikation? Mark Twain: „Die Dummen sagen: ‚Legen Sie nicht alle Eier in einen Korb', was nichts anderes bedeutet als zu fordern: ‚Teilen Sie Ihr Geld und Ihre Aufmerksamkeit auf.' Der Weise hingegen fordert: ‚Legen Sie alle Eier in einen Korb und passen Sie auf den Korb auf.'"

Man investiert in einen Aktienmarkt in Bewegung, der auf weltweite wirtschaftliche, politische und soziale Veränderungen reagiert. Jede Anlageentscheidung ist daher in die Zukunft gerichtet. Der erfolgreiche amerikanische Kapitalanleger **Warren Buffett** vertritt die Meinung: „Warum soll ich auch den zweit- und drittbesten Wert kaufen, wenn ich alles auf den besten konzentrieren kann." Bankier und Börsenprofi Rudolph J. Kaderli sieht die größte Sicherheit darin, alle Eier in den gleichen Korb zu legen. Die richtige Anlagestrategie liegt in der Konzentration. Auch beim Pferderennen siegt immer nur das beste Pferd.

„Streuen Sie Ihr Vermögen international", rät **Karl Otto Pöhl,** Ex-Chef der Deutschen Bundesbank. Als er die Währungsunion mit der DDR kritisierte, war seine Karriere mit einem Schlag beendet. Er schied freiwillig aus dem Amt und wurde Bankier bei Sal. Oppenheim: „Heute lege ich mein Geld in Renten und Aktien an, und natürlich in Immobilien. Es gibt sicher bessere Stockpicker als mich. Ich besitze ein paar Aktien von Unternehmen, die ich relativ gut kenne." Pöhl: „Ich habe keine teuren Hobbys, keine Yacht in der Karibik und noch nicht einmal ein eigenes Haus. Ich wohne nach wie vor zur Miete."

Nach einer Studie des Schweizer Bankhauses Sarasin & Cie., Basel (www.sarasin.ch), reicht es im Zeitalter der Globalisierung zur Verbesserung der Renditechancen nicht aus, das Vermögen über den Erdball zu verteilen. Denn die weltweite Ausbreitung der Konzerne, die Integration der Finanzmärkte und die gegenseitige Abhängigkeit der Volkswirtschaften führen zu international ähnlichen Renditechancen und Risiken. Die Bankstudie untersucht die Wechselwirkungen zwischen den einzelnen Aktienmärkten und zwischen Blue Chips und Small Caps. Danach wird das Verlustrisiko durch eine Anlage in marktbreite Standardwerte nicht geringer. Die Sarasin-Experten untersuchten Renditen und Risiken der bedeutenden Aktienmärkte in den letzten zehn Jahren: USA, Deutschland, Großbritannien, Schweden, Japan und Schweiz. Bis auf die Ausnahme Japan gleichen sich die Schwankungen der Märkte an. Der Gleichlauf fällt besonders in Zeiten fallender Kurse auf.

Börsenprofi **Rudolph Kaderli** erinnert daran: „Nie sollte man alle zur Verfügung stehenden Mittel für Aktienanlagen insgesamt einsetzen. Selbst wenn man seiner Sache noch so sicher ist, bleibt eine Ungewissheit bestehen. Mit Liquidität zur Verfügung hat man den Vorteil auf seiner Seite." Eine alte Börsenweisheit lautet: „Börse ist, wenn man Hühner kauft und eine Überschwemmung kommt; Enten hätte man kaufen sollen."

Auch bei Sonne am Regen verdienen

„Prophete rechts, Prophete links, Das Weltkind in der Mitten."
Johann Wolfgang von Goethe, „Dichtung und Wahrheit"

Diversifikation ist eine Grundregel der Anlage. Professor Burton G. Malkiel von der Princeton University hat dazu ein anschauliches Bild entwickelt: Sie legen Ihr Geld auf einer einsamen Insel an; der Wirtschaftsbetrieb dort besteht nur aus einem Ferienclub und einer Regenschirmfabrik. Strahlt die Sonne, dann blüht das Geschäft für den Ferienclub. An Regentagen blüht das Geschäft der Regenschirmfabrik.

Je nach Wetterlage verdient nur das eine oder andere Unternehmen: Nehmen Sie an, im Jahr gibt es ebenso viele Sonnen- wie Regentage: Die Wahrscheinlichkeit für gutes Wetter liegt bei 50 Prozent. Wenn Sie mutig spekulieren und zwei Aktien der Regenschirmfabrik erwerben, machen Sie 25 Prozent Gewinn: In der Regenzeit erzielen Sie 50 Prozent Gewinn, davon gehen 25 Prozent Verlust für die Sonnentage ab.

Gewinn in Prozent	Sonnentage	Regentage
Ferienclub	+ 50	– 25
Regenschirmfabrik	– 25	+ 50

Scheint die Sonne das ganze Jahr über, erleiden Sie einen Verlust von 50 Prozent. Für den Aktionär des Ferienclubs sieht die so aus: An Sonnentagen verdient er, bei Regen macht er Verluste, er kommt „vom Regen in die Traufe". Als kluger und vorsichtiger Anleger mischen Sie also Ihre Anlagen und erwerben je eine Aktie von beiden Unternehmen, dann sind Ihnen in jedem Fall 25 Prozent sicher. Sie verdienen am Sonnenschein und am Regen.[1)]

1) Die Capital Asset-Pricing-Theorie schlägt ein **Sunshine-Trading** vor. Nach der Regenschirm-Theorie des amerikanischen Schriftstellers Mark Twain leihen die Banken gegen Gebühr Regenschirme (Kredite) aus, wenn die Sonne scheint, aber sie verlangen sie sofort zurück, sobald es zu regnen beginnt.

Zehn goldene Anlageregeln

Zwei goldene Regeln von Warren Buffett gelten im Anlagegeschäft ganz allgemein:

- **Regel Nummer eins:** Wenn du von einer Aktie überzeugt bist, kaufe viele Aktien.
- **Regel Nummer zwei:** Halte lange an der Aktie fest.

Alle Börsen-Gurus sind sich über diese beiden Regeln einig. Beim Aufspüren ihrer Aktienfavoriten gehen sie alle eigene Wege.

1. Kaufen Sie nur das, was Sie kennen. Warren Buffett gibt dazu einen einfachen Ratschlag: „Kreisen Sie die Firmen ein, über die Sie Bescheid wissen, und streichen Sie diejenigen, die in puncto Wert oder Unternehmensführung zu wünschen übrig lassen oder oft mit Schwierigkeiten zu kämpfen hatten."
2. Fundamentale Lage des Unternehmens abklären:
   - Größe und Stellung des Unternehmens innerhalb der Branche
   - Gewinnentwicklung und Gewinnaussichten
   - Verschuldung
   - Rendite der Aktie
   - Substanzwert der Aktie
   - Preiswürdigkeit der Aktie (KGV)
   - Kursrisiken mit Gewinnmöglichkeiten abwägen.
3. Anlagen aufteilen. Nicht alles auf eine Karte setzen.
4. Purer Aktionismus schadet nur. Nicht von Gefühlen leiten lassen. Nicht von einer Anlage zur nächsten springen. „Hin und Her macht Taschen leer." Geduld bewahren. Rom wurde auch nicht an einem Tage erbaut.
5. Antizyklisch investieren. Wenn alle Welt von einer Anlage spricht, ist es schon zu spät.
6. Gewinne laufen lassen, so lange die Gründe für den Kauf weiter gelten.
7. Sofort verkaufen, wenn Sie einen Fehler erkennen. Hoffnungen sind ein falscher Ratgeber. Nicht darauf warten, dass der Einstiegskurs

wieder erreicht wird. Das kann viel Geld kosten. Der erste Verlust ist immer der kleinste.

8. Bei Panik Ruhe bewahren. Niemals ist die Nacht so schwarz wie kurz vor Tagesanbruch.
9. Auch zur eigenen Meinung Abstand halten. Nie versuchen, gegen den Markt Recht zu haben. Das bestraft der Markt.
10. Auf die Frage, was Privatanleger am häufigsten falsch machen, antwortete Warren Buffett: „Auf die Tipps fremder Leute zu hören und in Unternehmen zu investieren, deren Geschäft sie nicht verstehen. Etwas zu kaufen, das man nicht versteht, ist reines Glücksspiel. Wenn ich investiere, will ich aber eine Vorstellung davon haben, wo das Unternehmen in ein paar Jahren steht."

Traumrenditen sind nur zum Träumen

„Man darf kein Träumer sein, wenn man sein Geld im Schlaf verdienen will."
Werner Mitsch

Das Zauberwort der modernen Geldwelt heißt „Performance". Ursprünglich verstand man unter Performance nur die Rendite. Die Performance erfasst den Erfolg von Kapitalanlagen aufgrund von Rendite und Risiko. Performance ist der Überschuss der Anlagerendite über eine Benchmarkrendite:

$$\text{Performance} = \frac{\textit{Anlagerendite x Benchmarkrendite}}{\textit{Risikomaß}}$$

Die **Rendite** einer Kapitalanlage ist der Gewinn, unterschieden nach Brutto- und Nettogewinn. Für den Privatanleger spielt die Nettorendite die wesentliche Rolle (abhängig von Grenzsteuersatz usw.), sie ist aber für die meisten Anleger unterschiedlich. Für Vergleiche eignet sich die Bruttorendite besser:

$$\text{Rendite (in \%)} = \frac{\textit{Gewinn}}{\textit{Kapitaleinsatz}} \textit{ x 100}$$

➔ Anleger träumen von Renditen ohne Risiko. Immer wieder gaukeln Anbieter eine Traumwelt an Gewinnerwartungen vor, die sich nach Einzahlung in heiße Luft auflösen. Erzielt man einen Gewinn durch einen unerwarteten Glücksfall, ist das ein **windfall profit.** In jeder geselligen Runde wird ein **Traumtänzer** von seinen **Traumrenditen** erzählen.

Es gibt viele Arten von Traumrenditen:

1. Der hohe Zins ist eine Zitterprämie für **Junk-**Bonds, weil der Anleger jahrelang weiche Knie hat, ob nicht der Konkursrichter den „Laden dichtmacht". Nach der statistischen **Baumschulen-**Methode kann eine übergroße Rendite auch ein Zufallsergebnis sein.
2. Der Anleger ist noch nicht aufgewacht und hat noch nicht bemerkt, dass es mit der Traumrendite Essig war. David C. Roche meint: „Die Träume dürften den Realitätstest nicht bestehen."
3. Er setzt sein Geld beim Pferderennen. Pferdenarren geben pro Jahr 5 Milliarden Mark für die 660 000 Pferde in Deutschland aus. Wenn aus dem „grünen Jüngling von der Weide" das teuerste Pferd wird, sind in Ausnahmen auch tausend Prozent Rendite zu erzielen, wenn man den Blick für das richtige Nachwuchspferd hat. *I picked a winner:* aus dem Rennsport abgeleitet, ich habe einen Sieger herausgepickt.
4. Er gibt nach einigem Zögern zu: „Weißt du, es gibt immer drei Arten der Rendite. Einmal die tatsächlichen Zinsen, die man bekommt; real, aber bescheiden. Noch bescheidener sind die Zinsen, die man dem Finanzamt meldet und gar nicht reell. Die Traumrenditen sind Renommierzinsen für den Stammtisch oder die Taufe, sie sind Jägerlatein." Wenn die Renditen zu gut sind, denkt man „das kann doch nicht wahr sein". So ist es dann auch.
5. Der Wunsch nach immer mehr Prozenten in immer kürzerer Zeit schlägt manchmal Kapriolen. Ein Arzt aus Norddeutschland präsentierte einer Frankfurter Investmentgesellschaft diese Rechnung: Ein Aktienfonds habe im letzten Jahr 130 Prozent Gewinn gemacht. Er wolle einige Millionen für ein halbes Jahr anlegen, das wären dann 65 Prozent mit dem Superfonds.

Der Beardstown Investment-Club für Frauen in Wirtschaft und Beruf ist in den USA unter der Bezeichnung **Beardstown-Ladys** bekannt. 16 Seniorinnen aus dem Städtchen Beardstown im US-Staat Illinois, Durchschnittsalter 70, setzten die Fachwelt in Erstaunen: sechs Jahre hintereinander, von 1984 bis 1993 erwirtschafteten sie mit ihrem Investmentclub im Wert von 90.000 Dollar eine jährliche Rendite von 23,4 Prozent. Das war eine doppelt so gute Wertsteigerung wie bei den meisten Investmentfonds. In ihrem besten Jahr, 1991, schafften sie eine Rendite von 59,5 Prozent. Die alten Damen schrieben den Bestseller *Common Sense Investment Guide.*

Nach der Lektüre des Buches sah sich der *Chicago Magazine*-Reporter Shane Tritsch die Buchführung der Ladys an und zweifelte an den Renditen. Die Wirtschaftsprüfer von Price Waterhouse stellten fest, dass sich die Schatzmeisterin Betty Sinnock ganz schlicht und einfach verrechnet hatte: Die Rendite lag nur bei ganz normalen 9,1 Prozent. Guter Durchschnitt!

Literaturverzeichnis

Acampora. Das Phänomen. Eloquenz und schauspielerisches Talent. *INVEST Finanz und Wirtschaft,* Dezember 1999, S. 36 ff.

Astrologie. Sterntaler. Wirtschafts-Astologie. Von Henning Franke in *Capital* 12/99 S. 142 – Astrologe Crawford sieht 800 Dollar/Unze in den Sternen. *Bulle&Bär* 9/96 – Physik und Astrologie. Der Mond beeinflusst alles auf der Erde – am meisten den Menschen. *P.M.* 3/1996

Baruch, Bernard M. Bankier. Gute 88 Jahre. München 1958. – Baruch, Bernard M. Der Weg einer Wall Street-Legende. Die Lebensgeschichte eines außergewöhnlichen Börsianers. Rosenheim 1999

Brinson. Das Brinson-Prinzip. Von Thomas Jahn/Paul Prandl, in: *Capital* August/98 S. 146 ff. / Glanz und Gloria. *Capital* Dezember/1998 S. 332 ff.

Buffet. Simmons, Richard. Die Buffett-Methode. Warren Buffetts Anlagestrategien, Schritt für Schritt. Rosenheim 1999 – Buffett, Mary & Clark, David – Buffettology. Die bislang unveröffentlichten Anlagestrategien von Warren Buffett. Kulmbach 1998 – Lowe, Janet. Hier spricht Warren Buffett. Kulmbach 1998 – Hagstrom jr., Robert G. The Warren Buffett Way. Investment Strategies of the World's Greatest Investor. Foreword by Peter Lynch. 1995 / Deutsch: Warren Buffet. Der erfolgreichste Investor der Welt. Kulmbach 1995 – Ein Weekend mit Warren. Von Paul Prandl. *Capital* 7/1998 S. 242 / Überraschende Seite. *Capital* Mai/1999 S. 325 – Der Buffett-Boom. Der zweitreichste Mann Amerikas ist eine Kultfigur. Von Paul Prandl, in *Capital* 7/1998 S. 241 ff. – Anlagestrategie. Das Orakel von Omaha. Eine neue Studie erklärt das Erfolgsrezept der Wall-Street-Legende Warren Buffett. Von Michael Bausman, New York. *WirtschaftsWoche* 2/1998 S. 127 / Goldene Regeln. Sexbesessen auf einsamer Insel. Von Michael Baumann. *WirtschaftsWoche* 2/1998 S. 127 / Auswahl ist Trumpf. Warren E. Buffett.Von Ulrich Stockheim, in *Capital Geld.* Sonderheft SH 27/1997 S. 68

Butz, Christoph – Plattner, Andreas. „Nachhaltige Aktienanlagen: Eine Analyse der Rendite in Abhängigkeit von Umwelt- und Sozialkriterien.“ Sarasin-Studie, Basel, August 1999

Canner, Niko – Mankiw, Gregory – Weil, David N. „An Asset Allocation Puzzle“. *The American Economic Review*. Vol. 87, Nr. 1, 3/97

Cohen. The Prophet of Wall Street. How Abby Cohen came to be one of the most closely watched forecasters of the planet. By Anthony Bianco, Internet 1999 – Börsenstars. Wenige Experten, denen eine wachsende Fangemeinde über die Medien folgt, machen an der Wall Street die Kurse. Von Michael Baumann/New York, in *Wirtschafts-Woche* 6/29.1.1998, S. 124 ff. – Cohen. Die Superchance nach dem Crash. 50 heiße Aktientips. *Finanzen* 10/1998 S. 16 ff. – Interview mit Abby Joseph Cohen. *INVEST Finanz und Wirtschaft,* Dezember 1999, S. 92 ff.

Cooper, Michael J. – Dimitrov, Orlin – Rau, P. Raghavendra. „A Rose.com by Any Other Name“. Krannert School of Management. Purdue University, Illinois. May 1999

DAI Privater Aktienbesitz in Deutschland. Kurzstudie 1/99

Daytrading. Barnes, Robert M. Das Buch zum Day-Trading. Gewinne im Tageshandel. Rosenheim 1999 – Bradford Raschke, Linda – Connors, Laurence. TOP-TRADING-GEWINNE. Erfolgreiche Kurzzeit-Strategien. Rosenheim 1999 / Daytrading: Der Weg zum schnellen Profit an der Börse. Praxishandbuch Geldanlage, Planegg/München. Von Priermeier, Heft 5/99, Gruppe 5, Seite 197 ff. – Direktbanken. Handeln wie die Profis. *WirtschaftsWoche* 25/1999 S. 126 – Schnelles Geld mit Daytrading. *Der Aktionär* 13/1999 S. 58 – Börse. Wie in einer Lotterie. Greenspan. Aktentaschenindikator. *Der Spiegel* 12/1999 S. 83 – Börse. Die Geldmaschine. Aktienemissionen junger Hightech-Firmen sind das derzeit heißeste Geschäft des Geldgewerbes. *Der Spiegel* 11/1999 S. 104 – Börse. Daytrader. Tobende Dummköpfe. *Der Spiegel* 8/1999 S. 102 – Der Daytrading-Meister Alan Bryant. *Capital* 7/99 S. 168 – Brüder, zur Börse. Aktienfieber. Intraday-Trading *Capital* 4/99 S. 8 – StarTraderClub. Mit überdurchschnittlich hohem Einsatz an der Börse agieren. ConSors. www.consors.de *Optionsschein Magazin* April/1999 S. 29 – Börse. Banditen der Wall Street. *Der Spiegel* 15/1998 S. 124 – Chartsurfen.

In Zürich wird das erste Day Trading Center eröffnet. Von Jörg Stindt, *Finanz und Wirtschaft* 23.10.1999 – Der mit dem Trend schwimmt. Von Stefan Ruhkamp, *Börsen-Zeitung* 7.10.1999 – Die meisten Daytrader machen nur Verluste. *Handelsblatt* 20.9.1999 – SEC nimmt Day-Trader ins Visier. *Börsen-Zeitung* 18.9.1999 – Der Virus des Day-Trading. Von Dieter Kuckelkorn, *Börsen-Zeitung* 14.9.1999 – Handeln bis in den späten Abend. Von Julius Endert und Peter Köhler, *Handelsblatt* 9.9.1999 – Internet demokratisiert den Aktienhandel. Von Giorgio V. Müller, in *Finanz und Wirtschaft* 1.9.1999 – Junge wilde Händler im Zwielicht. *Handelsblatt* 11.8.1999 – NASD will Day-Trading regulieren. *Börsen-Zeitung* 28.8.1999 – Eine Mischung aus Las Vegas und Wall Street. Von Christine Scharrenbroich, in *Frankfurter Allgemeine Zeitung* 24.8.1999

Europa im Fokus. Anlagethemen für das 21. Jahrhundert. HCM-Fachleute blicken in das 21. Jahrhundert. H.C.M. Hypo Capital Management AG, Ausgabe 08/1998

Fusionen. Corporate Vulture, über den Umgang mit fremden Unternehmenskulturen. Von Volker Leichsering, in *WirtschaftsWoche* 25/1999 – Verliebt, verlobt, verheiratet – und verloren? *Börse online* 19/1999, S. 54 ff. – Die meisten Fusionen scheitern am Integrationsmanagement. *FAZ* 14.6.1999 – Der Fusionswahn lähmt viele Unternehmen. Von Peter Brors und Georg Weishaupt, in *Handelsblatt* 3.7.1999 – Big is beautiful – auf der Mergerwelle zum Erfolg? Michael Sauerborn, New York, in *Vorteilhafte Geldanlagen* Heft 6/1998, Gruppe 10, S. 1565 ff. Loseblattwerk, Freiburg

Galbraith, John Kenneth. Baisse. Eichborn Verlag 1992 / Finanzgenies. Frankfurt/M. 1992 – Original: A Short History of Financial Euphoria. Whittle Books/Viking, New York 1993

Gates, Bill. Bester Job der Welt. Erfolg mit konservativer Anlagestrategie: Wie Bill Gates, der reichste Mann der Welt, sein Milliardenvermögen investiert. Von Jürgen Homeyer, in *WirtschaftsWoche* 13/1999 S. 202 ff.

Gaulke, Jürgen. Die **Goldfinger.** Hoffmann und Campe-Verlag 1997 / Kursbuch Spekulation. Wirtschaft Fischer 1994

Graham, Benjamin. So wurde ich zum Lehrmeister der Wall Street. Rosenheim 1999 / The Intelligent Investor. By Harper Business 1973 –

deutsche Ausgabe: Graham, Benjamin. Intelligent Investieren. FinanzBuch Verlag, München 1998

Graham, Benjamin / Dodd, Dave. Geheimnisse der Wertpapieranalyse. Überlegenes Wissen für Ihre Anlageentscheidungen. Amerikanische Originalausgabe „Security Analysis“ Principles and Technique, erschienen 1934

Granville, J.: „Granville's New Strategy of Daily Stock Market Timing for Maximum Profit“, Pentice-Hall, Englewood Cliffs, N.J. 07632, USA – Joe Granville, Granville Market Letter, guest at CNBC Squawbox, December 2, 1996 – Die Aktien-Baisse lässt schön grüßen, *Handelsblatt*-Interview 30.7.1992

Greenspan / *DM extra.* Geld '99, Sonderheft 44. Alan Greenspan – verschmäht die Aktie. 23 – Weltfinanzen. Crash. Alan Greenspan. *Der Spiegel* 32/1999 S. 74 – Die besten Aktien. Anleger verdienen prächtig mit Toptiteln globaler Unternehmen und intelligenten Strategien. Von Michael Bausmann, New York, Andreas Busch, Stephanie Heise, Hauke Reimer, in *WirtschaftsWoche* 28/1999 – Börse. Wie in einer Lotterie. Greenspan. Aktentaschenindikator. *Der Spiegel* 12/1999 S. 83 – Das Ende der Tage. Jahr 2000. *Der Spiegel* 8/1999 S. 98 / Greenspan. *WirtschaftsWoche* 10/1999 – In den Vereinigten Staaten soll das Budget 2000 eine neue Ära einläuten. *FAZ* 2.2.1999 – Vergleich der EZB mit der Fed hinkt. *Handelsblatt* 2.3.1999 – Der Staat spekuliert mit. *Der Spiegel* 4/1999 S. 145 – Weltwirtschaft. Ein Gespenst kehrt zurück. Ratlos sieht die Politik zu, wie sich die weltweite Finanzkrise immer mehr zuspitzt. *Der Spiegel* 39/1998 S. 120 – Der Angstmacher. Fed-Chef Alan Greenspan bestimmt Schicksal der Finanzmärkte. *WirtschaftsWoche* 18/1997 S. 144 ff.

Gross, Daniel. Forbes – Die größten Erfolgsstories aller Zeiten: mitreißende Unternehmensgeschichten aus dem Land der unbegrenzten Möglichkeiten. Verlag moderne industrie 1997

Guru/Mantra des Geldes. Bruce Nussbaum über die Angst vor dem Crash. BusinessWeek in *WirtschaftsWoche* 33/1998 S. 1 – Wer den Börsen-Gurus traut, der hat auf Sand gebaut, von Ingo Narat, in *Handelsblatt* v. 19.12.1998 – Private Bereicherung in spektakulärer Dimension. Von Wolfgang Gerke, Professor des Lehrstuhls für Bank- und Börsenwesen der Universität Erlangen-Nürnberg, in *HB*

29.6.1998 – Die Geheimnisse der Gurus. (Peter Lynch, Warren Buffett, André Kostolany, Roland Leuschel, Elaine Garzarelli, Peter Canelo, Abby Cohen, Heiko Thieme, Egbert Prior, Prof. Wolfgang Gerke) Von Thomas Jahn, in *Capital* 9/98 S. 261 – Börsenstars. Wenige Experten, denen eine wachsende Fangemeinde über die Medien folgt, machen an der Wall Street die Kurse. Von Michael Baumann/ New York, in *WirtschaftsWoche* 6/29.1.1998, S. 124 ff.

ICI. U.S. Household Ownership of Mutual Funds in 1999. Investment Company Institute, 1401 H. Street, NW, Suite 1200, Washington, DC 20005, 202/326-5800, http://www.ici.org.

Kaderli, Dr. Rudolph J. Anlagestrategie. Genf 1977 / Börsenerfolg. Anlageverhalten. Niederglatt 1981

Kale, Brigitte. Bulle und Bär – Abenteuer Wall Street. Econ 1994

Kostolany, André. Das ist die Börse. Düsseldorf 1961 / Geld und Börse. Die Kunst ein Vermögen zu machen. Düsseldorf 1994 / Geldgeschichten. Ideen für Spekulanten. Düsseldorf 1992 / Kostolanys Bilanz der Zukunft. Düsseldorf 1995 / Kostolanys Börsenpsychologie. Düsseldorf 1994 / Kostolanys Börsenseminar. Düsseldorf 1995 / Weisheit eines Spekulanten. Im Gespräch mit Johannes Gross. Düsseldorf 1996

Kunz, PD Dr. Roger M. – Esteban, Sergio – Rosenberg, Dirk. „Aktien als Langfristige Kapitalanlage. Herg.: CREDIT SUISSE, Economic Briefings Nr. 14. Oktober 1999, Zürich

Langer, Dr. Thomas – Weber, Prof. Dr. Martin. „Eins plus eins ist mehr als zwei“. Behavioral Group, Band 5, Universität Mannheim 1999

Lefevre, Edwin. Reminiscences of a Stock Operator. Fraser Publishing, Burlington, Vermont 1923; über den berühmten Spekulanten Jesse **Livermore**

Leuschel, Roland. Sonntags nie – am liebsten im Oktober. Mit Strategie zum Börsenerfolg. Kulmbach 1996

Livermore, Jesse. Das Spiel der Spiele. König der Spekulation. Rosenheim 1995 / Die Legende. Aufstieg, Leben und Fall des Königs der Spekulation. Rosenheim 1996 / Mein Schlüssel zu Börsengewinnen. Rosenheim 1996

Lowe, Janet. Die **Graham**-Methode. Benjamin Grahams Value-Investing, Schritt für Schritt. Rosenheim 1999

Lynch, Peter. Aktien für Alle. Kulmbach 1995 – Original: Beating the Street / Der Börse einen Schritt voraus. 2. Aufl. Kulmbach 1990 – Original: One upon Wall Street

Lynch, Peter/Rothschild, John. Lynch 3. Der Weg zum Börsenerfolg. Kulmbach 1996

Malkiel, Burton G. A random walk down wall street. New York, London 1990

Megatrend. Zukunftsforscher. Berufene Seher. Die Futurologen arbeiten mit immer feineren Methoden. Fehlprognosen bleiben dennoch unvermeidlich – sind aber besser als nichts. John Naisbitt. Meister der Megatrends. *WirtschaftsWoche* 8/1999 – Unternehmen müssen überschaubar bleiben. Gespräch mit dem Zukunftsforscher John Naisbitt von Axel Gloger, in *FAZ* 12.4.1999 – Welttrends sind Geldtrends. *Finanzen* 01/1999 S. 16 ff. – Europa im Fokus. Anlagethemen für das 21. Jahrhundert. H.C.M. HYPO Capital Management, Vermögensbetreuungs-AG, August 1998 – Beruf Zukunftsforscher: Gute Visionen haben ihren Preis. Von Martin Tzschaschel, Claudia Kirsch, Monika Weiner, Josef M. Strassing, Margrit Sprecher, Patrick Krause Thomas Wartmann. *P.M.* Der Blick in die Zukunft, 22. Jan. 1993, S. 36 ff. – Die globale Revolution. Bericht des Club of Rome 1991. *Spiegel Spezial* 2/1991

Miller, Bill. Das „Wunderkind“ kommt nach Europa. Legg Mason offeriert den Value Fund. Von Ingo Narat, in *HB* 19.2.1998 – Die Erfolgsbilanz ist reif fürs Guinness-Buch der Rekorde. *HB* 23.6.199 – Neuer Fonds-Star, von Ingo Narat, in *HB* 23.6.1999

Naisbitt, John. Megatrends Asien. Acht Megatrends, die unsere Welt verändern. Wien 1996 / Megatrendforscher John Naisbitt zur Zukunft des Euro und zur Schwäche Europas „Eine dumme Idee“. *WirtschaftsWoche* 30/1999 S. 11 – Naisbitt, John. High Tech – High Touch. Signum Verlag, Wien/Hamburg 1999

O’Shaughnessy, James P. Die besten Anlagestrategien aller Zeiten. / What works on Wall Street. Landsberg/Lech 1998

Pinner, Wolfgang. Die verrückte Börse. Düsseldorf 1997

Rogers, Jim. Rogers, Jim. Investment-Biker. Kulmbach 1997 / „Ich kaufe Desaster und verkaufe Erfolgsgeschichten.“ *Finanz und Wirtschaft* 25.11.1998 – Interview mit dem New Yorker Investor Jim Rogers über Anlagestrategien, die Börsen 1998, Rohstoffpreise und die Zukunft des Euro „Ziehen Sie nach Florida", mit Brigitte v. Haacke, Boston in *WirtschaftsWoche* 1/2-1998 S. 80 ff. – Der Indiana Jones der Börse. *Der Aktionär* 12/1997 – Mit dem Motorrad auf Schatzsuche. *Bulle&Bär* 02/1995 / Interview: „Werden Sie Farmer." *DM* 5/96

Rosen, Prof. Dr. Rüdiger von. (Hrsg.) „Rendite und Risiko von Aktiendepots aus DAX-Aktien". Empirische Ergebnisse unterschiedlicher Anlagestrategien. Heft 3. Deutsches Aktieninstitut e.V. Biebergasse 6–10. 60313 Frankfurt a.M. 1998

Schiereck, Dr. Dirk – Weber, Prof. Dr. Martin. „Aktienhandel und Behavioral Finance". Behavioral Group, Band 1, Universität Mannheim 1999

Sharpe, St. A. Professor. Asymmetric Information, Bank Lending, and Implicit Contracts: A Stylized Model of Consumer Relationships. In: *Journal of Finance* 1990/45 – Die Streuung bringt's. William F. Sharpe im *Handelsblatt*-Interview, 1993 / „Internationale Blue-Chips mindern das Risiko". Interview mit Nobelpreisträger Merton Miller, in *Capital* 2/98 S. 172

Slade, John. Portät. Der amerikanische Traum. *Handelsblatt* 29.12.1999

Soros, George. Die Alchemie der Finanzen. Kulmbach 1997

Soros, George. Vom Währungsspekulanten zum Farmer. *Handelsblatt* 8.12.1998 / Auf dem Weg vom Spekulanten zum Heiland. *Börsen-Zeitung* 8.12.1998

Stüfe, Karin. Informationsverhalten deutscher Privatanleger im Wandel", Dissertation, Lehrstuhl für Bank- und Börsenwesen der Universität Erlangen-Nürnberg, Februar 1999. Seit dem 1. April 1999 hat Karin Stüfe eine Professur für Marketing und allg. Betriebswirtschaftslehre an der Fachhochschule Wiesbaden

Templeton, Sir John. Die Templeton Maximen. Zehn Prinzipien einer erfolgreichen Geldanlage. TEMPLETON GLOBAL STRATEGIC SERVICES (Deutschland) GmbH, 60329 Frankfurt/Main 29.2.1996/ Der legendäre Templeton-Gründer meldet sich zu Wort. Sir John: „Dow über 1.000.000." *Handelsblatt* 18.3.1999

Thieme, Heiko. Thieme schreibt jede Woche in der *FAZ:* „Ein Brief aus der Wall Street" / StreitGespräch: „Kurszuwächse bis 100 Prozent", Stratege Roland Leuschel, Heiko Thieme *WirtschaftsWoche*

33/6.8.1998 S. 108 – *Spiegel*-Interview mit dem New Yorker Fondsmanager Heiko Thieme „Aktien schlagen alles" S. 63 *Der Spiegel* 2/1998 – Geldanlage. Interview mit Börsenexperte Heiko Thieme über die Hausse an der Wall Street „Den Crash vergessen", *Der Spiegel* 46/1995 S, 124 – Ein Profi plaudert aus der Schule. Heiko Thieme. *Bulle&Bär* 12/94 „Bei Kursschwäche nachkaufen".

Tvede, Lars. Psychologie des Börsenhandels. Wiesbaden 1991

Watts, Susan. „Whispers and Shares". Krannert School of Management. Purdue University, Department Finance. Illinois. May 1999

Weissenfeld, Horst – Weissenfeld Stefan. Im Rausch der **Spekulation.** Die Geschichte von Spiel und Spekulation aus vier Jahrhunderten. Rosenheim 1999 – AKTIEN zwischen Boom und Crash. Begleitbuch zur Sendereihe ARD Thema „Aktienfieber – Läuft die Börse heiß?", Hrsg. Sigmund Gottlieb und Wolfgang Kenntemich, Haufe 1997

Welt AG. Zwang zur Größe. Die Welt-AG ist die Unternehmensform der Zukunft. Die Megakonzerne ticken nach vollkommen neuen Regeln. Von Stefanie Burgmaier/Jürgen Salz/Lothar Schnitzler, in *WirtschaftsWoche* 29/1999 S. 54 ff. / Unterwegs zur Weltaktie. *Vision + money* 6/99 S. 11 – Welt AG. Zwang zur Größe. *WirtschaftsWoche* 29/1999 S.54 – McKinsey-Deutschland-Chef Jürgen Kluge über die Welt-AG. *WirtschaftsWoche* 29/1999 S.57 – Daimler contra Chrysler. *Der Spiegel* 24/1999 S. 100

Yardeni, Ed. „Wollen Sie Millionär werden?" *Capital* 12/99 S. 364 – Ed Yardeni. „Platzt die Spekulationsblase?" *Capital* 1/2 2000 S. 240

Personen- und Sach- register

Börsenbriefe, die Sie *lesen* sollten!

Investieren Sie in Aktien, die sich vervielfachen können!

NEWTEC-INVESTOR
Der Börsenbrief für NeuEmissionen, Neuer Markt sowie Technologie- & Internetaktien

Verdienen Sie an den großen Börsentrends!

TM-CHARTANALYST
Der Börsendienst für technische Analysen in Deutschland!

Spekulieren Sie mit Optionen und Futures an der Eurex!

OPTIONSBRIEF
Der führende Börsendienst für die Terminbörse in Deutschland!

Interessiert? Fordern Sie mit beiliegender Gutscheinkarte Ihr **Gratis**exemplar an oder rufen Sie uns unter 0 80 31/20 33-0 an!